欧盟预算制度研究

谢鹏 著

STUDY ON THE EU BUDGETARY SYSTEM

中国社会科学出版社

图书在版编目(CIP)数据

欧盟预算制度研究/谢鹏著.—北京：中国社会科学出版社，2020.6
ISBN 978-7-5203-6313-6

Ⅰ.①欧… Ⅱ.①谢… Ⅲ.①欧洲联盟—预算制度—研究
Ⅳ.①F815.02

中国版本图书馆CIP数据核字(2020)第064934号

出 版 人 赵剑英
责任编辑 刘 艳
责任校对 陈 晨
责任印制 戴 宽

出 版 中国社会科学出版社
社 址 北京鼓楼西大街甲158号
邮 编 100720
网 址 http://www.csspw.cn
发 行 部 010-84083685
门 市 部 010-84029450
经 销 新华书店及其他书店

印 刷 北京明恒达印务有限公司
装 订 廊坊市广阳区广增装订厂
版 次 2020年6月第1版
印 次 2020年6月第1次印刷

开 本 710×1000 1/16
印 张 15.75
插 页 2
字 数 227千字
定 价 88.00元

序　言

欧盟作为一种新型的公权力范式，本质上是国家权力外化的产物。联盟与国家在不同时期和不同条件下的角色及其相互关系，实际上决定着欧洲一体化进程的基本速率与发展方向。从相对长周期的视角来观察，欧洲一体化总体上是在“联盟的国家”与“国家的联盟”间徘徊演进。在经历了“高级机构”居于主导地位的《巴黎条约》至《罗马条约》这一相对短暂的快速发展阶段后，1965 年的“空椅危机”将一体化推入了国家主导、联盟辅助的第二个发展时期。随着 20 世纪 80 年代中后期《单一欧洲法令》及“德洛尔计划”等的相继出台，欧洲一体化事实上在一个新的高点上步入了联盟主导、国家跟进的第三个发展阶段，其峰值主要体现于 2002 年欧元的正式流通以及 2004 年首轮东扩的实现。《欧盟宪法条约》的否决、欧洲主权债务危机的发生，以及接踵而至的民粹主义泛滥、难民危机、英国退欧危机等，在很大程度上又逐步将欧洲一体化拉回到了国家主导、联盟附随的第四个发展周期。谢鹏博士即将出版的《欧盟预算制度研究》，事实上从财政资源配置的角度再现了欧洲一体化这一波浪式的演进历程。联盟主导的阶段，欧盟/欧共体的预算规模扩张速率相对较高，联盟的财政自治水平随之得到了相应的提升。国家主导的时期，共同体的预算增长往往因成员国间的利益博弈等因素受到不同程度的制约，共同预算应有的职能发挥必然受到相应的限制。

从相对微观的技术层次来考察，对欧盟预算制度的研究需要经济学、财政学、金融学、政治学以及国际关系等多学科的专业知识储备。谢鹏曾在2003—2007年就读于澳大利亚悉尼大学和麦考瑞大学，并获得会计学学士学位及会计学和金融学硕士学位。2011年入读中国政法大学国际政治系之后，作者一方面潜心研习政治学及国际关系的理论知识，另一方面以欧盟预算制度为博士学位论文选题，展开了系统的文献资料与数据档案的查阅工作。经过数年的劳动与付出，如期完成了论文的写作和答辩，并获得了国内有关专家的一致好评。呈现于读者面前的这本专著，就是谢鹏在其博士学位论文的基础上修改而成的。在本书付梓之际，身为指导老师，我深感欣慰，作此序以酬其勤。

此书是国内第一部有关欧盟预算制度的专门性论著，多维度的系统性考察是其最为突出的一大亮点。国内学术界关于欧盟/欧共体预算问题的研究虽然早在20世纪80年代既已起步，但较有建树的成果多集中于欧盟预算涉及的某些特别问题，如英国的预算回扣机制等。另一方面，欧盟的预算兼具国家预算制度与国际组织预算安排的双重特点，这在一定程度上增加了对其进行系统性把握的难度，加之预算研究所必需的多学科专业知识储备等其他因素，导致学界关于欧盟预算制度的研究长期明显滞后于其他领域。谢鹏博士历时多年完成的《欧盟预算制度研究》，显然将在很大程度上改变这一不应有的滞后状态。尤为重要的是，该书所具有的实证考察、历史回溯、比较研究、理论晰解等多维度的探究，不仅客观再现了欧盟预算制度缘起、流变、发展的实然状态，同时也为读者了解欧盟预算提供了一个全方位的观察视角，其学术价值显而易见。

整体关照可谓是本书的另一大特色。与一般意义上的国家预算相比，欧盟的预算在收入来源、支出结构、分配与划拨原则以及制度构成、运行机制等各个方面，因成员国之间、联盟与成员国之间、联盟不同机构之间的利益博弈，以及不同时期内外环境的变化等因素体现出更加显著的不确定性。另外，作为欧盟整体性制度体系的一个重要组成部分，预算制度的形成、演变与发展又不可能脱离共同体基本的制度建构进程。有鉴于此，对欧盟预算制度的研究一方面需要对预算问题本身进行系统的把握，同时也要在熟谙欧盟/欧共体总体性制度安排的基础上，将预算问题纳入欧洲一体化的发展进程予以系统的考察，才有可能在相对客观的基础上回答曾经是什么和现在是什么等实然性问题，并进一步解答为什么以及应该是什么等应然性问题。与学界既有的多数关于欧盟预算问题的研究成果相比，谢鹏博士即将面世的《欧盟预算制度研究》不仅微观解读更加深入，而且对有关问题的考察始终没有脱离欧盟的整体性制度建构这一基本的背景条件。

客观而言，谢鹏博士历时多年的研究不仅涉及大量的时间与劳动投入，同时也需要克服诸多困难与挑战，特别是包括预算制度在内的欧盟独特的制度机制所带来的挑战。

其一是易变性。成员国 1952 年以来签署的一系列政府间条约，构成了欧盟/欧共体包括预算制度在内的总体性制度的形成基础，从《巴黎条约》到《里斯本条约》等之所以被学界誉为联盟的“经济宪法”，原因在于它们构成了共同体几乎所有制度规范的法权渊源。然而，上述基础条约更多地发挥了“临时性宪法约定”的功能，集中体现为其易变性。从欧盟/欧共体制度形成、演变、发展的历程来看，欧洲一体化及其制度安排始终是一个相对开放的体系，即何时、何种领域以及实施何种程度的一体化，因时、因势、因需而异。“宪法”意义上的政府间协定因此体现出明显不同于民族国家宪法的易变性特点。八至十年一次大修，三至五年一次小改，实际是联盟“经济宪法”的常态，欧盟/欧共体的制度体系也随之体现出相应的动态性与不确定性。欧盟预算制度拥有的易变性实际上更为显著，不仅因时、因势、因需而异，甚至因人而变，例如，在已故英国前首相撒切尔夫人影响下形成的预算回扣机制，迄今仍然处于变动不居的非稳定状态。

其二是复杂性。现代意义上的国家不论采取何种政体形式，其公权力行使所依托的制度建构均立足于一元化的权威体系。在君主制与极权主义国家，一切与公权力有关的制度安排都以国王和独裁者的权威为基础。民主化国家革除了“人格化”的权威体系，但又以法律范畴内的一元化权威取而代之，国家公权力的行使及其制度运行立足于法之法的宪法性权威。与此不同，欧盟公共权力的行使及其相应的制度安排，事实上立足于多元化的权威建构。联盟的顶层实际存在三大既相对统一又相对独立的权威：一是立足于基础条约的权威体系；二是以欧洲理事会（首脑会议）为核心建构的权威体系；三是以欧洲法院为基础形成的权威体系。不仅如此，欧盟也存在纵向层次的基于联盟和成员国政府的二元权威体系。上一级虽然在形式上拥有统领下一级的权威，但成员国并非联盟科层制意义上的地方政府。不仅联盟的权威没有完全扩及军事与安全等高政治领域，而且在低政治领域，成员国通过部长理事会、首脑会议以及政府间条约的缔结与修改等多种途径，始终影响着欧盟制度建构的速率与基本方向，联盟与成员国因此更多地体现为分权意义上的互为统属的协作共治关系。受制于欧盟多元化权威建构的预算制度，其复杂性更是有过之而无不及。

其三是独有性。从制度建构的角度来看，欧盟属于政治邦联与经济联邦合一形成的“联邦式联盟”，包括预算在内的制度机制的独有性主要体现为“中间性”。就内向性统理而言，联盟事实上运行于政治与经济、内政与外交、统治与治理、市场与国家、国家与超国家之间。从制度内涵及其张力来看，欧盟又介于领土与非领土、软权力与硬权力、强力与非强力之间。不仅如此，以国家共同体和国际组织为参照考察的结果同样体现出“中间性”，即较传统的国际组织更具凝聚力、稳定性、权威性、合法性与民主性的同时，又不及国家共同体的水平。欧盟的预算制度同样体现出这一显著的“中间性”特点，例如，欧盟的预算收入来源兼具主权国家的税收与国际组织财政摊款的双重属性。

经济驱动的法治化保障可谓是欧洲一体化不断深化与扩大的成功秘籍之一，而共同预算则构成了联盟经济驱动的核心资源供给体系，欧盟遍及各领域的计划、项目以及政策体系无不立足于自有财源的预算分配。谢鹏博士的《欧盟预算制度研究》，显然是在深刻把握欧盟包括预算在内的整体性制度机制所拥有的易变性、复杂性及独有性的基础上完成的一部力作。借此，我有充分的理由相信，本书的出版必将得到广大读者的认可与欢迎，同时也期待作者能够再接再厉，围绕欧盟的预算问题形成更具引领性的研究成果。

贾文华

2019 年 5 月 20 日于中国政法大学政治与公共管理学院

前　　言

欧盟预算是欧盟超国家层面的收支计划，是欧盟得以存续和发展的生命血液，是欧盟各项共同政策得以顺利实施的根本保证。欧盟的整体运行状况如何，直接取决于欧盟预算的制定和执行情况，因此，它在欧盟超国家层面是一个十分重要的问题。欧盟预算从根本上讲是服务于欧洲一体化尤其是欧盟经济一体化的，具体是通过为欧盟机构的正常运行、共同政策的有效执行以及欧洲一体化的顺利进行提供坚实的资金保障来体现其核心价值。可以说，欧盟预算是反映欧洲一体化进程整体状况的晴雨表，是指引欧洲一体化发展方向的航标灯，它在欧洲半个多世纪的一体化进程中，为欧盟经济社会的发展提供了大量的、稳定的资金来源，是欧盟进行超国家治理的基础和重要支柱，同时，它也是欧盟在国际舞台上拥有重要经济地位和较大影响力的坚强后盾。

随着欧洲一体化进程的逐步深化，欧盟预算渐渐形成了一个稳定的、独立的和具有超国家性质的现代财政预算制度，它与传统主权国家和国际组织的预算制度相比，存在着明显的区别，它是目前欧盟财政体系中最重要、最核心的元素。欧盟预算制度形成于欧洲一体化发展之中，本质上是欧盟各方在欧洲一体化进程中进行利益博弈和彼此妥协的产物，自其形成以来始终与欧洲一体化进程紧密相连并受其制约，因此，它自建立伊始就一直带有强烈的政治属性。欧盟预算制度的建立创造了世界上第一个真正意义上的具有超国家性质的财政预算制度，对世界经济和国际财政预算体系的发展产生了广泛和深远的影响。

欧盟预算制度的形成是以 1971 年预算自有财源系统的建立为标志的，自建立以来，其发展过程主要受内在和外在两个层面因素的影响。内在因素主要是欧盟各方围绕欧盟预算的使用权、决策权以及财政自治权展开的竞争与博弈。对于欧盟超国家机构和各成员国来说，在超国家、国家间以及超国家与国家间三个层面的竞争中，从矛盾的性质来看，预算的使用权和决策权之争属于内部矛盾，而财政自治权（财政主权转让）之争则属于外部矛盾，同时它也是制约欧盟预算制度发展的最重要、最根本、最关键的问题。外在因素主要是在欧洲一体化进程中，宏观情况发生的变化客观上对欧盟预算制度的发展形成了倒逼机制，如欧盟扩大、欧债危机的爆发等。

欧盟预算制度在建立之初，其制度框架并没有一个非常系统的规划，而是在欧洲一体化进程中随着欧洲一体化发展需求的变化不断地进行调整。因此，如果与传统主权国家的预算制度相比，欧盟预算制度的规范性和稳定性相对来说是比较弱的。在欧洲一体化 60 余年的发展历程中，欧盟预算已逐渐沦为欧盟各方权力斗争和平衡利益得失的重要工具。现行欧盟预算制度中存在的各种弊端和缺陷大都是欧盟各方利益博弈的结果，主要表现在三个方面：第一，预算收入来源因受制于各成员国而导致来源渠道无法拓展，财政自治性弱；第二，预算支出结构失衡，却又很难调整，导致预算支出的公平性饱受诟病；第三，预算规模因无法有效增长而使预算应有职能的发挥严重受限。这些弊端和缺陷自 20 世纪 90 年代以后开始逐步显现，它们是造成欧盟预算制度的发展陷入困境的直接原因，同时也是欧盟各方利益分化的直接体现。

通过对欧盟预算制度存在的各种弊端和缺陷进行深入研究，可以发现，导致欧盟预算制度的发展陷入困境的问题根源是其不能满足欧洲一体化新兴的发展需求，而造成欧盟预算制度无法满足欧洲一体化发展需要的问题症结则是欧盟现有的财政一体化水平有限。因此，为解决欧盟预算制度中存在的问题，除在技术层面对欧盟预算制度存在的各种弊端和缺陷进行改革与完善以外，更主要的是要通过提高欧盟现有的财政一体化水平来实现对欧盟预算制度的深层次改革。由于欧盟财政一体化水平的提高需要以政治一体化的深化为基础，所以欧盟应采取各种措施来提高现有的政治一体化水平，进而为提高财政一体化水平创造良好的社会环境和氛围。

目前，欧盟仍被笼罩在欧债危机的阴影之中，尚未走出自2009年欧债危机爆发以来的经济寒冬，欧盟经济复苏的脚步整体上仍十分缓慢。随着欧债危机的蔓延，欧盟各方在制定具体应对措施的问题上，经过反复磋商已达成了广泛共识，已将实现财政一体化作为重要的长期发展战略。假以时日，欧盟预算制度这个代表了国际财政预算体系中一种新型收支分配关系的现代财政预算制度，必将随着欧盟财政一体化的不断深化而得到广泛和深入的发展，并为国际财政预算体系树立一个较为完美的典型。

目　录

图目录

表目录

第一章　导论

第一节　问题的提出与选题的意义

一　问题的提出

欧盟是目前世界上经济一体化程度最深、范围最广、效果最佳、影响最大的区域一体化组织，是国际经济合作的成功典范。欧盟“作为主权国家联合起来的一种超国家调节形式，要发挥其对区内经济一体化的调节作用，制定和实施一系列超国家调节政策，必须具备一定的物质基础”①。因此，这个涵盖欧洲主要经济强国同时拥有部分成员国主权并且在国际舞台上具有重要经济地位的区域一体化组织，为了保证自身的存在和一体化的发展，设立了超国家的政策制定、执行和监督机构，并建立了超国家的财政预算，以保障其机构的正常运转并为其实施一系列共同政策提供资金支持。

欧盟预算是欧盟得以存续和发展的生命血液，它在欧洲半个多世纪的一体化进程中为欧盟经济社会的发展提供了大量的、稳定的资金来源，尤其在推动欧盟经济一体化和促进欧盟与其他国家和国际组织的合作方面发挥了积极的、重要的作用。可以说，欧盟预算是欧盟进行超国家治理的基础和重要支柱。欧盟预算无论是其收入来源、支出结构还是其所发挥的职能，与一般主权国家和国际组织的预算相比都

---

① 李惠民：《超国家财政政策机制剖析》，《西欧研究》1986 年第 5 期。

有其独特性，其自身在经历了多次的严重危机和重大改革之后，已逐渐形成了一个稳定的、独立的和具有超国家性质的现代财政预算制度。从职能上看，欧盟预算制度是介于一般主权国家和国际组织预算制度之间的一种特殊的预算体制，主要发挥的是欧盟对其成员国的部分国民收入在超国家层面进行再分配的作用。

欧盟预算制度自欧洲煤钢共同体预算制度建立以来已经经历了多次的重大改革，从最初的三个共同体各自独立的预算制度合并为欧洲共同体预算制度，到20世纪70年代初自有财源系统的形成，再到20世纪70—80年代爆发的几次预算危机，直至现在的欧盟预算多年度财政框架制度，其发展历程并不平坦。20世纪70年代以前，欧洲共同体的预算规模不大，争议也不多。而进入70年代以后，欧共体成员国在预算问题上时常发生争吵，矛盾日益突出，尤其是进入80年代以后，先后爆发了几次严重的预算危机，导致欧共体无法在限定的时间内通过预算。当前，欧盟预算由于收入来源十分有限，支出结构又相对集中，再加上客观上存在的净受益国阵营与净贡献国阵营对立的情况，导致各成员国之间在预算问题上存在很大分歧，无论是扩大预算收入来源还是调整预算支出结构，短期内都很难在成员国间达成一致意见，欧盟预算制度的发展在一定程度上已经陷入困境。这在一定程度上削弱了欧盟内部的凝聚力，并对欧洲一体化进程产生了消极影响。

欧盟预算制度在长达半个多世纪的欧洲一体化进程中，尤其在协调欧盟经济一体化政策方面，始终发挥着一种支柱性的作用。欧盟预算制度是在欧洲一体化进程中逐渐形成的一种具有超国家性质的财政预算制度，自其形成以来始终与欧洲一体化进程紧密相连并受其制约。因此，欧盟预算制度所具有的特征势必要与欧洲一体化的发展需要相匹配，这样才能真正发挥它的作用并体现它的价值。可以说，欧洲一体化的发展需要决定了欧盟预算制度的实质。问题是，欧盟预算制度的核心价值和职能是什么？它的发展为什么会陷入困境？应如何对当前的欧盟预算制度进行改革？本书试图围绕这些问题展开研究，并在对欧盟预算制度进行系统考察和全面剖析的基础上提出自己的一得之见。

二　选题的意义

欧盟是一个具有准联邦性质的区域一体化组织，它独特的多层治理结构使其各个机构和相关职能都不同于传统的主权国家和国际组织。从财政上看，欧盟实际上是一个数额庞大的资金再分配体系。成员国每年按照规定将资金上缴给欧盟，欧盟再以预算支出的形式将大部分资金返还给各成员国。在这一过程中，有的国家成了净受益国，而有的国家成了净贡献国。自欧洲煤钢共同体建立以来，随着欧盟的不断扩大，成员国的数量变得越来越多，涉及的领域变得越来越广，一体化的程度变得越来越高，对共同预算的需求也变得越来越大，已逐渐逼近欧盟预算所能承受的极限。虽然欧盟预算的规模相对于成员国预算来说是很小的，仅相当于欧盟国民生产总值的百分之一左右，但它所具有的超国家性质和发挥的独特作用却对欧盟的发展和欧洲一体化的进程有着广泛和深远的影响。此外，自欧债危机爆发后，欧盟各成员国越来越意识到财政一体化的重要性，而作为欧盟财政一体化建设重要组成部分的欧盟预算制度，其是促进欧盟经济摆脱欧债危机泥潭、重新走上经济增长之路和推动欧洲一体化进程不断深入的重要动力来源，所以对欧盟预算制度进行研究颇具价值。

一方面，欧盟预算制度研究有助于对相关学科理论的检验、完善和发展。欧盟预算制度由于受到欧盟宪法性条约——《里斯本条约》的约束，准确地说，是在结合了辅助性原则和相称性原则的基础上，以一种超国家的形式实践了财政联邦主义理论。然而，随着欧洲一体化进程的深入发展，也因为欧盟预算制度本身具有的特殊性，传统的财政联邦主义理论已无法全面解释新形势下欧盟预算制度出现的新情况和新问题，也无法为欧盟预算制度的改革直接提供理论上的支撑。因此，需要对财政联邦主义理论按照欧盟的实际情况做一些适应性的调整和限定，这样才能为欧盟预算制度未来的发展提供理论上的指引，而这对于完善和发展财政联邦主义理论大有裨益。此外，欧盟预算制度研究还有助于规范欧盟超国家机构的职能，理顺欧盟各机构之间以及欧盟与各成员国之间的财政关系，并对公共收入和支出管理的研究提供参考和借鉴。

另一方面，欧盟预算制度研究有助于深化欧盟预算制度的改革与创新，改善欧盟预算的绩效管理水平，规范欧盟和成员国相关职能部门的行为，提高欧盟的宏观调控能力，进而为欧洲一体化的发展提供更强劲的动力。分析欧盟预算制度的法律渊源、建立原则、收入来源、支出结构、预算程序和运行机制等，可以反映出欧盟预算制度的运行模式和成员国间在欧盟预算问题上的矛盾所在。通过回顾欧盟预算制度的发展历程，我们可以考察不同时期欧洲一体化进程的方向和状况，欧盟经济在不同阶段的发展重点，欧盟预算制度的形成过程、存在哪些问题及其历史渊源，以及都有哪些因素在推动着欧盟预算制度的发展。对欧盟预算制度的局限与改革进行深入研究，有助于进一步完善和创新欧盟预算制度，规范欧盟和成员国相关职能部门的行为，从而使欧盟预算更好地为欧盟经济社会的发展服务。探讨欧盟预算制度与欧洲一体化之间的关系，可以发现欧盟预算制度形成于欧洲一体化的发展进程之中，是欧洲一体化的产物。因此，要根据欧洲一体化的发展需要并结合欧盟实际来确定欧盟预算制度改革的方向、框架和实质内容，这样才能为欧洲一体化的发展提供强劲的动力。此外，欧盟预算制度从一个侧面反映了欧盟特殊的运行模式，对其进行深入研究可以揭示欧盟这种多层治理结构是如何在欧盟层面和成员国之间进行分权的，这对我们深入了解欧盟的运行模式大有帮助。

第二节　国内外研究现状述评

一　国外研究现状

国外学者对欧盟预算问题的研究起步较早，成果较为丰富。在可查阅到的研究欧盟预算问题的外文文献中，专著所占的比例较小，报告和期刊论文占了绝大多数。

（一）研究欧盟预算制度构成和发展历程的相关文献

欧盟出版办公室 2014 年出版的《欧洲联盟公共财政》（*European*

Union Public Finance），该书分为八个部分，全面介绍了欧盟的公共财政制度，如欧盟财政制度的发展、现行财政制度的特征、欧盟年度预算的建立、欧盟年度预算的结构、欧盟年度预算的执行、核算与控制以及借贷与财政稳定。第一部分为欧盟财政制度的发展历程，回顾了贯穿于欧盟财政制度发展历史的一系列改革，也正是这些改革造就了欧盟现在的财政预算制度。第二部分为现行财政制度的特征，概述了欧盟财政制度的法律框架、财政自治——自有财源制度以及多年度财政框架制度。第三部分为欧盟年度预算的建立，介绍了欧盟预算的建立原则和年度预算的制定程序。第四部分为欧盟预算的结构，详细介绍了欧盟预算收入和支出的主要类型。第五部分为欧盟年度预算的执行，介绍了预算的执行机制、欧盟成立的具有法人资格的机构等。第六部分为欧盟预算的核算与控制，展示了欧盟预算的核算机制以及内部控制手段和外部控制安排。第七部分是借贷与财政稳定，介绍了欧盟的借贷操作以及向成员国提供财政援助的政策工具。第八部分为欧洲发展基金。①

欧洲联盟出版物办公室 2013 年出版的《适用于联盟总预算的财务条例及其应用规则》（*Financial Regulation applicable to the general budget of the Union and its rules of application*），该书分为两篇：第一篇介绍了财务条例及其应用规则；第二篇为欧盟预算的相关法律文本。第一篇分为三部分：第一部分为财政法规的一般条款；第二部分为特殊条款；第三部分为最终和过渡条款。第二篇分别介绍了《欧洲联盟条约》《欧洲联盟运行条约》《建立欧洲原子能共同体条约》，以及 2011 年欧盟第 182 号规则中涉及欧盟预算的法律文本。②

（二）研究欧盟预算制度的特征与局限的相关文献

伊恩·贝格（Iain Begg）教授 2004 年在其论文《欧盟预算：共同的未来还是停留在过去？》（The EU Budget: Common Future Or Stuck

---

① European Commission, *European Union Public Finance* (*5th Edition*), Luxembourg: Publications Office of the European Union, 2014.

② European Commission, *Financial Regulation applicable to the general budget of the Union and its rules of application*, Luxembourg: Publications Office of the European Union, 2013.

In The Past?）中指出，欧盟预算规模很小又十分僵化，大部分支出去向在多年前就已经确定（主要用来支持农民和贫困地区），成员国对于中期预算一旦达成共识，年度预算调整的空间就变得十分有限。每个成员国虽然都同意欧盟应该在那些对欧盟整体有价值的领域进行支出，但是每个国家对于价值的构成却都有自己的主张。文中指出各成员国对于欧盟预算的争议主要集中在以下几个方面：第一，在净贡献者与净受益者之间关于欧盟整体预算规模的争议，富国为避免承担更多而反对扩大预算规模；第二，谁从预算中应该得到什么的争议，与此相关的是英国的预算回扣问题，虽然有其合理性，但其他成员国对此颇有微词；第三，许多政治家、政府官员和经济学家对欧盟预算支出的构成存在争议；第四，对于欧盟预算的来源存在争议，欧盟应该有自己的税收来源还是应该依靠成员国预算的上缴？贝格教授认为萨皮尔报告（Sapir Report）中提到的将预算支出重心从现在的支持农民和贫困地区转移到支持增长和竞争力的想法，在目前已根深蒂固的利益格局下是很难被接受的。欧盟预算对于宏观经济稳定的作用十分有限，它只是扮演了一个温和地、间接地将预算从富国转移到穷国的角色。①

赫尔沃耶·莫维奇（Hrvoje Šimović）2005 年在《金融理论与实践》（*Financial Theory and Practice*）杂志上发表的《欧洲联盟预算》（The European Union Budget）一文中，将欧盟预算与国家预算作了对比分析，认为欧盟预算与国家预算的基本特征有所不同。欧盟预算虽然有自己独立的收入来源，但它与民族国家的预算收入来源在本质上是有区别的，欧盟预算的收入来源于成员国国家预算中的税收收入，而后者是受国家政府控制的，欧盟预算没有传统的税收收入，如增值税、个人所得税和利得税。欧盟预算与国家预算的另一个基本差异是民族国家的中央预算征收大部分的税收收入，之后通过各种转移支付

① Begg, I., "The EU Budget: Common Future Or Stuck In The Past?", *Centre for European Reform*, Working Paper, 2004, pp. 1 – 5 (www. cer. org. uk/sites/.../pdf/.../briefing_ budget_ begg – 3832. pdf).

手段来支持较低层级政府的预算。而对于欧盟预算来说，较低层级的政府是欧盟成员国，而这些成员国却控制着他们自己的税收收入，欧盟预算也正是从他们那里才获得了收入来源。欧盟预算不能发挥主要的资源配置和再分配职能，最重要的原因是它的预算规模太小。在欧盟预算支出方面，欧盟预算支出涵盖的范围是那些成员国已经转移权力的领域，而与民族国家预算相比，欧盟预算却被监管得更加严格。[1]

乔治·努涅斯·费勒（Jorge Núñez Ferrer）2007 年在《欧盟预算：英国回扣和共同农业政策——将他们都淘汰出去?》（The EU Budget: The UK Rebate and the CAP—Phasing Them Both Out?）报告中，指出在欧盟事务中欧盟预算和共同农业政策是最复杂的主题中的两个，认为资源分配不当是导致净平衡纠纷和回扣机制的主要原因，进而困扰着预算系统并破坏其公平性。报告对预算支出和预算决策程序作了考察：对于欧盟预算支出，报告列出了支出应遵从的基本原则，即合算、辅助性、额外性和比例性，除了这些原则之外，欧盟预算支出也应关注欧洲公共产品，更具体地讲是那些资金不足和被认为是可以提供欧洲附加值的，报告认为共同农业政策的市场支持政策未能以合算的方式达到其目标，支持的分布是扭曲和不合理的；对于预算决策程序，报告认为欧盟必须重新审视其财政展望的决策程序，在当前的体系下，财政展望的决策非常不理想，欧洲议会的角色不明确而且太弱。[2]

查尔斯·布兰卡特（Charles Blankart）教授等 2009 年在《公共财政管理》杂志上发表的论文《重新审视欧盟预算——一个机构的视角》（Refocusing the EU Budget—An Institutional View）中，认为现行欧盟预算制度采取的是全体一致或接近于全体一致的原则，导致改变当前的利益格局十分困难（除非对利益受损者有其他形式的补偿），

① Šimović, H., "The European Union Budget", *Financial Theory and Practice*, Vol. 29, No. 3, 2005, pp. 245 – 262.

② Ferrer, J. N., "The EU Budget: The UK Rebate and the CAP—Phasing Them Both Out?", *The Centre for European Policy Studies*, CEPS Task Force Report, 2007, pp. 1 – 96 (http: //aei. pitt. edu/9533/2/9533. pdf).

形成了净贡献国阵营与净受益国阵营对立的局面，欧盟预算制度无论是在支出方面还是在收入方面都已陷入了持久的僵局之中。布兰卡特教授运用不完全合约理论并考虑威胁的因素，对欧盟预算的历史发展作了研究。该理论将合约分为两种类型：合约类型一是指在合约层面作出决定后，相关主体的权利和义务已被合理地说明，因此在合约签订后不再需要进一步的讨论和澄清；合约类型二是指在合约层面的条款并不完整，在合约签订后新的情况和问题将会出现。文中以罗马条约签订为起点，将欧盟预算的发展历程（1957—2008 年）分为五个阶段：罗马条约签订（1957 年）为合约阶段；罗马条约后至自有财源建立（1958—1970 年）为后合约阶段一；自有财源建立至单一欧洲法案（1971—1986 年）为后合约阶段二；单一欧洲法案至里斯本条约（1987—2008 年）为后合约阶段三和后合约阶段四。布兰卡特教授认为在后合约阶段一至后合约阶段二期间，再分配并不只是根据条约规则执行，同时也通过威胁执行。那些有其他政策选择和那些能够通过终止成员国资格来损害其他盟国的成员国政府运用威胁来实现他们的预算再分配目标（如 1965 年法国通过发起“空椅危机”以达到其增加共同体农业支出的诉求）。然而，随着共同市场内各成员国合作的进一步加强，在后合约阶段三期间这种威胁已变得越来越不可靠，威胁作为一种影响预算的工具已越来越多地被条约中的正式规则取代，但是这些规则远非完美。欧盟预算目前的现状是从后合约阶段一和后合约阶段二发展而来的，条约将预算的支出与收入分开，其规则促成了两个对立的联盟，支出一方由净受益国控制，收入一方由净贡献国把持，由此形成了欧盟预算现在的僵持局面。①

加布里埃莱·西普里亚尼（Gabriele Cipriani）2010 年在其著的《欧盟预算：没有问责制的责任？》（*The EU Budget: Responsibility without accountability?*）一书中，认为现行制度下存在着问责的差距，而这是由三方面原因造成的：第一，由于收入安排并不透明，公民们没

---

① Blankart, C. B. and Koester, G. B., “Refocusing the EU Budget-An Institutional View”, *Public finance and management*, Vol. 9, No. 4, 2009, pp. 536 – 579.

有直接意识到他们每年人均向欧盟预算贡献超过200欧元，因此没有引发纳税人尝试对欧盟资金的使用进行民主监督；第二，欧盟的目标宏大且很多，没有明确的或特定的预期成果，模糊的预期更容易报告，但却很难追究；第三，大多数的管理职能是由国家机构执行，尽管他们最终要对预算的执行情况负责，但他们却不直接对欧盟层面负责，欧盟委员会对他们也没有管辖权。①

伊恩·贝格教授2011年在其论文《欧盟税：逾期的改革还是联邦主义者的幻想?》(An EU Tax: Overdue Reform or Federalist Fantasy?)中通过分析现行欧盟预算制度的优点与缺点，认为现行制度的一个很大的长处是它仍然在有效地运转。欧盟预算为欧盟提供收入来源，确保欧盟委员会不必为如何融资以支持其支出承诺而烦恼。现行第四财源"GNI"在设计上采用的是差额补足原则，这使得欧盟预算总是处在一种弱平衡的状态，既无赤字，也无盈余。而各成员国在负担欧盟预算来源的公平方面也是在可容忍范围内的（各成员国对欧盟的贡献大约占各自GNI的1%），然而，由于一系列纠正机制的存在，导致各成员国实际贡献额占各自GNI的比率有所不同，这也是各成员国在欧盟收入来源问题上争吵的重点。此外，由于欧盟预算支出有较强的侧重，这也使得相似繁荣程度的国家人均从欧盟预算的收益大不相同。特别地，由于各成员国对贡献与收益的净差额十分关注，这会导致各成员国都倾向支持能为自己带来更多利益的支出结构，而不是考虑欧盟整体的需求情况。②

（三）研究欧盟预算制度改革与前景展望的相关文献

唐纳德·麦克道格尔（Donald MacDougall）领导的工作小组1977年在其发表的《关于公共财政在欧洲一体化进程中的作用的研究小组报告》(Report of the Study Group on the Role of Public Finance in European Integration）中按照联邦制财政原则来考虑共同体的财政问题。

① Cipriani, G., *The EU Budget: Responsibility without accountability?* Brussels: Centre for European Policy Studies, 2010, pp. 1 - 81.

② Begg, I., "An EU Tax: Overdue Reform or Federalist Fantasy?", *International Policy Analysis*, Working Paper, 2011, pp. 1 - 18 (http://library.fes.de/pdf-files/id/ipa/07819.pdf).

报告研究了一个多层次政府的各级机构的职权分配标准，并把这些职权分配原则运用到经济政策的三个主要目标方面：稳定，即运用宏观经济政策以保持价格稳定和经济活动、就业的高效率；配置，即以宏观经济政策为工具达到有效使用资源；再分配，麦克道格尔小组把再分配看成是共同体预算的主要目的，通过它可以使经济弱国充分参加经济一体化并最终参加经济货币联盟。①

安德烈·萨皮尔（André Sapir）教授等2003年在应欧盟委员会主席普罗迪的要求所作的研究报告《欧洲发展议程：使欧盟的经济系统工作》（An Agenda for a Growing Europe：Making the EU Economic System Deliver）中呼吁欧盟各成员国重新关注欧盟的预算问题，并指出现行欧盟预算的结构已不能满足增长与聚合目标的需要，应将其拆分成三个独立的、有特定目标的基金：一个为了增长，一个为了聚合，最后一个为了欧盟的重组。②

赫尔沃耶·莫维奇（Hrvoje Šimović）博士2005年在其《欧洲联盟预算》（The European Union Budget）一文中，提出了欧盟预算制度需要改革的原因，如欧盟扩大和一体化进程的发展需要欧盟预算进行改革以适应现实的需求，同时为在成员国内实现聚合的目标也需要对欧盟预算的再分配进行改革。还有一些原因如现行欧盟预算制度下净受益国与净贡献国矛盾突出、极具争议的英国预算回扣问题以及对预算到底应该如何获得收入来源的争议等都要求对现行预算制度进行改革。③

亨里克·恩德莱（Henrik Enderlein）教授等2005年在为欧洲中央银行所作的研究报告《欧盟预算——机构改革的空间有多大?》（The EU Budget—How Much Scope for Institutional Reform?）中，指出

---

① MacDougall D. et al.，"Report of the Study Group on the Role of Public Finance in European Integration（Volume I：General Report）"，*Commission of the European Communities*，Working Paper，1977，pp. 1 – 515（http：//www. cvce. eu/content/publication/2012/5/31/c475e949-ed28-490b-81ae-a33ce9860d09/publishable_ en. pdf）.

② Sapir，A. et al.，"An Agenda for a Growing Europe：Making the EU Economic System Deliver"，*European Commission*，Working Paper，2003，pp. 1 – 168（http：//edz. bib. uni-mannheim. de/daten/edz-mr/pbs/agenda_ en. pdf）.

③ Šimović，H.，"The European Union Budget"，pp. 245 – 262.

改革现行预算流程的愿望受到了以下两方面因素的阻碍，即超国家与政府间决策模式的复杂相互影响和要求任何预算流程都要在效率与合法性之间达到一个平衡。报告认为基于目前的欧盟政治一体化水平，现行的预算流程已经将效率与合法性最大化，达到了帕累托最优状态，如果要对预算流程作重大改革，结果将会远离此平衡。在欧盟当前的政治一体化水平条件下，改革措施由于受到帕累托边界的限制只能有助于改善效率与合法性两者之一，却不能令两者同时改进。而如果要向外移动此帕累托边界（即同时提高效率与合法性），只能通过进一步深化欧盟政治一体化水平来实现。[①]

加布里埃莱·西普里亚尼（Gabriele Cipriani）2007 年在其著的《欧盟预算再思考：三项不可避免的改革》（*Rethinking the EU Budget: Three Unavoidable Reforms*）一书中，分析了欧盟预算制度的收入来源、支出、执行、责任等方面的问题，并在此基础上提出了三项改革措施：第一，为所有成员国建立单一的收入体系；第二，明确地为融资项目设定具体的、可验证的目标；第三，为预算的执行情况建立责任制。[②]

杰克斯·勒·卡舍（Jacques Le Cacheux）教授 2007 年在为我们的欧洲（Notre Europe）所作的研究报告《以真正的自有财源为欧盟预算融资——以欧盟税为例》（Funding the EU Budget with a Genuine Own Ressource—The Case for a European Tax）中，认为阻碍欧盟 2007—2013 年财政框架达成最佳协议的主要原因之一是各成员国有将欧盟预算视为一种零和博弈游戏的倾向。卡舍教授认为在欧盟依赖成员国的贡献与各国"净回报"之间存在着一定的联系，指出欧盟预算融资是成员国以 GDP 为基础来上缴的，这会诱使各成员国计算他们的"国家贡献"并陷入"会计逻辑"，报告由此得出应通过建立

---

① Enderlein, H., Lindner, J., Calvo-Gonzalez, O. and Ritter, R., "The EU Budget-How Much Scope for Institutional Reform?", *European Central Bank*, Occasional Paper, No. 27, 2005, pp. 1 – 26 (http://enderlein.eu/ecbocp27.pdf).

② Cipriani, G., *Rethinking the EU Budget: Three Unavoidable Reforms*, Brussels: Centre for European Policy Studies, 2007, pp. 1 – 137.

欧盟真正的自有财源来提高欧盟的财政自治水平。报告指出，无论采用什么作为收入来源的工具，朝着真正的自有财源融资计划方向迈进本身就会改善欧盟层面的预算决策，它也会为欧盟预算增加关注度和合法性。总之，它会在欧盟与其公民之间建立起直接的财政联系，因此，会增加欧盟的政治责任和减少“民主赤字”的观念。报告同时提出，欧盟税的选择最终将是一种政治选择，因为现行讨论的任何一种欧盟税都无法脱颖而出，每一种都有优缺点。因此，欧盟税的选择是不能完全依赖技术考量的，它需要作出政治上的妥协，同时要综合考虑多方面的因素，如经济效率、公平因素等。报告还对欧盟税的选取标准、几种可能的欧盟税（如属于欧盟间接税的欧盟增值税、特许权税和生态税，欧盟公司所得税、个人所得税等）及其相应的收益以及实施的政治障碍和可行性问题作了分析。①

查尔斯·布兰卡特教授等2009年在其工作文件《重新审视欧盟预算——一个机构的视角》中提出应该按照博埃日报告（Boege Report）和萨皮尔报告（Sapir Report）中所讲的减少农业和结构方面的再分配支出，转而增加公共产品支出。认为既然现在的预算体系是低效率的，补贴支出过大而公共产品支出又过小，那么就应该在法定的欧盟预算之外建立一套单独的公共产品预算，作为一种制度上的改进以避开当前的预算僵局。文中同时提出了执行此改革计划的五个决定性条件：第一，分开，即建立单独的“公共产品预算”；第二，对称一致，即确保任何一方没有被剥削的风险，同时通过设定有效时限避免任何一方长期陷入现状困局；第三，倡议权，即除了欧盟委员会，每一个成员国政府也对公共产品预算项目有倡议权；第四，机构一致，即成员国从公共产品预算获益的同时要承担其成本；第五，贡献，即融资采取灵活方式，而非通过设定统一的一般比例。②

---

① Cacheux, J. L., “Funding the EU Budget with a Genuine Own Ressource—The Case for a European Tax”, *Notre Europe*, Working Paper, 2007, pp. 1 – 28（http：//www. notre-europe. eu/media/etud57-fundingtheeubudget_ 02. pdf? pdf = ok）.

② Blankart, C. B. and Koester, G. B., “Refocusing the EU Budget—An Institutional View”, pp. 536 – 579.

欧洲议会2010年发布的文件《在欧洲预算与国家预算之间建立更大的协同》（Creating Greater Synergy Between European and National Budgets），该文件从教育、研发、社会政策、发展援助和外交与安全的角度对欧盟和国家层面在这些政策领域的预算支出情况作了分析，文件提出了三项建议以期在欧盟预算与国家预算之间加强协调：第一，欧盟层面与国家层面预算协调的透明度和关注度可以通过统一欧盟层面和国家层面的支出类别来加强；第二，成员国当局可以同意对其为实现欧盟目标和战略而在其国家预算中所做的财政承诺和努力进行评估；第三，国家议会与欧洲议会应一起推动国家层面与欧盟层面的预算协调。①

丹尼尔·塔尔许斯（Daniel Tarschys）教授等2011年在其编的《欧盟预算：什么应该放进来？什么应该拿出去？》（*The EU Budget: What Should Go In? What Should Go Out?*）一书中，认为欧盟预算规模大约仅为欧盟 GDP 的1%，在满足欧盟公民日常需要方面是无法与成员国政府相比的，相反，它特别关注的应该是提供“欧洲附加值”的“欧洲公共产品”。这一原则虽然得到了广泛支持，但在实际应用和执行中却并未得到认可，每个成员国都对自己在长期预算中所处的地位十分关注。该报告的各位作者围绕欧洲公共产品应该是什么样子以及如何加强预算的欧洲取向等展开了深入的分析和讨论。②

二　国内研究现状

目前国内还没有系统研究欧盟预算问题的专著，对这一问题的阐述散见于研究欧盟经济、政治和历史等问题的相关文献中。专门关注

---

① Deloitte Consulting, “Creating Greater Synergy Between European and National Budgets”, *European Parliament*, Working Paper, 2010, pp. 1 – 99 (http://www.europarl.europa.eu/meetdocs/2009_2014/documents/budg/dv/2013_poldep_synergy_eu_national_budgets_/2013_poldep_synergy_eu_national_budgets_en.pdf).

② Tarschys, D. (ed.), *The EU Budget: What Should Go In? What Should Go Out?*, Stockholm: Swedish Institute for European Policy Studies, 2011, pp. 1 – 125.

欧盟预算某一特定问题的著作有一本，是朱正梅教授根据其博士论文修改而成的《英国预算问题与欧洲一体化（1970—1984）》一书。书中介绍了欧盟预算制度发展历程中的一个插曲——英国预算问题（the British Budgetary Question）。在书中，朱教授运用历史学的研究方法和翔实的史料对英国预算问题的缘起、英国历届政府在此问题上所做的努力以及问题的最终解决作了详细的论述，并揭示了英国预算问题与欧洲一体化之间的关系，即英国预算问题形成于欧洲一体化发展之中，而英国预算问题的解决反过来又有助于欧洲一体化的深入发展。①

国内研究欧盟预算问题的专著虽然不多，但国内学者对欧盟预算问题的研究在20世纪80年代出版的专著、译著和发表的论文中就已经有所涉及。

1983年人民出版社出版的，由伍贻康教授等编写的《欧洲经济共同体》提到了欧共体的预算问题并进行了简要的介绍和讨论。该书第二章“共同体的第一次扩大”主要是介绍英国申请加入欧共体和英国加入后在过渡期内的情况，其中谈到了英国加入欧共体后在欧共体预算中的摊款问题，对英国在欧共体内的预算负担情况和造成英国对共同预算处在贡献多收益少的地位的原因进行了分析。该书第三章“共同体的第二次扩大”在谈到希腊、葡萄牙和西班牙三国加入共同体后的影响时指出，三国加入共同体将会加重共同体的财政负担。70年代以来尤其是共同体扩大为九国之后，共同体的预算开支迅速增长，其增长速度大大超过了共同体国家国民收入的增长速度，共同体各国在预算的筹集与分配上已经矛盾重重、纠纷不断，三国加入后“僧多粥少”，矛盾和争吵会变得更加激烈。②

1985年上海译文出版社出版的，由A. M. 阿格拉著，戴炳然、伍贻康等译的《欧洲共同体经济学》，该书第十二章“财政政策Ⅱ：预

① 朱正梅：《英国预算问题与欧洲一体化（1970—1984）》，中国社会科学出版社2009年版，第1—236页。

② 伍贻康、周建平、戴炳然等：《欧洲经济共同体》，人民出版社1983年版，第32—92页。

算”是较早的全面介绍共同体初期预算体系和相关政策并被引入国内的研究文献。书中指出共同体有关机构支出的总额没有达到各成员国合计的国内生产总值的1%，共同体在欧洲经济内的分量很小，如果把它看作是一种联邦制度的萌芽的话，那么它也还处于发展的初期阶段。然而，由于该预算在一些特定开支领域具有重要的分量，它的收入来源产生了属于联邦和国际体制的问题以及它有可能在欧洲经济中发挥更为重要的作用等原因，使其理应得到更多的关注。该章对上述三方面的问题进行了分析和讨论，对共同体总预算的现状和前景作了评论并得出如下观点：1970 年，在追求依靠“自有财源”这个目标而不再继续至少部分地依靠各成员国政府的摊款上，共同体犯了一个错误。此外，该章尤为引人关注的是其简要论述了将增值税作为共同体收入来源的弊端和不合理性，指出从 1963 年起挑选增值税作为共同体的主要税收基础并最终使它成为共同体的统一税收也可能是一个错误。认为完全寻求“自有财源”而不要各国的摊款是不合时宜的，而导致此情况出现的根源可能是对当时现有联邦制度的一种错误类推，或者可能只是因为在抱负上过于冒进。共同体是要依靠成员国的税务机构为其代征税款，而不是自己直接征收，这与联邦政府所处的情况和地位不同（联邦政府不仅征收自身的税款，而且还征收很大一部分随后要转拨给所属地方政府的税款）。①

1988 年高等教育出版社出版的，由李琮教授主编的《西欧经济与政治概论》，该书第七章“西欧一体化的进展与问题（二）”介绍了共同体的财政问题。书中指出共同体形成了一个独立于各国财政预算之上的新型财政体系，在这一点上具备了某种联邦制的苗头。然而，主权国家的因素依然起着主导作用，超国家调节范围有限，程度较低，共同体预算所能达到的水平直接体现了共同体的超国家调节所能达到的水平。具体可以从以下三方面来看：首先，与成员国预算在国内生产总值中所占比重相比，共同体预算的比重是很小的；其次，

---

① ［英］A. M. 阿格拉：《欧洲共同体经济学》，戴炳然等译，上海译文出版社 1985 年版，第 266—283 页。

从预算用途看，除了行政开支外，共同体预算主要用于农业保证基金；最后，成员国预算摊款上交共同体后，即应被视为共同体资金，由共同体根据全局需要重新分配，各国不应当坚持所谓“公平归还”原则，这也被视为共同体的超国家调节因素之一，而在实际实施过程中却不是这样，成员国一般均坚持至少要大多数款项得失相抵的原则，而不愿“吃亏”太大，英国预算摊款问题就是最典型的例子。①

1988 年人民出版社出版的，由伍贻康教授和戴炳然教授编写的《理想现实与前景：欧洲经济共同体三十年》，该论文集中由易梦虹教授和佟家栋教授撰写的论文《欧洲经济共同体的财政协调问题》主要介绍了在欧洲经济共同体成员国间财政领域谋求协调的内容，其中谈到了与共同体财政协调有关的两个问题，一个是共同体自有财源中的增值税提成问题，另一个是共同体成员国在共同财政中的权利与义务的均衡问题（主要是英国预算问题）。文中指出由于共同体对第三国的工业品进口所征关税收入逐年下降以及对农产品进口所征差价税收入极不稳定，这使得增值税提成收入的重要性渐增。1984 年 6 月欧洲理事会（枫丹白露会议）由此作出决议，成员国向共同体上缴的增值税提成比例从 1% 提高到 1.4%。文中认为，增值税的协调问题与共同体增值税提成收入的多少，间接地有一定联系。共同起税点定于何处，共同中心税率以及各成员国的可容许变动幅度如何拟定，均关联着增值税提成数额的大小。而关于成员国（主要是英国）在共同财政中的负担与受益不均的问题，文中指出各个成员国既然承担共同体的预算支出，就要从中得到对等的利益，虽然不可能绝对均等，但权利与义务过于悬殊则被认为是不可接受的。共同体经过讨论后作出了在特定情况下给予回扣的决定，然而，该决定内容比较抽象，当时没能形成一个制度，导致在接下来的几年里英国每年所获得回扣的数额都是在几经争吵之后才最终确定下来的。该论文集中由李惠民撰写的论文《超国家财政政策机制剖析》介绍了共同体总预算的两个方面——支出和收入，并对共同体预算转移机制的演变进行了

① 李琮主编：《西欧经济与政治概论》，高等教育出版社 1988 年版，第 232—272 页。

论述，文中指出《罗马条约》中有关预算的规定确立了共同体财政的性质，它是通过成员国将部分权力转移到共同体一级，而权力转移的程度则取决于共同体预算的规模。此外，文中提出共同体如不能克服民族主义和国家利益的倾向就很难大幅增加其超国家部分的预算，而这主要取决于经济实力较强的成员国是否赞成更紧密的经济一体化，认为共同体的财政政策很可能在局部利益和整体利益的矛盾中得到发展，在大利益超过小损失的格局下，促使预算转移的规模不断扩大，进而促进更加紧密的经济联盟。①

1994 年人民出版社出版的，由沈骥如教授著的《欧洲共同体与世界》，该书第三章“欧洲货币体系与共同体财政”介绍了共同体总预算的范围、演变及制定程序、预算外财源的资金来源和信贷渠道以及共同体预算制度存在的问题与改革前景。书中通过阐述英国的预算负担和共同体的预算赤字展现了共同体预算制度存在的问题，并论述了《德洛尔计划》与共同体的财政改革。对于共同体财政改革的前景，书中认为农业改革的前景是不明朗的，而最可行的道路是增加自有财源。②

1998 年辽宁教育出版社与牛津大学出版社联合出版的，约翰·平德编，潘琪译的《联盟的大厦：欧洲共同体》，该书第八章“欧洲预算和公共财政联盟”介绍了共同体有关各方（高级机构、欧洲议会和成员国如法国、英国等）围绕共同体预算问题（主要是建立自有财源）而展开的一场争夺权力和一体化利益分配的博弈，引发了各方激烈的冲突，这也体现了超国家主义与政府间主义之间的斗争。书中还对 1988 年预算改革的前因后果进行了论述。③

2001 年上海译文出版社出版的，彼得·罗布森著、戴炳然等译的《国际一体化经济学》，该书第九章“财政一体化”按照时间顺序

---

① 伍贻康、戴炳然编：《理想现实与前景：欧洲经济共同体三十年》，人民出版社 1988 年版，第 228—254 页。

② 沈骥如：《欧洲共同体与世界》，人民出版社 1994 年版，第 86—147 页。

③ ［英］约翰·平德编：《联盟的大厦——欧洲共同体》，潘琪译，辽宁教育出版社、牛津大学出版社 1998 年版，第 156—182 页。

对欧盟预算的发展进程作了介绍，指出欧盟主要开支类别的基础是在最初20年中确立的。该章同时对欧盟预算的历次改革（1970年的补充条约、1975年的布鲁塞尔条约、1984年的枫丹白露协议、1988年被称为“德洛尔一号”的新预算决议以及1993年被称为“德洛尔二号”的新财务规划）进行了详细解读。此外，该章还对欧盟的长期预算问题（预算公平和货币联盟对欧盟预算的意义）以及欧盟扩大的预算含义进行了论述。①

2001年商务印书馆出版的，由张荐华教授著的《欧洲一体化与欧盟的经济社会政策》，该书第四章“欧盟预算与税收政策协调”介绍了欧盟预算支出与预算收入、预算制定与运作程序以及欧盟预算存在的问题与预算改革。书中指出，在进入20世纪70年代以后，由于以下两方面的原因导致预算开始成为突出的问题并使其成为欧洲共同体各成员国之间争论最大、矛盾最尖锐的领域：一方面，预算本身是欧洲一体化所产生的成果的分配，也是对各成员国所提供给共同体财政资金的再分配，预算支出的争夺实际是对一体化成果和共同财政资金分配的争夺；另一方面，预算一直是欧洲共同体及欧盟各组织机构权力分配的焦点，各个组织机构都希望尽可能多地控制预算支出的确定、使用和管理权。欧洲共同体及欧盟的预算支出可以按以下几个维度去分类：强制性支出与非强制性支出、行政费用支出与操作费用支出以及支付拨款与承诺拨款。欧洲共同体及欧盟的预算在20世纪80年代以后出现了很多问题，不时出现预算危机。其中，最主要的问题是部长理事会和欧洲议会之间在预算制定上的冲突，英国在预算上的问题，预算支出的增加总是快于预算收入的增加，等等。书中还对1984年和1988年两次预算改革的具体内容和效果以及1992年和1999年制定的两个中期预算规划作了描述和评价。②

2005年社会科学文献出版社出版的，由田德文研究员著的《欧

---

① ［英］彼得·罗布森：《国际一体化经济学》，戴炳然等译，上海译文出版社2001年版，第117—151页。

② 张荐华：《欧洲一体化与欧盟的经济社会政策》，商务印书馆2001年版，第58—72页。

盟社会政策与欧洲一体化》，该书第六章“共同体再分配制度的发展历程”论述了欧盟财政框架中的再分配机制，提出共同体社会政策的“社会再分配”功能主要是通过“结构基金”中的“欧洲社会基金”来实现的。该章对共同体的财政框架、结构基金中的社会基金的具体内容进行了介绍。①

2006年中国社会科学出版社出版的，由张健雄教授著的《欧盟经济政策概论》，该书第十章“共同体的财政制度”分别介绍了共同体财政的来源（共同体早期的财政、共同财政的形成和共同体的“财政危机”及第四财源）、共同体财政政策发展的坎坷历程（枫丹白露“预算纪律”及引发的法律诉讼、德洛尔方案和英国财政摊款的退还问题）和共同体预算开支（欧共体共同财政的规模、预算开支的项目和新世纪初的七年财政规划）。书中指出，欧共体拥有一个规模不大的财政，作为行使成员国让渡出来的那部分主权的必要条件。认为共同体财政一直面临着诸多问题：一是成员国在共同体财政中承担的义务和享受的权利不均，引发了净贡献国和净受益国之间的摩擦；二是财政来源有限，难以承受日益扩大的财政负担。随着欧盟的扩大和一体化的深化，共同体财政的问题还将进一步加剧。②

2008年上海人民出版社出版的，由杨逢珉教授和张永安教授著的《欧洲联盟经济学》，该书第十一章“欧洲联盟的财政制度”从欧盟财政制度的建立、共同财政的作用、支出、收入以及共同财政体制的局限性和改革趋势等方面进行了较为全面的论述。书中用历史的观点分析了欧共体超国家财政预算体制，并从三方面（用法律形式规定成员国对共同财政的义务，建立独立的共同财政收入来源及具有显著特点的共同财政支出）说明了这个体制的性质。③

① 田德文：《欧盟社会政策与欧洲一体化》，社会科学文献出版社2005年版，第115—132页。

② 张健雄：《欧盟经济政策概论》，中国社会科学出版社2006年版，第261—279页。

③ 杨逢珉、张永安：《欧洲联盟经济学》，上海人民出版社2008年版，第211—243页。

2011 年四川大学出版社出版的，由邓宗豪副教授著的《欧洲一体化进程：历史、现状与启示》，该书第五章“欧盟预算政策”介绍了欧盟预算制度的形成（制定的法律基础和制定程序、财政预算案的演变和共同体预算的基本原则）、预算资金的来源和支出构成以及预算政策的发展，同时以共同农业政策的改革为例论述了预算资金的使用情况。书中指出欧盟把财政预算作为推动一体化的必要支持，认为这是投资于欧盟成员国共同的未来。[①]

此外，欧盟预算制度的发展经历了一个漫长的发展过程，毫无疑问，其演进过程与欧洲一体化的发展历史密切相关。目前，国内研究欧洲一体化的著作很多，比较有代表性的是三本由博士论文修改而成的著作：一本是洪邮生教授的专著《英国对西欧一体化政策的起源和演变（1945—1960）》，该书以冷战为背景，从英国对欧政策的角度，对 1945—1960 年间英国与西欧一体化的关系作了全面的论述，并对这一时期英国政策的起源、形成和演变及其内在动因作了深入的研究；[②] 另一本是赵怀普教授的专著《英国与欧洲一体化》，该书对英欧关系作了系统的、全面的研究，首先对 1945 年以前的英欧关系作了历史回顾，之后从英国对欧政策及其与欧洲一体化进程互动的角度，对战后英国与欧洲一体化的关系进行了分析，并总结了英国与欧洲一体化关系的发展规律；[③] 第三本是贾文华教授的专著《法国与英国欧洲一体化政策比较研究——欧洲一体化成因与动力的历史考察（1944—1973）》，该书以战后至 20 世纪 70 年代初欧洲一体化进程中的主要历史事件为线索，将法国与英国在这一时期针对欧洲一体化的政策的形成过程以及一体化本身的发展与变化作了系统的研究，并依据研究结果将法国与英国的对欧政策进行了比较分析。[④]

---

① 邓宗豪：《欧洲一体化进程：历史、现状与启示》，四川大学出版社 2011 年版，第 125—152 页。

② 洪邮生：《英国对西欧一体化政策的起源和演变（1945—1960）》，南京大学出版社 2001 年版。

③ 赵怀普：《英国与欧洲一体化》，世界知识出版社 2004 年版。

④ 贾文华：《法国与英国欧洲一体化政策比较研究——欧洲一体化成因与动力的历史考察（1944—1973）》，中国政法大学出版社 2006 年版。

国内研究欧盟预算问题的期刊论文大致可以分为以下三类：

第一类是概述性的论文，主要介绍欧盟预算制度的演变、局限、改革及前景展望。代表作有杜厚文教授和夏庆杰教授的论文《欧盟共同预算制度的改革及前景展望》。这篇文章介绍了欧共体共同预算制度的演变过程，包括1970年欧共体自有财源制度的建立及其内涵，自有财源制度建立后共同预算的矛盾与改革以及英国的预算补偿问题。文中同时分析了共同预算的开支、改革及其前景展望。[①] 李殿洲和刘运顶的论文《欧洲联盟财政体制及其改革方向探析》介绍了欧盟财政体制的现状、局限和改革，认为经济全球化的发展、"欧洲情结"的滋长以及欧盟范围公共产品的空间界限的不断外推等，将对更紧密的经济一体化产生压力。从短期看，进行卓有成效的政策协调可以解决这些问题，但从长期看，通过创建一个中央财政机构来更好地处理分配、再分配及宏观经济稳定等问题将变得日益迫切。[②] 王永礼的论文《欧洲共同体的预算法律制度》从法律（基础条约和一系列机构间协议）的角度解读了欧共体预算体系的历史演进过程，对预算的来源、支出、决策机构、编制与审批流程以及执行监督等进行了阐述。[③] 杨逢珉教授的两篇论文《欧洲共同体财政体制初探》和《欧洲共同体财政的作用及其局限》分别介绍和讨论了欧洲共同体财政制度的建立、性质、收支结构、预算流程、作用、局限、改革及发展前景，认为欧共体共同财政目前仍处于发展初期，其财政体制与主权国家的财政体制相比仍有许多局限，因此影响了共同财政在经济一体化进程中作用的发挥。[④] 周长鲜博士的论文《欧洲议会财政预算决定权的跨机构合作机制及其启

---

① 杜厚文、夏庆杰：《欧盟共同预算制度的改革及前景展望》，《德国研究》1996年第2期。

② 李殿洲、刘运顶：《欧洲联盟财政体制及其改革方向探析》，《广东金融学院学报》2004年第4期。

③ 王永礼：《欧洲共同体的预算法律制度》，《人民政坛》2000年第2期。

④ 杨逢珉：《欧洲共同体财政体制初探》，《西欧研究》1987年第6期；《欧洲共同体财政的作用及其局限》，《世界经济》1992年第11期。

示》介绍了欧洲议会财政预算决定权的内涵并详细说明了欧盟预算的制定过程，提出欧盟预算具有跨机构合作的重要特征。[①] 周绍杰博士等的论文《欧盟预算及其对我国预算制度的启示》介绍了欧盟预算的制度框架，具体包括跨年度财政展望系统、年度预算制定的过程以及欧盟预算的收支和监管，认为欧盟预算制度以及预算使用具有民主、透明、问责和均等化的特征。[②] 此外，大雨的论文《欧洲共同体预算初探》[③]、随新玉的论文《欧盟的财政制度与效应分析——从欧元区财政状况恶化说起》[④]、魏家驹教授的论文《欧洲共同体在预算问题上的矛盾》[⑤] 以及易梦虹教授的论文《论欧洲共同体的财政问题》[⑥] 等也属于此种类型的文章。

第二类论文关注欧盟预算制度历史发展进程中的某个政策领域或特定问题。比较有代表性的是惠一鸣教授的论文《论二十世纪八十年代的欧共体预算危机》，文章介绍了 20 世纪 80 年代爆发的欧共体预算危机的根源，认为欧共体的预算危机是由共同体自有财源入不敷出引发的，与共同体的扩大和一体化事业的发展关系密切，是发展的副产品。同时，共同体的扩大打破了过去的利益平衡关系，各成员国在瓜分共同财政蛋糕时出现了分配不均的现象：一些成员国成为了净受益国，而另一些成员国则变成了净贡献国。由于改革旧的预算制度涉及共同政策和既得利益者的根本利益，因此，才会久拖不决，共同体只能以止痛方式达成某种妥协来缓解危机，却无法从根本上改变现有的利益格局。因此，在无法按照新形势的需要对预算制度进行改革的情况下，问题和矛盾将会一直存在，而每当新的财政周期到来

---

① 周长鲜：《欧洲议会财政预算决定权的跨机构合作机制及其启示》，《新视野》2011 年第 4 期。

② 周绍杰、王有强、卢大鹏：《欧盟预算及其对我国预算制度的启示》，《中国行政管理》2009 年第 12 期。

③ 大雨：《欧洲共同体预算初探》，《外国经济与管理》1989 年第 12 期。

④ 随新玉：《欧盟的财政制度与效应分析——从欧元区财政状况恶化说起》，《财政研究》2003 年第 9 期。

⑤ 魏家驹：《欧洲共同体在预算问题上的矛盾》，《世界经济》1983 年第 1 期。

⑥ 易梦虹：《论欧洲共同体的财政问题》，《西欧研究》1989 年第 2 期。

时，它们都会不同程度地发作一次。[①] 此外，朱正梅教授的三篇论文《1974—1975 年英国与欧共体重新谈判的原因、性质及意义》《英国与欧共体预算矛盾的成因探析》和《1984 年撒切尔政府与欧共体预算矛盾的解决》也是此类文章的典范。[②]

第三类论文是针对欧盟具体的预算案所作的分析和解读，具有较强的时效性。比较有代表性的论文是江时学研究员的论文《欧盟预算终于"瘦身"》，文章对多年度财政框架制度建立的历史背景作了简要回顾，对 2014—2020 年中期预算的制定过程作了介绍，并将 2014—2020 年中期预算与 2007—2013 年中期预算作了对比分析，总结出新中期预算的变化和侧重点。[③] 此外，吴朝阳博士的论文《欧盟〈2007—2013 年财政规划〉解读》也是此类文章的典型代表，文章介绍了欧盟 2007—2013 年中期预算出台的背景（如"里斯本战略"受挫、欧盟东扩以及世贸谈判对欧盟共同农业政策的压力），并详细解读了该份中期预算的侧重点和特点。[④]

三　存在的问题及其启示

通过对国内外研究文献的梳理可以发现，在以往针对欧盟预算问题的研究中，研究者大都集中在欧盟预算的某一方面或某一特定问题，如共同农业政策和结构政策的开支、英国预算回扣问题、自有财源系统和支出结构的改革，等等。很少有学者从全局来分析欧盟预算各个方面之间的关系并对欧盟预算制度作系统性的研究。目前，国内学者对欧盟预算问题的研究还处于较为初级的阶段，有分量、有影响力的研究成果不多。国内现有的研究成果大多是对欧盟预算制度的一

---

① 惠一鸣：《论二十世纪八十年代的欧共体预算危机》，《欧盟与中国・福建：跨文化对话国际学术研讨会论文集》，2006 年，第 228—237 页。

② 朱正梅：《1974—1975 年英国与欧共体重新谈判的原因、性质及意义》，《国际论坛》2008 年第 2 期；《英国与欧共体预算矛盾的成因探析》，《辽宁大学学报（哲学社会科学版）》2009 年第 6 期；《1984 年撒切尔政府与欧共体预算矛盾的解决》，《史学月刊》2011 年第 3 期。

③ 江时学：《欧盟预算终于"瘦身"》，《经济》2013 年第 4 期。

④ 吴朝阳：《欧盟〈2007—2013 年财政规划〉解读》，《当代财经》2006 年第 6 期。

般性介绍、分析和评价，针对欧盟预算制度的改革与发展问题进行深入剖析和研究的成果甚少，与国外特别是欧美国家的学者在这类问题上的研究相比还有一定的差距。

目前，针对欧盟预算制度的理论研究还没有一个明确的主流理论和较为完整的理论框架，更没有具有很强针对性的创新理论。一方面，是由于针对欧盟预算制度的研究大多具有实践导向性，而不是纯粹的理论研究；另一方面，以往针对欧盟和欧洲一体化的研究主要集中在政治学、经济学和法学的角度，从财政学的角度来分析欧盟和欧洲一体化目前还处在起步阶段。

从收入来源、支出结构、预算程序、预算职能和监管机制等方面来看，欧盟预算制度与传统主权国家和国际组织的预算制度相比，存在着明显的区别，它是欧盟财政体系中最重要、最核心的元素。欧盟预算制度在欧洲半个多世纪的一体化进程中，为欧盟经济社会的发展提供了大量的、稳定的资金来源，是欧盟进行超国家治理的基础和重要支柱，同时，它也是欧盟在国际舞台上拥有重要经济地位和较大影响力的坚强后盾。此外，欧盟预算制度的建立创造了世界上第一个真正意义上的具有超国家性质的财政预算制度，对世界经济和国际财政预算体系的发展产生了广泛和深远的影响，也将为中国的财税体制改革提供一些有益的参考和借鉴。

第三节　研究方法与研究框架

一　研究方法

第一，历史与文献分析法。在方法论上，以历史唯物主义为指导，坚持实事求是的科学态度。在具体方法上，运用历史叙述和历史分析相结合的方法。欧盟预算制度经历了半个多世纪的发展历程，历史方法体现在以与欧盟预算制度的形成与发展有关的历史事实为基础，按照时间顺序对重要的历史时期和历史事件进行梳理、分析，并通过涉及欧盟预算制度建立、发展和改革的历史文献来说明问题。

第二，实证分析与规范分析相结合的研究方法。实证分析强调“是什么”的问题，规范分析着重“应该是什么，应该怎么样”的问题。本书对欧盟预算制度基本构成和发展历程的分析采用了实证分析的方法，梳理欧盟预算制度的基本内容和历史发展脉络。对欧盟预算制度的局限与改革的研究采用实证分析与规范分析相结合的方法，分析欧盟预算制度存在的问题和相应的改革措施。

第三，定性分析与定量分析相结合的研究方法。本书在研究欧盟预算制度在不同历史时期存在的各种问题时采用了定性分析的方法。同时，对不同时期的历史数据进行定量分析，以增强定性分析的可靠性和说服力。

第四，比较分析与理论分析相结合的研究方法。本书在研究欧盟预算制度时，将其与典型的一般主权国家和国际组织的预算制度作了比较分析，进而总结出欧盟预算制度的特征和可被欧盟预算制度借鉴的经验和制度安排。同时，运用财政学的财政联邦主义理论对欧盟预算制度进行了规范性分析，为欧盟预算制度未来的发展提供了方向性指引。

二 结构安排

本书对欧盟预算制度的研究分为导论、四章正文和结语三大部分。

第一章阐述了选题的目的和意义，明确了本书的研究重点和研究方向，对国内外欧盟预算制度研究的现状进行了归纳和评价，指出了其中存在的主要问题，并介绍了本书的研究方法和研究框架。

第二章提出并界定了欧盟的准联邦属性和欧盟预算制度的基本概念，全面分析了欧盟预算制度的基本构成和运行机制。本章对欧盟预算的法律渊源、建立原则、收入来源、支出结构和预算程序等欧盟预算制度的基本构成要素，以及预算执行、预算监管与审查和预算放行等欧盟预算制度的运行机制进行了系统的、全面的阐述和分析。

第三章论述了欧盟预算制度的形成与发展过程。本章从历史的角度出发，以欧盟预算制度的雏形——欧洲煤钢共同体预算制度的建立为起点，将欧盟预算制度的形成与发展进行了阶段性划分，对欧盟预算制度的缘起与变迁作了详细的论述。同时，本章对不同历史时期欧盟预算制度的关键要素的发展进行了比较，分析了欧盟预算制度发展的递进性，并考察了促进欧盟预算制度发展的因素，即为欧盟不断推出的各项共同政策筹集资金以及欧盟各方围绕财政自治权和预算的使用权与决策权展开竞争等因素为欧盟预算制度的发展注入了动力。

第四章探讨了欧盟预算制度的局限与改革问题。本章主要从预算过程、预算职能和预算问责机制等方面对欧盟预算制度中存在的各种弊端和缺陷进行了论证，并根据这些问题提出了有针对性的改革措施和建议。同时，本章通过对导致欧盟预算制度存在各种缺陷的问题根源进行了梳理和分析，总结出了导致欧盟预算制度的发展陷入困境的逻辑关系，并作出欧盟预算制度的发展陷入困境的问题根源是由于其不能满足欧洲一体化的发展需要，而问题的症结则在于欧盟的财政一体化水平有限的结论。此外，本章还分析了 2009 年爆发的欧洲主权债务危机给欧盟预算制度改革带来的影响，即欧债危机的爆发客观上对欧盟预算制度的改革形成了倒逼机制。

第五章揭示了欧盟预算制度与欧洲一体化之间的关系，并对欧盟预算制度作了理论解析。首先，本章从二战后欧洲一体化运动的大背景探寻欧盟预算制度建立的具体原因，揭示并论证了欧盟预算制度是形成于欧洲一体化的发展之中，是欧洲一体化的产物。而欧盟预算制度的发展，既有助于欧盟各成员国在欧债危机后增强振兴欧洲一体化的信心和决心，也有利于打破制约欧洲一体化发展的资金瓶颈，进而对欧洲一体化的不断深化起到了推动作用。其次，本章通过将欧盟预算制度与一般主权国家和国际组织的预算制度进行比较、分析，多维度展现了欧盟预算制度与一般主权国家和国际组织预算制度的异同。此外，本章运用财政学的基本理论并结合欧盟实际对欧盟预算制度进行了解析，勾勒出欧洲一体化背景下欧盟预算制度应具有的职能，为欧盟预算制度的发展提供了理论指引，提出了欧盟经济一体化、政治一体化与财政一体化三者之间的相互促进关系，并对欧盟预算制度未来发展趋势作了初步的展望。

结语部分对本书所进行的欧盟预算制度研究进行了全面回顾，重申了本书所研究的问题，并概括了研究得出的结论。

第二章　欧盟预算制度的框架结构

欧盟预算制度从根本上讲是服务于欧洲一体化尤其是欧盟经济一体化的，具体是通过为欧盟机构的正常运行、共同政策的有效执行和欧洲一体化的顺利进行提供坚实的资金保障来体现，其制度构成直接影响欧盟各方（超国家机构和各成员国等）的权益分配和欧洲一体化的发展方向。欧盟预算制度的构成主要包括以下几个方面：法律渊源、建立原则、收入来源、支出结构、预算程序、预算执行、预算监管与审查以及预算放行等。本章主要就现行欧盟预算制度的基本构成和运行机制进行研究分析。

第一节　基本概念界定

一　欧盟的准联邦属性

20 世纪上半叶，欧洲大陆两度遭受战争的蹂躏，各国经济受到重创，民众苦不堪言。二战结束后，世界经济和政治格局悄然发生了一系列的变化，生活在饱受过战争蹂躏的欧洲大陆的人们此时对于永久和平的向往比任何时期都强烈。为避免欧洲出现分裂和战争的灾难再次在欧洲大陆上演，欧洲人将希望寄托于通过建立统一的欧洲来实现欧洲的长久和平与繁荣。由于欧洲经济复兴的需要，同时也受当时德国问题和东西方阵营冷战因素的影响，并在美国的积极推动下，欧洲一体化运动得以迅速开展起来。“但是，参加欧洲统一运动的各国组织和个人不仅动机不一，而且对欧洲联合目标和性质的观点并不统一，有些相近，有些则大相径庭。它们主要分为联邦主义（Federalism）和邦联主义（Confederalism）两大类。"① 欧盟就是在这样的历史背景下，经过40余年漫长的发展历程后建立起来的。

"作为一种新型的公共权力范式，欧盟的出现显然挑战了传统的国家理论"②，其性质问题也因此备受各方关注。但迄今为止，欧共体、欧盟的各种条约和官方文件都没有对它作出较为准确的"权威"表述。按照周弘研究员的理解，"欧盟最明显的特征就是它并非一个'国家'，而且也不是一个传统意义上的国际组织"③，而是"主权国家与超国家机制的共存与互动。……这种实践不仅在欧洲，甚至在人类历史上都是带有'革命性'意义的创举"④。宋全成教授也有类似的观点，认为"欧盟体制具有一些民族国家的特征，但非民族国家的特征更为明显"⑤，"是一个具有联邦与邦联双重性质、多元复合、多重治理的混合体"⑥。朱立群教授认为，"欧盟是国际体系中几乎涉及所有领域的一个重要行为体，是一个拥有全面力量的'世界行为体'，在从规范与合法性角度塑造全球秩序方面，发挥着独特的作用和影响力"⑦。陈玉刚教授在对欧洲历史上呈现的不同范式进行划分和归纳后，认为欧盟是一种超国家治理范式。⑧ 贾文华教授在对欧盟的权力属性进行多维度分析后，总结出欧盟的属性具有"中间性"的特征。⑨ "就内向性统理而言，联盟事实上运行于政治与经济、内

① 洪邮生：《英国对西欧一体化政策的起源和演变（1945—1960）》，南京大学出版社2001年版，第46页。

② 贾文华：《欧盟权力属性的多维解读》，《欧洲研究》2010年第2期。

③ 周弘主编：《欧盟是怎样的力量——兼论欧洲一体化对世界多极化的影响》，社会科学文献出版社2008年版，第6页。

④ 同上书，第3—4页。

⑤ 同上书，第39页。

⑥ 同上书，第49页。

⑦ 朱立群：《欧盟是个什么样的力量》，《世界经济与政治》2008年第4期。

⑧ 参见陈玉刚《超国家治理——国际关系转型研究》，上海人民出版社2009年版，第58、176页。

⑨ 参见贾文华《欧盟权力属性的多维解读》，《欧洲研究》2010年第2期。

政与外交、统治与治理、市场与国家、国家与超国家之间。从权力的内涵与张力来看，欧盟又介于领土与非领土、软权力与硬权力、强力与非强力之间。不仅如此，以国家共同体和国家体系为参照考察的结果同样体现出‘中间性’，即较传统的国际组织更具凝聚力、稳定性、权威性、合法性与民主性的同时，又不及国家共同体的水平。”① 罗伯特·P. 英曼提出，“欧盟，开始于简单的煤炭和钢铁贸易合作伙伴关系，目前正在朝着，尽管速度缓慢，一个以联邦治理原则为基础的更加一体化的政治联盟方向移动”②。张定淮教授将欧盟的现实性质定义为“准联邦制”。具体来说，准联邦制是指这样的一种体制：“如果以复合制中的邦联和联邦作为一个过程的两个端点，它在程度上高于邦联，但又低于联邦，但更接近联邦的一种体制。这种体制带有联邦和邦联两者的特征，但在发展趋势上是不断接近联邦制的漫长过程。”③ 本书采用准联邦制这一提法来定义欧盟的性质。

二 欧盟预算

“预算”一词，从字面上看，可指预先算计之意。从词意的出处来看，与中国古人提出的某些思想十分相近。儒家经典著作《礼记》中的《中庸》篇提出：“凡事豫则立，不豫则废。言前定则不跲，事前定则不困，行前定则不疚，道前定则不穷。”由此可见，做事之前预先统筹、谋划是十分重要的。然而，这与现代意义上的预算的含义虽有某种关联但在本质上还是有较大区别的。“英文中的‘预算’一词（Budget 或 Budgeting）其字源为拉丁语中的‘Bulga’，根据《美国传统辞典》的字源分析，其进一步的字源来自古法语‘Bougette’和中古英语‘Bouget’，意指‘皮包’‘钱袋’。大约在

---

① 贾文华：《欧盟权力属性的多维解读》，《欧洲研究》2010 年第 2 期。

② Inman R. P.,“Federalism's Values and the Value of Federalism”, *CESifo Economic Studies*, Vol. 53, No. 4, 2007, p. 523.

③ 张定淮：《欧洲联盟：体制与对外行为能力》，重庆出版集团、重庆出版社 2011 年版，第 46 页。

1400 年至 1450 年间，这个词传入英国，逐渐演化出现代的含义。”① 在英国，预算一词成为财政学上的一个公认名词是因为被用来指财政大臣去议会时携带的用来装陈述政府需求与资源的报告的皮袋子，以后又逐渐演变成该皮袋子里所装的文件，即政府的财政计划。② 自此，预算一词基本具备了现代意义上预算的轮廓。

对于预算的含义和本质，“以其最简单的形式来看，预算是一份文件或一堆文件，它涉及某个组织（家庭、公司、政府）的财务状况和未来计划，包括收入、支出、活动、目的或目标的信息”③。但是，如果从不同学科（如经济学、管理学、政治学和法学等）各自不同的视角出发进行研究，就会形成不同的观点。

美国著名公共政策学家爱伦·鲁宾在其专著《公共预算中的政治：收入与支出，借贷与平衡》中，从经济学的视角出发，提出“预算的实质在于配置稀缺资源，因而它意味着在潜在的支出目标之间进行选择”④。资源的稀缺性决定了不是每一位申请者都能够最终获得该资源，所以人们必须通过预算才能使资源的使用效率接近最优，但预算的过程注定会因为资源所具有的稀缺性而成为一个充满竞争的过程。阿伦·威尔达夫斯基和内奥米·凯顿在其著作《预算过程中的新政治学》一书中，主要从经济学和法学的视角出发，指出预算具有两个层面的含义：一层含义是指预期，一份预算以文字和数字相结合的形式描述了为实现预先规划的特定目标所需要的支出，文字描述并列举了具体的支出类别、形式和目的，数字则附在每一项文字之后；另一层含义是指一份具有一定约束力的合同，一份预算由预算决策机构批准后，由预算执行机构按照既定用途支出资金，而执行的过

① 徐永胜：《经济社会转型中的公共预算监督——体系构建与制度创新》，中国时代经济出版社 2012 年版，第 24 页。

② 参见徐永胜《经济社会转型中的公共预算监督——体系构建与制度创新》，中国时代经济出版社 2012 年版，第 24 页。

③ ［美］小罗伯特·D. 李、罗纳德·W. 约翰逊、菲利普·G. 乔伊斯：《公共预算制度》，扶松茂译，上海财经大学出版社 2010 年版，第 11 页。

④ ［美］爱伦·鲁宾：《公共预算中的政治：收入与支出，借贷与平衡》，叶娟丽等译，中国人民大学出版社 2001 年版，第 3 页。

程使合同涉及的各方相互承担义务，并相互控制，所以它是一种法律关系的同时，也是一种社会关系。[①] 而如果从管理学和政治学的视角来研究，又会有不同的看法。比如，管理学的观点认为，预算是解决公共资源配置问题的重要管理工具；而政治学的观点则强调预算过程（Budget Process）[②] 的政治本质，其出发点是政治制度与政治行为之间的因果关系，认为预算本身就是一种政治博弈的产物。[③]

欧盟预算，有广义和狭义之分。广义的欧盟预算包括欧盟超国家层面的预算和欧盟成员国的国家预算，它通过对资源的合理配置来推动欧盟范围内经济社会的可持续发展，为促进欧盟各成员国间缩小贫富差距、增强凝聚力进而实现各国平衡发展的目标提供资金支持，并为欧洲一体化事业的顺利进行提供资金上的保障；狭义的欧盟预算是指欧盟为履行欧盟条约中规定的职责及满足欧洲一体化发展过程中对资金的需求而建立起来的欧盟超国家层面的共同预算，它是欧盟依照健全的财务管理原则，并根据预算程序（Budget Procedure）的要求制订的一定时期内（中期或年度）的财务计划，涉及对每一财政年度的资源获得进行统筹规划、资源使用进行预测和授权等。本书中所研究的欧盟预算仅指狭义上的欧盟预算，并且不包括欧盟总预算以外独立运行的预算资金，如欧洲中央银行的预算、欧洲发展基金等。[④]

---

① 参见［美］阿伦·威尔达夫斯基、内奥米·凯顿《预算过程中的新政治学》，邓淑莲等译，上海财经大学出版社2006年版，第1—2页。

② 预算过程和预算程序是使用频率很高的两个词汇，但却经常被误用和混淆。两个词语是围绕着同一个主体，但含义不同的两个概念。预算过程与预算程序的相同点在于，它们的政治意义都是权力斗争和利益博弈的工具。在欧盟预算的实务操作上，预算过程表现为一个周而复始的循环过程：始于欧盟委员会对预算进行编制，终于欧洲议会对预算执行结果作出放行决定，期间依次经历预算审核、修订、协商、执行、监管与审查等阶段；而预算程序则体现在欧盟预算过程中的每个阶段，即按照欧盟法律的相关规定来制定具体的操作步骤。

③ 参见徐永胜《经济社会转型中的公共预算监督——体系构建与制度创新》，中国时代经济出版社2012年版，第25页。

④ 欧洲中央银行为保持高度的独立性，在经济方面享有自治权，预算独立运行，不受欧盟机构和成员国的干涉。欧洲发展基金创建于1958年，主要是为历史上与欧盟存在关联的发展中国家和地区提供援助，它不通过欧盟预算进行融资，而是由欧盟成员国通过协商并以财政摊款的形式直接为其提供资金来源。

三　欧盟预算制度

在一个预算体系中，预算制度是其最重要、最核心的元素。“19世纪，现代公共预算制度开始在欧洲国家诞生，并逐渐发展成为现代国家进行治理的基本制度。”① 预算制度可以被定义为“在行政与立法框架下，用以规范（Governing）预算过程的正式和非正式的规则和原则的集合。广义的预算制度还包括受规划与原则约束的预算程序和相应的实施机制”②。“在一种预算制度中，相互作用的网络所形成的结果是预算决策，这些结果在总体意义上差别很大。不是每一个预算制度的单位都具有同等的决策权威或权力。……然而，每一个决策参与者都为预算制度做出一些投入。”③

对于一个国家或组织来说，预算制度非常重要，“如果没有一种合理设计的预算制度，预算过程就不能有效地运行，预算活动就无法有效地组织起来”④。预算制度的作用主要体现在两个方面：“一方面，预算制度要能够约束各种掠夺性的支出行为，保护公共资金。另一方面，预算制度还必须能够解决预算冲突。”⑤ 也就是说，一个良好的预算制度要能够妥善处理好公共预算中的两个基本问题：共用资源池（Common Pool）问题和委托代理关系（Principal-Agent Relationship）问题。共用资源池问题是人们在日常生活中比较常见的问题，其实质是因为资源的使用者没有承担其行为产生的全部后果（社会成本），而是将绝大部分成本转嫁给了所有的公民，进而导致资源被过度使用。当公共预算以法律批准的形式被确定下来后，就可以被视为一个开放性的共用资源池。在这个共用资源池里，同样会出现预算因被争相支出而导致在某些方面被过度使用的情况，最终会威胁整个公

---

① 马骏等：《公共预算：比较研究》，中央编译出版社 2011 年版，第 3 页。

② 王雍君编著：《公共预算管理》，经济科学出版社 2010 年版，第 3 页。

③ ［美］小罗伯特 · D. 李、罗纳德 · W. 约翰逊、菲利普 · G. 乔伊斯：《公共预算制度》，扶松茂译，上海财经大学出版社 2010 年版，第 13 页。

④ 马骏等：《公共预算：比较研究》，中央编译出版社 2011 年版，第 36 页。

⑤ 同上书，第 35—36 页。

共预算的可承受性和可持续性。公共预算的委托代理关系发生在公民与政府之间。在民主社会中，公民作为委托人，通过社会契约的形式委托政府代为执行公共预算。然而，作为代理人的政府却有着与作为委托人的公民不同的动机和利益，并且会因利益问题而导致在公民与政府之间以及政府内不同的预算支出部门之间就预算使用的问题爆发冲突。[①] 所以，预算制度从某种意义上来说是冲突调和的产物。

欧盟预算制度是欧盟财政体系中最重要、最核心的元素。与欧盟预算有广义和狭义之分一样，欧盟预算制度也存在广义和狭义之别。从广义上说，欧盟预算制度包括欧盟超国家层面的预算制度和成员国的国家预算制度，是组织、引导和协调欧盟范围内各预算参与者的预算行为、规划资源获得和配置方式、规范预算程序和相应的实施机制、解决预算过程中出现的预算冲突以及划分欧盟（中央）超国家预算和成员国（地方）国家预算之间预算管理权限和收支范围的基本制度；从狭义上讲，欧盟预算制度是指欧盟以完成欧盟条约中规定的职责和为欧洲一体化发展服务为根本目标，在欧盟立法框架下，经过法定程序制定的欧盟超国家层面的预算制度，它负责规范欧盟超国家层面的预算过程及解决欧盟各方之间的预算冲突，主要涉及欧盟超国家层面预算的编制、审批、执行、监管与审查、问责和放行等一系列具有法律约束力的条例、规则和决定等的集合，适用范围涵盖狭义的欧盟预算涉及的全部领域。

第二节　欧盟预算制度的基本构成

一　欧盟预算的法律渊源与建立原则

（一）欧盟预算的法律渊源

欧盟预算的法律基础主要有三种类型：欧盟基础条约、欧盟法规及欧盟机构间的协议。其中，欧盟基础条约属于欧盟的初级立法（Primary Law）范畴，权限和地位最高；欧盟法规（如条例、指令、

---

① 参见王雍君编著《公共预算管理》，经济科学出版社 2010 年版，第 3 页。

决定、建议和意见）和欧盟机构间的协议属于二级立法（Secondary Law）范畴，它们不得违背欧盟基础条约中的内容，并且只能在条约有明确规定的范围内进行操作，即体现了“有规定，可以做；无规定，不得做”的原则。

欧盟基础条约中的预算相关条款主要包含在《欧洲联盟运行条约》第二编财政条款部分，具体在第310—324条。其中，第310条是有关欧盟预算程序的一般原则；第一章（第311条）是有关联盟自有财源的条款；第二章（第312条）是有关多年度财政框架的条款；第三章（第313条至第316条）是有关联盟年度预算程序的条款；第四章（第317条至第319条）是有关预算执行和放行标准的条款；第五章（第320条至第325条）是有关欧盟预算的共同条款。同时，《欧洲联盟条约》和《建立欧洲原子能共同体条约》的个别条款也与欧盟预算有关。欧盟基础条约为欧盟创建超国家预算提供了合法性基础，《欧洲联盟运行条约》第323条规定：“欧洲议会、理事会和委员会应确保联盟拥有为履行其对第三方的法律义务所需的财政手段。”① 在此基础上，欧盟预算得以被合法地建立起来。

欧盟二级立法体系中与欧盟预算相关的内容主要来自一些具有约束力的条例和决定。欧盟的条例和决定具有约束力的法律基础来自《欧洲联盟运行条约》第288条的规定：“为行使联盟权能，联盟机构应通过条例、指令、决定、建议和意见。条例具有普遍适用性，它在整体上具有约束力，应直接适用于所有成员国。……决定整体上具有法律约束力，明确规定了适用对象的决定仅对其针对对象具有约束力。”② 总体来说，对欧盟预算制度产生重大影响的条例和决定主要包括：以条例的形式制定的适用于联盟预算的财务条例（Financial Regulation）及其应用规则（Rules of Application）、有关自有财源系统的决定、有关自有财源系统的实施措施的条例以及有关制定多年度财

① 程卫东、李靖堃译：《欧洲联盟基础条约——经〈里斯本条约〉修订》，社会科学文献出版社2010年版，第161页。

② 同上书，第148页。

政框架的条例等。欧盟每三年更新一次的财务条例，内容上主要包括欧盟预算的范围、相关概念的定义、建立原则和框架，并为预算执行和监管等制定基本的原则和具体的操作规则。部长理事会在咨询欧洲议会后，以一致方式作出有关欧盟自有财源系统的决定，该决定将制定自有财源系统的基本原则以及确立新的自有财源类别或取消现有类别等，但该决定需要得到所有成员国的批准才能生效。为实施新的自有财源，部长理事会在获得欧洲议会同意后将以条例的形式制定具体的实施措施。《里斯本条约》生效后，欧盟将以条例的形式制定未来的多年度财政框架，而在此之前是通过机构间协议的形式制定的。

欧盟预算机构为避免和克服在预算过程中出现冲突和僵局的风险，通过签订机构间协议就如何履行条约中赋予的权力达成一致。① 欧盟机构间协议具有约束力的法律基础是基于《欧洲联盟运行条约》第295条的规定："欧洲议会、理事会和委员会应相互磋商，在达成共识的基础上就相互合作作出安排。为此，在遵守两部条约的基础上，他们可以缔结具有约束力的机构间协议。"② 三方通过签订对签约方具有强制约束力的机构间协议，可以避免通过采取对现有条约内容进行修订的方式，因为后者在程序上十分繁琐且需要所有成员国的批准，难度大增。目前，三方达成的机构间协议里主要包括加强预算纪律、在预算程序中增进机构间的合作以及欧盟预算资金健全的财务管理等方面的内容。

（二）欧盟预算的建立原则

根据《财务条例》第6条的规定，欧盟预算应在遵从统一性原则、准确性原则、年度性原则、平衡性原则、核算单位原则、普遍性原则、特定性原则、健全的财务管理原则以及透明原则的基础上，进行建立和执行。③ 这些预算原则（Budgetary Principle）既是欧盟委员

---

① See European Commission, *European Union Public Finance* (*Fourth edition*), p. 129.

② 程卫东、李靖堃译：《欧洲联盟基础条约——经〈里斯本条约〉修订》，社会科学文献出版社2010年版，第152页。

③ See European Commission, *Financial Regulation applicable to the general budget of the Union and its rules of application*, p. 40.

会起草欧盟多年度财政框架和年度预算时必须遵守的规则，也是部长理事会和欧洲议会审核、批准相关预算以及欧洲审计院审查欧盟预算执行情况的重要依据。

预算统一性原则出自于《欧洲联盟运行条约》第 310 条的规定，"联盟全部收入与支出项目均应包括在每个财政年度的概算中，并列入联盟预算"[①]。因此，联盟所有的收入和支出（包括欧洲原子能共同体的收入和支出）都应纳入到一个单一的预算文件中。但在实践中，该原则并不完全适用，因为一些预算是不纳入欧盟总预算（General Budget）的，如欧洲中央银行和欧洲发展基金的预算就是独立运行的。

预算准确性原则主要是指欧盟应只在必要的范围内进行支出，即体现预算支出的经济性，不能过度支出。《财务条例》第 8 条对该原则作了限定：预算收入和支出的执行只有在与预算中的内容相对应的情况下才能进行，预算支出不能在授权拨款限度以外被承诺或授权，一项拨款仅在其对应的项目支出被认为必要时才能被纳入预算。[②]

预算年度性原则是指欧盟应每年重新做一次预算并只覆盖某一特定的时期。这意味着欧盟预算拨款的授权以一个财政年度为限，即从每年 1 月 1 日起至 12 月 31 日止。欧盟预算的年度性原则并不妨碍欧盟制定中长期预算规划，也不影响那些需要跨年度支出的项目，而是有利于欧洲审计院、部长理事会和欧洲议会等预算审计和监督机构对欧盟预算的执行情况进行及时的审核和监管。

预算平衡性原则是指某个财政年度内的预算支出不能超过当年的预算收入。在欧盟的预算实践中，平衡性原则是以欧盟条约正文（《欧洲联盟运行条约》第 310 条）的形式进行规定的，即预算收支应保持平衡[③]，可见欧盟将预算不能出现赤字放在了十分重要的位置，

---

① 程卫东、李靖堃译：《欧洲联盟基础条约——经〈里斯本条约〉修订》，社会科学文献出版社 2010 年版，第 156 页。

② See European Commission, *Financial Regulation applicable to the general budget of the Union and its rules of application*, pp. 40 – 41.

③ 参见程卫东、李靖堃译《欧洲联盟基础条约——经〈里斯本条约〉修订》，社会科学文献出版社 2010 年版，第 156 页。

而具体的预算额度也在多年度财政框架中有明确和严格的限定。此外，该条还特别规定，为了维持预算纪律，当不能保证联盟自有财源能够支付由某项法令导致的支出，且不能保证此项支出符合多年度财政框架时，联盟不得通过该项可能对预算产生重要影响的法令。① 这是为实现预算平衡而对欧盟预算决策机构的权力进行了限制，使他们在作出预算支出决定前先进行权衡、量入为出。

预算核算单位原则是欧盟预算的一个特点。在当前欧盟各成员国中，有18个成员国放弃了本国的货币主权并使用了统一的货币——欧元，其余成员国仍在使用本国的货币。多个币种同时使用会给欧盟预算的编制、审批、执行、核算等一系列工作带来困扰和麻烦。为此，《财务条例》第19条作出规定，欧盟多年度财政框架和年度预算的编制和执行以及相关财务报表都应以欧元作为统一的货币单位。②

预算普遍性原则是预算单一性原则的延伸，具体出自于《财务条例》第20条的规定，即所有的收入和支出都应被全额计入，而不必根据对方作出调整。③ “这一原则体现了预算的总体性，结果是经济利益在不同成员国之间再分配。”④ 预算收入不必被分配到特定类别的预算支出上，预算支出的授权不必依赖于特定类别的收入，预算收入与预算支出之间也不必相互抵销，⑤ 这体现了欧盟预算的非指派性，即统筹安排、统收统支。

预算特定性原则来源于《欧洲联盟运行条约》第316条提出的预算拨款应按一定的原则进行分类的规定，具体指“每一项预算拨款都要有一个特定的目的且被分配了一个特定的目标，从而避免在预算授

---

① 参见程卫东、李靖堃译《欧洲联盟基础条约——经〈里斯本条约〉修订》，社会科学文献出版社2010年版，第156页。

② See European Commission, *Financial Regulation applicable to the general budget of the Union and its rules of application*, p. 47.

③ Ibid., p. 49.

④ 邓宗豪：《欧洲一体化进程：历史、现状与启示》，四川大学出版社2011年版，第130页。

⑤ See European Commission, *European Union Public Finance (Fourth edition)*, p. 170.

权和执行阶段在不同的预算拨款之间产生混乱”①。该原则同样适用于欧盟预算收入的执行，即对来自自有财源系统中不同类别的收入进行分类列示和管理。

预算健全的财务管理原则是根据《欧洲联盟运行条约》第 317 条的规定确立的，即欧盟委员会应遵照健全的财务管理原则，与成员国合作执行预算，成员国也应与欧盟委员会合作，以确保拨款按照健全的财务管理原则得以使用。②《财务条例》第 30 条对这一原则的含义进行了解读，并将其具体归纳为经济、有效率和有效果的原则。具体来说，经济原则要求机构在从事具体活动时所使用的资源应在恰当的时间、以合适的数量和质量并以最好的价格提供；效率原则涉及资源利用和取得结果之间的最佳关系；效果原则关乎设定的具体目标的达成以及预期结果的实现。③ 在实践中，健全的财务管理是通过设立可验证的目标，而这些目标又通过建立可衡量的指标来进行监测，进而实现从基于手段的管理转向基于结果的管理。④

预算透明原则主要是根据《财务条例》第 34 条的规定确立的，“预算的建立和执行以及账目的展示必须遵从透明原则”⑤。因此，那些已获得通过的预算、修订预算以及合并的年度账目等都必须在适当的时候在《欧洲联盟官方公报》上公布。

二　欧盟预算的收入来源与支出结构

（一）欧盟预算的收入来源

“当代国际经济一体化组织的财政收入，一般说来，主要来自它

---

① European Commission, *European Union Public Finance* (*Fourth edition*), p. 185.

② 参见程卫东、李靖堃译《欧洲联盟基础条约——经〈里斯本条约〉修订》，社会科学文献出版社 2010 年版，第 160 页。

③ See European Commission, *Financial Regulation applicable to the general budget of the Union and its rules of application*, p. 60.

④ See European Commission, *European Union Public Finance* (*Fourth edition*), p. 200.

⑤ European Commission, *Financial Regulation applicable to the general budget of the Union and its rules of application*, p. 64.

的成员国的捐献。"[①] 而欧盟的预算收入来源则主要依靠其自有财源系统，它的构成要素及其统计方法是在一份部长理事会关于自有财源系统的决定中加以确定的[②]。根据《部长理事会（2007 年）关于欧洲共同体自有财源系统的决定》（以下简称《部长理事会（2007 年）关于自有财源系统的决定》）的规定，欧盟预算自有财源系统共包含三类收入来源：第一类是传统自有财源；第二类是基于增值税的自有财源；第三类是基于国民总收入的自有财源。由于自有财源系统的构成要素和统计方法直接关系到成员国的切身利益（影响对欧盟预算贡献的多少），因此，为保证自有财源的稳定性和持续性，《欧洲联盟运行条约》第 311 条作出了如下规定："理事会咨询欧洲议会后，应根据一项特别立法程序，以一致方式通过一项决定，制定与联盟自有财源制度有关的条款。在此情况下，联盟可以确立新的自有财源类别或取消现有类别。该决定须经成员国根据各自宪法要求批准后方能生效。"[③] 这使得调整自有财源系统有关政策和构成要素的难度大增，而这却可以使已通过的决定是欧盟各方经过权衡和利益博弈后的最小公约数，并使预算在公平与效率[④]之间处于一个最佳的平衡状态（即达到了帕累托最优状态）[⑤]，同时也更加体现欧盟的民主原则。目前，欧盟每年通过自有财源获得的预算收入（支付拨款）总额被严格限定在欧盟国民总收入的 1.23% 以内。

根据《部长理事会（2007 年）关于自有财源系统的决定》的规

① 易梦虹：《论欧洲共同体的财政问题》，《西欧研究》1989 年第 2 期。

② 自 1970 年以来，部长理事会在不同时期先后发布了 6 份关于自有财源系统的决定（Council Decisions EEC, Euratom No 70/243 of 21. 4. 1970, No 85/257 of 7. 5. 1985, No 88/376 of 24. 6. 1988, No 94/728 of 31. 10. 1994, No 2000/597 of 29. 9. 2000, No 2007/436 of 23. 6. 2007），其构成也随之逐步发生了变化。

③ 程卫东、李靖堃译：《欧洲联盟基础条约——经〈里斯本条约〉修订》，社会科学文献出版社 2010 年版，第 156—157 页。

④ 公平即合法性，失去了公平也就失去了合法性。如果更加追求公平可能会使程序变得愈加繁琐，而这会降低效率，反之亦然。在欧盟现有的政治一体化水平条件下，找到两者的平衡点并加以固定是最明智的选择。

⑤ See Enderlein, H., Lindner, J., Calvo-Gonzalez, O. and Ritter, R., "The EU Budget-How Much Scope for Institutional Reform?", p. 10.

定，传统自有财源主要包括进口关税和糖税[①]，但欧盟成员国保留此类收入的25%作为征收费用，而将其余的75%上缴给欧盟预算，它约为欧盟贡献12%的预算收入。基于增值税的自有财源是指欧盟成员国按照一定的计算规则将各自的增值税收入中的一部分上缴给欧盟，调和后的增值税税基上限被设定为国民总收入的50%，统一征收比率为0.3%[②]，它约为欧盟贡献11%的预算收入。基于国民总收入的自有财源是指成员国将一定比例的本国国民总收入上缴给欧盟，其设立的目的是用于弥补欧盟从所有其他渠道获得的收入与预算支出之间的差额，即起到平衡预算的作用。它被视为一种最终的、起保障性作用的预算收入来源，虽然被划入了自有财源序列，但其本质上却是对成员国的财政摊款。因此，欧盟每年通过此项收入来源获得的预算资金是不固定的。自其设立以来，它对欧盟预算的贡献度逐年显著提高，现已成为欧盟预算收入的最大来源，它约为欧盟贡献76%的预算收入。总体上说，欧盟通过自有财源系统获取了约99%的预算收入。

除了自有财源系统以外，欧盟预算还有一些其他收入来源，但数额不多，仅占欧盟预算总收入的1%左右，主要包括基于欧盟员工薪酬征收的税款、银行利息收入、非欧盟国家对欧盟某些项目的捐助、逾期付款的利息和对违反欧盟竞争或其他法律的公司所处的罚款等。

在欧盟预算收入来源中，存在一种修正机制，用以补偿那些对欧盟预算贡献相对过高的成员国。欧盟通过该修正机制对符合规定条件的成员国部分减免其对欧盟预算的贡献。根据《部长理事会（2007

---

① 根据欧洲议会和部长理事会第1308/2013号条例（Regulation（EU）No 1308/2013 Of the European Parliament and of the Council of 17 December 2013 establishing a common organisation of the markets in agricultural products and repealing Council Regulations（EEC）No 922/72，（EEC）No 234/79，（EC）No 1037/2001 and（EC）No 1234/2007），2018年6月30日以后，传统自有财源不再包含糖税。

② 增值税提成收入并不是以各成员国各自征收到的增值税收入为基础进行提取，而是以协调后的增值税税基为基础，目的是弥合各成员国在增值税立法和税率上的差异。增值税提成比例经历了一个逐渐降低的过程，2002年从1.0%降到了0.75%，2004年又降到了0.5%，2007年进一步降到了0.3%。此外，由于受到预算修正机制的影响，奥地利、德国、荷兰和瑞典的提成比例进一步有所下调。

年）关于自有财源系统的决定》的规定，针对欧盟预算收入来源的修正机制主要包含三项内容：英国回扣及由其引发的回扣上的回扣(the Rebate on the Rebate)、一次性支付和降低的增值税提成比例。在此机制下受益最大的成员国是英国，因为根据上述决定中的规定，英国每年可以得到其对欧盟预算的贡献与从其中获得的收益之间差额的66%作为补偿。英国预算补偿款的来源是除英国以外的其他成员国按照一定比例的财政摊款。但其中存在一些特例，德国、荷兰、奥地利和瑞典由于对欧盟预算的贡献原本就很大，所以在为英国补偿款融资的过程中，分别只承担各自应承担份额的25%。针对上述四国的扣减也因此在性质上属于由英国回扣衍生出来的回扣。一次性支付目前主要是针对荷兰和瑞典，两国每年可以从各自对欧盟预算的贡献中分别得到6.05亿欧元和1.5亿欧元的扣减。降低的增值税提成比例主要涉及奥地利、德国、荷兰和瑞典，目前奥地利和德国的征收比率被分别降至0.225%和0.15%，荷兰和瑞典的比率均被降至0.1%。

（二）欧盟预算的支出结构

欧盟预算的支出结构是在每5—7年制定一次的多年度财政框架中确定的，而该框架是根据《欧洲联盟运行条约》第312条所确立的原则进行规划的，即多年度财政框架应按照预算支出的种类规定每年的最高承诺拨款额和最高支付拨款额，支出的种类在数量上有限制，应与联盟的主要活动部门相对应。① 承诺拨款（Commitment Appropriation）和支付拨款（Payment Appropriation）是欧盟预算特有的一种提法，它是导致某些想了解欧盟预算的人们迷惑不解的重要因素。欧盟预算中的承诺拨款类似于通常所说的计划拨款或授权拨款，是指在既定的时间跨度内计划或授权作出的拨款，而支付拨款是指在该时间跨度内真正要支付给受益人的拨款。通常来说，承诺拨款与支付拨款之间会存在一些差异，并且承诺拨款会稍高于支付拨款。导致两者之间存在差异的原因是，跨年度的项目在立项时就会被授予一个整体的预

① 参见程卫东、李靖堃译《欧洲联盟基础条约——经〈里斯本条约〉修订》，社会科学文献出版社2010年版，第157页。

算规划（承诺拨款），但支付（支付拨款）则是要根据项目具体的完成进度逐步进行。如果在某一财政年度里，项目执行情况满足当年承诺拨款规定的所有条件，那么在该年里，支付拨款就会与承诺拨款一致。

自《里斯本条约》生效后，欧盟预算的支出结构是在由部长理事会在获得欧洲议会依其多数成员意见同意后，以条例的形式确定的多年度财政框架中加以确定的，该框架从一个侧面反映了欧盟在未来的既定时期内的整体战略意图和具体行动规划。以目前正在执行的欧盟2014—2020多年度财政框架（见表1）为例，它是《里斯本条约》生效后以及欧盟经过第7次扩大由27国变为28国（克罗地亚于2013年7月1日正式加入）后，欧盟制定和执行的首个财政框架。该财政框架按照《里斯本条约》的要求，为年度预算支出设定了双重上限（Dual Ceilings），即为每一个支出领域设定了年度支出上限以及为2014—2020年间每年的承诺拨款额和支付拨款额设定了上限。

表1　**欧盟2014—2020年中期预算**

百万欧元（2011年价格）

承诺拨款	2014年	2015年	2016年	2017年	2018年	2019年	2020年	2014—2020年总额
1. 巧增长与包容性增长	60283	61725	62771	64238	65528	67214	69004	450763
（1）增长和就业竞争力	15605	16321	16726	17693	18490	19700	21079	125614
（2）经济、社会及地区聚合	44678	45404	46045	46545	47038	47514	47925	325149
2. 可持续增长：自然资源	55883	55060	54261	53448	52466	51503	50558	373179
其中：与市场相关的支出和直接支付	41585	40989	40421	39837	39079	38335	37605	277851

续表

承诺拨款	2014年	2015年	2016年	2017年	2018年	2019年	2020年	2014—2020年总额
3. 安全与公民权	2053	2075	2154	2232	2312	2391	2469	15686
4. 全球性欧洲	7854	8083	8281	8375	8553	8764	8794	58704
5. 行政	8218	8385	8589	8807	9007	9206	9417	61629
其中：机构的行政支出	6649	6791	6955	7110	7278	7425	7590	49798
6. 补偿	27							27
承诺拨款总额	134318	135328	136056	137100	137866	139078	140242	959988
占 GNI 比重（%）	1.03	1.02	1.00	1.00	0.99	0.98	0.98	1.00
支付拨款总额	128030	131095	131046	126777	129778	130893	130781	908400
占 GNI 比重（%）	0.98	0.98	0.97	0.92	0.93	0.93	0.91	0.95
可用额度（%）	0.25	0.25	0.26	0.31	0.30	0.30	0.32	0.28
自有财源上限占 GNI 比重（%）	1.23	1.23	1.23	1.23	1.23	1.23	1.23	1.23

数据来源：The Council of the European Union，“Council Regulation（EU，EURATOM）No 1311/2013 of 2 December 2013 laying down the multiannual financial framework for the years 2014 – 2020”，*Official Journal of the European Union*，L347，2013，p. 891.

从表1可以看出，欧盟在2014—2020年期间的预算支出主要包含六大支出领域：巧增长与包容性增长，可持续增长：自然资源，安全与公民权，全球性欧洲，行政以及补偿。巧增长与包容性增长领域的支出包含两个子类：增长和就业竞争力领域的支出主要包括研发与创新、教育与培训、泛欧洲能源网络、交通与通信、社会政策以及企业发展的支出等；经济、社会及地区聚合领域的支出主要涵盖帮助最不发达的欧盟国家和地区缩小差距、加强所有区域的竞争力以及发展区域间合作的支出，如改善基础设施、建设废物和污水处理设施、改进高速网络连接等。自然资源的可持续增长领域的支出包括共同农业政策、共同渔业政策、农村发展以及环境和气候行动的支出。安全与公民权领域的支出包括边界保护、移民与难民政策、公共卫生、消费者保护、文化、青年人、信息以及与公民对话的支出。全球性欧洲领域的支出涵盖欧盟的对外行动支出，如发展援助和人道主义援助，但欧洲发展基金等不包含在内。行政领域支出涵盖欧盟所有超国家机构的支出。补偿领域的支出主要是针对新入盟成员国的援助，当前是对克罗地亚的入盟援助，但仅限在入盟第一年获得。

从欧盟2014—2020多年度财政框架的具体支出结构来看（见图1），巧增长与包容性增长是欧盟2014—2020年期间预算支出最多的领域，约占预算总额的47%，紧随其后的是可持续增长：自然资源，约占预算总额的39%，余下14%左右的预算份额用于涵盖全球性欧洲、安全与公民权以及行政等领域的支出。而从预算资金的最终用途来看，除约占预算总额6%的行政费用预算被用于欧盟超国家层面外，其余94%左右的预算资金都被用在了各成员国。

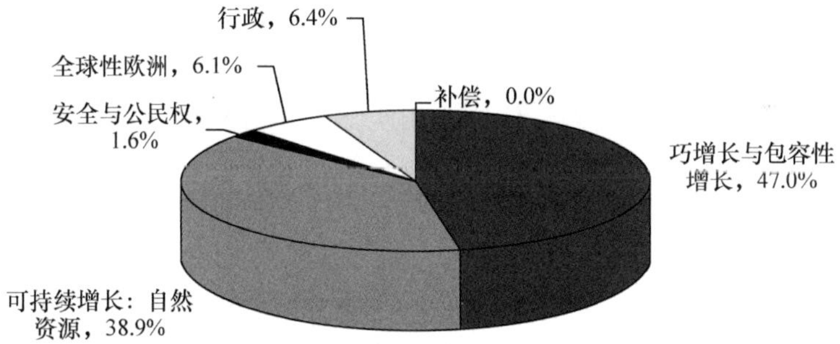

图1　欧盟2014—2020年预算支出结构

数据来源：The Council of the European Union，“Council Regulation（EU，EURATOM）No 1311/2013 of 2 December 2013 laying down the multiannual financial framework for the years 2014－2020”，p. 891.

三　欧盟预算程序

欧盟预算有中期预算和年度预算的区分，因此，欧盟预算程序也有中期预算程序和年度预算程序之别。欧盟委员会、部长理事会和欧洲议会在整个预算过程中分别扮演不同的角色，但无论是中期预算还是年度预算的制定，在行动顺序上，首先都是由欧盟委员会负责起草并提出预算草案，之后再由部长理事会和欧洲议会对草案进行审议、修订和批准。从法律的角度来看，欧盟预算程序中有两个关键的时点：一个是部长理事会对欧盟委员会提交的预算草案（Draft Budget）进行审议后送交欧洲议会，这标志着围绕预算制定进行协商、谈判的大门正式开启；另一个是欧洲议会在与部长理事会反复协商、调解后正式表决通过预算草案，这意味着预算制定过程即将结束。

（一）中期预算程序

欧盟多年度财政框架的使命是，通过为欧盟未来一个时期内的预算支出制订总的计划来实现欧盟支出能够在其自有财源可承担的限度内有序发展的目标。根据《欧洲联盟运行条约》第 312 条的规定，多年度财政框架的期限至少是 5 年，从实际情况来看，期限一般为 5—7 年。多年度财政框架为欧盟年度预算支出设定双重上限，其目的是避免出现预算赤字和为年度预算制定设立总的框架。多年度财政框架通常会与欧盟既定时期内的整体战略相匹配，并为此期间各年度预算的可持续性和稳定性提供保障，这对欧盟中长期战略目标的顺利实现具有重要意义。

图 2 展示的是欧盟多年度财政框架的预算程序，首先由欧盟委员会负责制定并提出预算草案，之后经部长理事会和欧洲议会的协商且在获得欧洲议会同意后，由部长理事会以条例的形式确定，不需要各成员国的批准。不过，欧盟多年度财政框架酝酿和形成的过程仍然受到成员国间谈判的影响，这种谈判根据欧盟委员会的建议，会在部长理事会中进行。如果部长理事会的谈判结果出现分歧甚至是僵局，那么就会在更高层面的欧盟首脑会议中加以解决，而欧盟首脑会议通常也是成员国围绕共同预算问题展开激烈谈判和博弈的真正战场，经常会火药味十足，而且久拖不决。如果在上一财政框架结束时部长理事会未能通过条例建立新的财政框架，那么根据《欧洲联盟运行条约》第 312 条的规定，将沿用上一财政框架中最后一年对应的最高限额及

其他条款，直到新的财政框架获得通过，以维持欧盟各机构在此期间的基本正常运作。

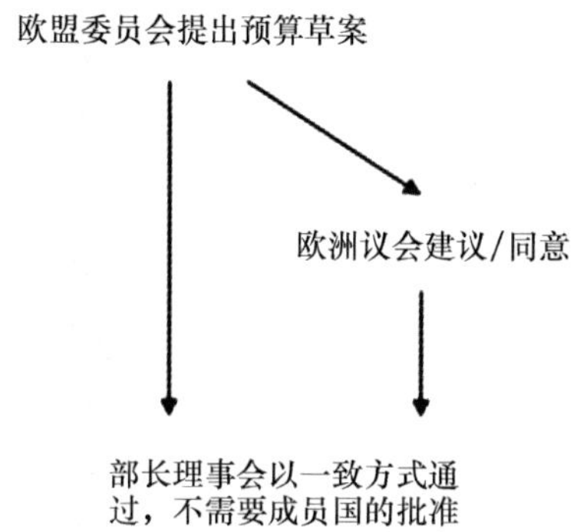

图 2　《欧洲联盟运行条约》规定的中期预算程序

资料来源：Benedetto, G.,"Reform of the EU Budget: Does the Treaty of Lisbon Make Things Easier?", *Centre for the study of political change*, Working Paper, 2011, p. 24 (www. circap. org/uploads/1/8/1/6/.../occasional_ benedetto. pdf).

（二）年度预算程序

欧盟的财政年度是从每年 1 月 1 日至 12 月 31 日，其年度预算程序具有跨部门合作的特征。从本质上看，欧盟的年度预算是其多年度财政框架在各财政年度的具体实施。因此，年度预算不能超出多年度财政框架确定的范围。同时，根据《欧洲联盟运行条约》第 310 条的规定，“联盟全部收入与支出项目均应包括在每个财政年度的概算中，并列入联盟预算。……预算收支应保持平衡”①。在遵从这些规定的前提下，欧盟年度预算需遵循《欧洲联盟运行条约》第 314 条、财务条例及其应用规则中的相关规定予以确定。《欧洲联盟运行条约》第 314 条明确了年度预算制定过程中的几个阶段和相关程序，并对部长理事会、欧洲议会和欧盟委员会在此过程中的权力和角色进行了界定。欧盟

① 程卫东、李靖堃译：《欧洲联盟基础条约——经〈里斯本条约〉修订》，社会科学文献出版社 2010 年版，第 156 页。

年度预算首先由欧盟委员会起草并提出一个预算草案，之后部长理事会和欧洲议会将就预算总额和预算的具体使用进行磋商、确定。

总体上说，欧盟年度预算程序主要包含六个阶段（见图3）：欧盟委员会起草并提交预算草案阶段、部长理事会一审阶段、欧洲议会审议阶段、部长理事会二审阶段、调解委员会协调阶段、部长理事会与欧洲议会分别表决共同文本阶段。①

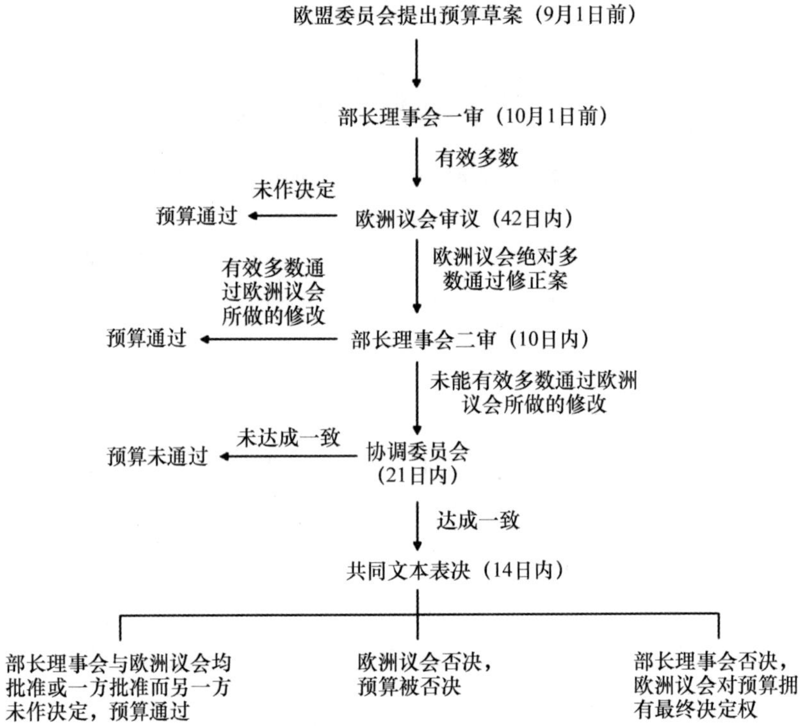

图3　《欧洲联盟运行条约》规定的年度预算程序

1. 欧盟委员会起草并提出预算草案

除欧洲中央银行以外的欧盟各机构在7月1日前按照各自内部的

① 参见程卫东、李靖堃译《欧洲联盟基础条约——经〈里斯本条约〉修订》第314—315条的相关规定。

程序起草下一财政年度的支出概算，欧盟委员会在合并各部门的支出概算后开始起草下一财政年度的预算草案，具体工作是由欧盟委员会下属的预算总司负责。此后，欧盟委员会最晚于9月1日前将包含收入概算和支出概算的预算草案（可包含不同的概算）的提案提交给部长理事会和欧洲议会审议。在实际执行过程中，欧盟委员会通常会在四五月份就向两个预算决策机构提交预算草案。欧盟委员会提交预算草案是启动年度预算程序的第一步，直到调解委员会召开会议协调部长理事会和欧洲议会的预算立场之前，欧盟委员会都可以根据最新情况的变化修改该预算草案，并将预算草案修订函（Letter of Amendment to the Draft Budget）同时提交给部长理事会和欧洲议会审议。

2. 部长理事会一审预算草案

部长理事会在收到欧盟委员会提交的下一财政年度的预算草案后，将会对其进行审议并提出对预算草案的意见及说明具体的理由。部长理事会通常会对预算草案做一些修改，之后最晚要在10月1日前将其意见和修改后的预算草案一并送交欧洲议会审议、表决。通常情况下，在送交欧洲议会之前，如果欧盟委员会出于自己的考虑或基于其他机构提出的新要求在原预算草案的基础上提交了关于预算草案的修订函，那么部长理事会应将其对该修订函中所涉内容的意见一并送交欧洲议会，并按相同程序进行。

3. 欧洲议会审议修改后的预算草案

欧洲议会此后要在42天内完成对部长理事会立场的审议并投票表决。欧洲议会的表决结果如果是同意部长理事会的立场，那么预算即获得通过。欧洲议会在这42天的时间里，如果未作出决定，那么预算同样被视为获得通过。如果欧洲议会根据其多数议员的意见通过了预算修正案，那么修正案将被送交部长理事会和欧盟委员会。

4. 部长理事会二审预算草案

在欧洲议会的预算修正案送交部长理事会和欧盟委员会后的10天内，部长理事会如果同意欧洲议会的预算修正案，意味着该修正案获得通过；部长理事会如果不同意，欧洲议会议长在经部长理事会主席同意后将立即召开调解委员会会议。

5. 调解委员会协调部长理事会与欧洲议会的立场

调解委员会由部长理事会和欧洲议会各派出相同数量的代表组成，其职责是在双方所持立场的基础上，达成一个共同文本。根据《欧洲联盟运行条约》第 314 条的规定，调解委员会需在会议召开的 21 天内完成此项工作，并将达成一致的共同文本送交部长理事会和欧洲议会表决。欧盟委员会在此期间发挥了重要的作用，主要负责协调部长理事会和欧洲议会的立场，以推动年度预算的顺利通过。如果调解委员会在规定时限内最终未能就共同文本达成一致，那么欧盟委员会应提交一个新的预算草案。

6. 部长理事会和欧洲议会表决共同文本

部长理事会和欧洲议会在收到调解委员会提交的共同文本后，应在 14 天内按各自的内部程序批准该共同文本。在此 14 天内，如果部长理事会和欧洲议会均批准了共同文本或均未作出决定，或一个机构批准了共同文本而另一个机构未作决定，则预算都视为依照共同文本最终获得通过；如果部长理事会和欧洲议会都否决了共同文本，或一个机构否决而另一个机构未作出决定，那么预算都视为被否决，在此情况下，欧盟委员会应提交一个新的预算草案；如果部长理事会批准了共同文本而欧洲议会以其议员多数否决了共同文本，那么预算被视为否决，在此情况下，欧盟委员会应提交一个新的预算草案；如果部长理事会否决了共同文本，但欧洲议会批准了共同文本，那么自部长理事会否决共同文本之日起，欧洲议会要在 14 天内以其议员的多数和参加投票议员的 3/5 多数，通过表决来决定全部或部分确认其之前提出的预算修正案，如果欧洲议会的表决结果是其之前提出的预算修正案中的某项修改未获通过，那么将根据调解委员会就该项未获通过的修改内容所属的预算项目已达成一致的立场行事，在此前提下，预算视为最终获得通过。当预算程序完成后，由欧洲议会议长宣布预算已最终获得通过。

然而，如果在某一财政年度开始时预算未能获得通过，那么根据《欧洲联盟运行条约》第 315 条的规定，“临时性十二分之一”（Provisional Twelfths）规则将被启动，每月按预算每章项目下不超过上一财政年度预算该章项目下拨款数额的1/12支出，但该数额不得超过本年度预算草案中该章项目下拨款额的1/12，以维持欧盟各机构的基本运作。部长理事会根据欧盟委员会的提议，可经特定多数，批准超过1/12这一限额的支出，部长理事会应立即将该决定送交欧洲议会。在此后的30天内，欧洲议会如果未能以其议员的多数决定削减该支出，那么部长理事会的决定自通过之日起30天后生效。在此期间内，欧洲议会如果以其议员的多数决定削减该支出，那么部长理事会的决定被否决。[①] 临时性十二分之一规则的启动，意味着任何新的项目或倡议在部长理事会与欧洲议会就预算达成一致以前，都将被迫搁置。

在年度预算执行的过程中，如果出现了一些不可避免的、特殊的或意外的情况，客观上就需要对年度预算进行修改，以适应新情况下的预算需求。为此，欧盟委员会可以通过提交预算修订草案（Draft Amending Budget）来提出对已获得通过的预算进行修订的动议，该预算修订草案的审批将按照与预算草案同样的规则和程序进行。

总体来说，年度预算主要是在经过欧盟委员会提出预算草案、部长理事会审议、欧洲议会审议、调解委员会协调立场等一系列预算程序后正式出炉。概言之，在欧盟的年度预算程序中，发挥重要作用的欧盟机构主要有欧盟委员会、部长理事会和欧洲议会。其中，欧盟委员会是预算的编制机构，部长理事会和欧洲议会则是预算的审议、修订和决策机构。对于预算决策权力的分配，部长理事会和欧洲议会都对欧盟预算拥有决策权，但欧洲议会拥有最终否决权。

第三节　欧盟预算制度的运行机制

一　欧盟预算的执行

欧盟预算的执行是在《欧洲联盟运行条约》确立的原则下，根

---

① 参见程卫东、李靖堃译《欧洲联盟基础条约——经〈里斯本条约〉修订》，社会科学文献出版社2010年版，第159页。

据《财务条例》中的具体规定进行的。《欧洲联盟运行条约》第317条为欧盟预算的执行确立了总的原则，即欧盟委员会应依照《财务条例》的要求，根据自己的职责并在部长理事会和欧洲议会决定的拨款限度内，遵照健全的财务管理原则（经济、有效率和有效果的原则），与成员国合作执行预算，成员国应与欧盟委员会合作，以确保拨款能够按照健全的财务管理原则得以使用。[①] 为履行条约中确立的原则，《财务条例》第53条作出了如下规定，“欧盟委员会应遵照本条例，根据自己的职责并在授权的拨款限度内执行预算收入和支出。成员国应与欧盟委员会合作，以确保拨款能够按照健全的财务管理原则得以使用”[②]。从欧盟预算的具体执行来看，“欧盟委员会虽然有义务负责财政预算的实施，但是对财政预算的管理大部分是与欧盟成员国共同完成的”[③]，而欧盟委员会需要对欧盟预算的执行承担最终的责任。根据具体情况的需要，欧盟委员会也可以授权其他机构代为履行预算执行权，进而使预算执行权在不同的参与者之间进行分配。

（一）欧盟预算收入的执行

欧盟预算收入的执行是由欧盟委员会（具体是其下属的预算总司）依照自有财源系统的有关规定进行的，它的构成要素及其统计方法是在一份定期更新的《部长理事会关于自有财源的决定》中加以确定的。当前，由于欧盟还没有自己的海关、税务等预算收入征收机构，所以欧盟自有财源系统中包含的三类收入都不是由欧盟委员会直接征收的。其中，传统自有财源收入由成员国代为征收并在扣除相关征收费用后上缴给欧盟预算，基于增值税的自有财源和基于国民总收入的自有财源收入是由各成员国按照统一规定的标准向欧盟预算缴纳

① 参见程卫东、李靖堃译《欧洲联盟基础条约——经〈里斯本条约〉修订》，社会科学文献出版社2010年版，第160页。

② European Commission, *Financial Regulation applicable to the general budget of the Union and its rules of application*, p. 79.

③ 胡荣花主编：《欧盟经济发展报告（2008）》，复旦大学出版社2010年版，第126页。

的。在具体执行的过程中，如果成员国在征收预算收入的管理方式上存在缺陷并因此导致自有财源系统的收入出现短缺，那么成员国将被要求进行补偿。① 对于缴存方式，经济货币联盟内的成员国以欧元进行支付，其他成员国则以本国货币进行支付，而对于延迟支付的成员国将会被处以利息罚款。

欧盟预算收入的执行程序是，首先由成员国代表欧盟去完成自有财源收入的征收工作，并在规定时间内将资金打入欧盟在各成员国财政部或其他指定机构（如中央银行）中以欧盟委员会名义开立的账户里。此后，欧盟委员会会将必要的资金转入其在商业银行开立的账户，并通过商业银行将资金拨付给最终的受款人。欧盟的资金管理模式遵循的是恰逢其时原则（Just in Time Principle）。在成员国将资金打入其指定的账户后，欧盟委员会只会将其日常运行所必需的资金从此账户转入其在商业银行开立的账户，以满足日常的支出需求，而将不急需的资金全部保留在其原指定的账户中。这样的资金管理模式表明欧盟将资金的安全放在了极其重要的位置。

（二）欧盟预算支出的执行

总体来说，欧盟预算支出的执行是在欧盟委员会的统筹安排下进行的，而具体的执行者主要是欧盟委员会和各成员国。双方应采取一切必要的措施保护欧盟的财政利益，避免预算执行过程中出现差错和其他不规范的行为。根据《财务条例》第 58 条的规定，欧盟委员会在安排预算支出时，可以通过三种模式（见图 4）进行：直接管理（Direct Management）、间接管理（Indirect Management）和共享管理（Shared Management），但无论是在哪一种模式下执行的预算支出，欧盟委员会都需要对预算的执行结果承担最终的责任。② 因此，为履行好这一职责，欧盟委员会将对成员国、委托的第三方国家和机构等的预算资金使用情况进行严格的内部控制。

---

① See European Commission, *European Union Public Finance* (*Fourth edition*), p. 305.

② See European Commission, *Financial Regulation applicable to the general budget of the Union and its rules of application*, p. 84.

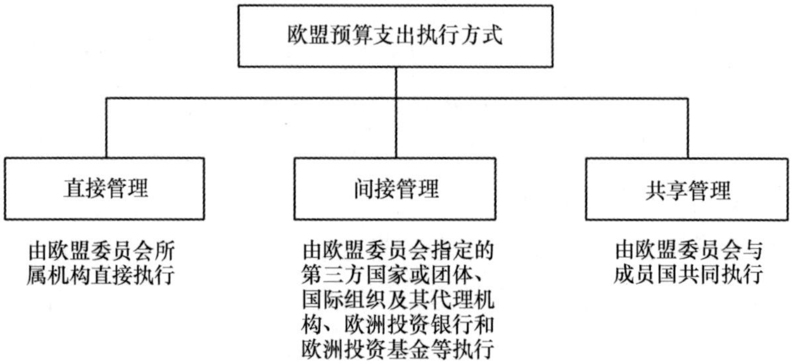

图4 欧盟预算支出执行方式

在直接管理模式下，预算资金的支出主要由欧盟委员会的所属机构按照《财务条例》中的相关规定直接执行，不需要成员国的参与。[①] 通过此模式支出的预算资金主要涉及欧盟超国家机构的行政支出拨款、安全与公民权领域的拨款以及外部行动的拨款等，约占欧盟预算总额的22%。

在间接管理模式下，预算资金的支出由受委托的第三方国家和机构（如红十字会）、国际组织（如联合国）及其代表处、欧洲投资银行和欧洲投资基金、公法机构等执行。[②]《财务条例》第60条提出，被委托了预算执行任务的机构和个人应遵守健全的财务管理、透明和非歧视的原则，在管理联盟资金时应确保联盟行动的可见性，并采取必要的措施来保护联盟的财政利益。[③] 在预算支出执行的过程中，欧盟委员会如果发现其中存在严重的差错，可以终止对这些机构和个人的支付。[④] 通过此模式支出的预算资金仅约占欧盟预算总额的2%。

---

① See European Commission, *Financial Regulation applicable to the general budget of the Union and its rules of application*, p. 84.

② Ibid.

③ Ibid., p. 90.

④ Ibid., p. 91.

在共享管理模式下，欧盟预算资金的支出由欧盟委员会和成员国共同负责。由于欧盟预算最大的两类支出——共同农业政策和聚合基金都是在该模式下执行的，所以共享管理模式成为欧盟预算支出的最重要的渠道，从该渠道支出的预算资金约占欧盟预算总额的76%。《财务条例》第59条规定："当委员会在共享管理模式下执行预算时，具体工作应委托给成员国执行。委员会和成员国应遵守健全的财务管理、透明和非歧视的原则，在管理联盟资金时应确保联盟行动的可见性。为此，委员会和成员国应履行他们各自的控制和审计义务。"① 由于在该模式下欧盟委员会只是与成员国共同管理预算支出，并不直接参与具体的预算执行工作（如向被援助的项目提供预算拨款），所以在具体的预算支出过程中，除了欧盟委员会应履行好监督和审查的职责外，成员国的角色显得更为重要。因此，当成员国履行的任务与预算的执行有关时，应采取一切必要的措施，包括立法的、监管的和行政的措施，以保护联盟的财政利益。② 然而，如果在预算支出的过程中出了问题，那么欧盟委员会和成员国就都有义务对无论是何种原因（差错、不规范或者蓄意欺诈）导致的过度支出的资金进行追缴，以最大限度地减少联盟的经济损失。

从欧盟预算资金的具体使用情况来看，由欧盟委员会直接使用的预算拨款占欧盟预算总额的比例较小，其中还有约6%的部分是用于支付欧盟的行政费用（主要用来支付欧盟机构的运行费用和员工的工资等），所以真正用于欧盟公共产品的支出并不多。欧盟预算的绝大部分支出（主要在聚合基金和农业方面）是通过再分配并以欧盟委员会与成员国共享管理的方式流回了成员国。由于该模式下所涉成员国数量较多，各国的预算管理又参差不齐，为保证欧盟有限的预算资金能够最大限度地发挥效用，欧盟委员会应依照健全的财务管理原则，进一步采取措施加强对成员国预算支出执行的管控。

---

① European Commission, *Financial Regulation applicable to the general budget of the Union and its rules of application*, p. 87.

② See European Commission, *Financial Regulation applicable to the general budget of the Union and its rules of application*, p. 87.

二 欧盟预算的监管与审查

欧盟预算的一项主要职能是向为欧盟公民提供福祉的项目提供资金支持，预算拨款如果被不合理或不恰当地使用，将直接损害欧盟公民的整体利益。从欧盟预算的规模来看，它仅占欧盟国民总收入的1%左右，与成员国的预算规模相比相去甚远。为使这十分有限的预算资金能够按照健全的财务管理原则得以使用，进而最大限度地发挥其效用并使整个联盟受益，《欧洲联盟运行条约》第325条作出了如下规定："联盟及成员国应通过依照本条规定所采取的措施，打击欺诈及其他任何损害联盟财政利益的非法行为。这些措施应具有威慑力，并且能为成员国及联盟所有机构、团体、机关和办事机构提供有效的保护。成员国应如同打击损害本国财政利益的欺诈行为那样，采取同等措施打击有损联盟财政利益的欺诈行为。……成员国应协调行动，以保护联盟的财政利益不受欺诈行为的损害。为此，成员国应与委员会共同组织主管当局之间的密切与经常合作。欧洲议会与理事会应在咨询审计院后，根据普通立法程序，为预防和打击损害联盟财政利益的欺诈行为规定必要的措施，以对成员国及联盟所有机构、团体、机关和办事机构提供有效的和平等的保护。"① 据此，为减少欧盟预算被滥用和浪费的情况发生，欧盟的监督和审查机构建起了几道守护预算资金和打击预算欺诈行为的防线，具体包括预算资金的内部监管和外部审查两个层面（见图5）。

（一）欧盟预算资金的内部监管

欧盟预算资金的内部监管是指欧盟委员会的内设职能对预算拨款进行监督、控制和管理，主要包括欧洲反欺诈办公室（European Anti-fraud Office，简称OLAF）和欧盟委员会的内部审计系统。

欧盟委员会为扩大和增强打击欺诈及其他损害欧盟利益的非法行为的行动范围和效果，于1999年成立了欧洲反欺诈办公室，并以之

---

① 程卫东、李靖堃译：《欧洲联盟基础条约——经〈里斯本条约〉修订》，社会科学文献出版社2010年版，第161—162页。

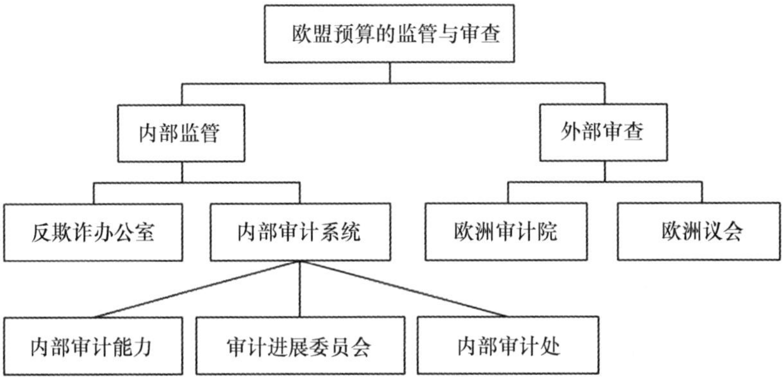

图 5　欧盟预算的监管与审查

取代了设在总秘书处下的反欺诈协调工作小组（Task Force for the Coordination of the Fight against Fraud，简称 UCLAF）。反欺诈办公室隶属于欧盟委员会，但拥有单独的和独立的对内和对外（如国家层面）两个维度的调查职能，并在预算和行政方面享有自治权。反欺诈办公室的主要职责是负责调查欧盟预算欺诈、腐败和欧盟机构内的严重失职等行为，以保护欧盟的利益免受侵害。“反欺诈办公室为了协调成员国间打击欺诈等损害欧盟利益行为的行动，会在成员国的相关部门之间组织紧密的和经常性的合作。”① 目前，随着欧债危机爆发后欧盟预算出现了明显的削减趋势，各方对预算的关注度显著提高，反欺诈办公室从不同渠道收到了越来越多的涉嫌欺诈和不当行为的信息，这对其机构运行效率和人员构成的专业性提出了更高的要求。

20 世纪 90 年代末，欧盟委员会进行了行政改革，欧盟委员会内部审计系统的架构也随之进行了调整，内部审计处（Internal Audit Service，简称 IAS）作为一个具有集中化特征的内部审计机构得以建立。与其在同一时期建立的还有审计进展委员会（Audit Progress Committee，简称 APC）和具有分散化特征的内部审计能力（Internal Audit Capabilities，简称 IACs）。这三个机构之间的关系是内部审计处负责

---

① European Commission, *European Union Public Finance*（*Fourth edition*）, p. 301.

向欧盟委员会审计进展委员会报告，同时负责协调设在各总司下的内部审计能力。

内部审计处是隶属于欧盟委员会的一个总司级别的机构，于2001年7月4日建立并成为欧盟委员会的一个内部独立机构。它是欧盟委员会内部审计系统的核心组成部分，其使命是为增强和改进欧盟委员会的运行提供独立的和客观的保障与咨询服务。内部审计处通过与欧盟委员会的部门和机构展开合作，主要就内控系统的管理水平和运行状况提出独立的意见和建议，因此它更加重视事前的风险防控和漏洞查找。同时，它也负责审计从欧盟预算获得拨款的其他欧盟机构和团体。每年内部审计处在欧盟委员会范围内大概执行100项审计调查。内部审计处与外部审计机构的一个明显区别在于内部审计处不单单是为欧盟委员会去进行审计，更是为了使这些被审计的机构和团体能够更有效地运行并充分发挥其应有的职能。内部审计处具有高度的独立性，并禁止其他机构采取任何干涉其审计工作的行为。

内部审计能力属于设在欧盟委员会下属所有总司内的审计小组。他们的任务是协助各总司的总司长的工作、在各总司范围内进行风险控制的管理以及监控内控标准的遵从情况，并就各总司的内部管理水平和内控系统的运行质量提供独立的和客观的意见并提出相关建议，以改进各总司的运行效率和确保各总司的资源得到经济利用。[①] 因此，内部审计能力在各总司内部主要负责对其日常工作进行监督，并重点关注具体工作流程中可能导致违反内控标准的情况。内部审计能力可自由地对所属总司的相关流程、交易、资产等展开审计，并直接向该总司的总司长和欧盟委员会的内部审计处进行报告。

审计进展委员会由欧盟委员会内部的一些委员（Commissioner）和外部的审计专家组成。根据审计进展委员会章程的规定，审计进展委员会的职责主要包括保证内部审计处的独立性、监控内部审计工作的质量以及将其认为委员会学会（College of the Commission）应该了解或采取行动的事项进行报告等。审计进展委员会每年要就欧盟委员

---

① See European Commission, *European Union Public Finance* (*Fourth edition*), p. 333.

会的部门根据不同渠道（如内部审计员、内部审计能力、欧洲审计院以及欧洲议会和部长理事会作出的与审计问题有关的决议）对其提出的建议所采取的跟进行动向委员会学会进行报告。[1] 为使审计进展委员会顺利履行职责，审计进展委员会章程规定，内部审计处和内部审计能力，应审计进展委员会的要求，应向其提供一切必要的信息。从工作性质上讲，审计进展委员会属于协调机构，主要发挥的是协助委员会学会敦促欧盟委员会的部门认真落实内部审计处、内部审计能力以及欧洲审计院等预算执行风险管控和审计机构提出的各项整改建议及各部门根据相关建议制订的跟进计划的作用。审计进展委员会虽然没有直接的管理权限，但由于其人员构成主要是欧盟委员会较高级别的官员，故而它在推进欧盟委员会各部门落实相关跟进计划上力度较大，效果也较为明显。

（二）欧盟预算资金的外部审查

欧盟预算资金的外部审查是指欧盟委员会以外的机构对预算的执行情况进行事后审查，主要包括欧洲审计院（European Court of Auditors，简称 ECA）和欧洲议会。

欧洲审计院是欧盟预算的外部审计机构，也是欧盟预算执行情况最重要和最专业的审查机构。根据《欧洲联盟运行条约》第 287 条的规定，欧洲审计院承担着协助欧洲议会和部长理事会这两个预算放行机构行使其监控欧盟预算执行情况的重要职责，“只要设立联盟团体、机关或办事机构的有关成立文件未预先排除此类审查的，审计院就应审查所有该类团体、机关或办事机构的全部收支账目”[2]。由此可见，欧洲审计院的审计范围十分广泛。每个财政年度结束后，欧洲审计院将对欧盟委员会上一财年的预算执行情况特别是所有的收入与支出是否合法、合规，财务管理是否健全等展开审计。此后，根据该条的规定，“审计院应向欧洲议会和理事会提供关于账目可靠性、基础交易

---

① See European Commission, *European Union Public Finance* (*Fourth edition*), p. 333.

② 程卫东、李靖堃译：《欧洲联盟基础条约——经〈里斯本条约〉修订》，社会科学文献出版社 2010 年版，第 147 页。

的合法性与合规性的确认声明，并在《欧洲联盟官方公报》上公布。该声明可由针对联盟每个主要领域的特别评估意见予以补充。……在审核过程中，审计院特别要报告任何不合规的情况”[①]。欧洲审计院的审计以具体的会计账目为基础，根据实际情况的需要，“可在联盟其他机构现场进行，或者在代表联盟管理收入或支出的任何团体、机关或办事机构的办公场地进行，也可在成员国进行，包括接受联盟预算支付的任何自然人或法人的办公场地。在成员国内，应与成员国审计机构联合进行审计，或者当成员国的审计机构不具有必要的权力时，应与成员国主管部门联合进行”[②]。为保证欧洲审计院的审计工作能够顺利开展，《欧洲联盟运行条约》第 287 条作出了如下规定：“联盟其他机构，代表联盟管理收入或支出的任何团体、机关或办事机构，接受联盟预算支付的任何自然人或法人，各成员国的国内审计机构，或者在这些机构不具备必要权力情况下的各国主管部门，应审计院的要求，应向审计院提供其执行任务所需的任何文件或信息。”[③]以条约规定的形式确立欧洲审计院的信息来源渠道及信息提供方的义务，为欧洲审计院审计工作的质量提供了重要保障。然而，与某些国家的最高审计法院不同，欧洲审计院不享有司法权，也没有作出决定、处以惩罚或下达指令的权力（如阻止预算支出）。[④]

欧洲议会是打击预算欺诈或其他有损欧盟财政利益的不当行为的重要防线，其采取的主要方式是利用其拥有的预算放行权对预算执行进行事后审查。《欧洲联盟运行条约》第 319 条和《财务条例》第 164—167 条赋予欧洲议会承担对预算执行进行政治控制的基本责任。[⑤] 具体来说，欧洲议会下设的预算控制委员会（the Committee on Budgetary Control）在对欧盟委员会提供的有关账目、财务报表和评估

① 程卫东、李靖堃译：《欧洲联盟基础条约——经〈里斯本条约〉修订》，社会科学文献出版社 2010 年版，第 147 页。

② 同上书，第 148 页。

③ 同上。

④ See European Commission, *European Union Public Finance* (*Fourth edition*), p. 335.

⑤ Ibid. , p. 343.

报告进行审查后，在作出对其预算执行是否放行的决定前，根据需要可以要求获取欧盟委员会在执行支出或财务控制制度的运行方面的证据，进而实现对欧盟预算拨款使用的政治控制。此外，根据《欧洲联盟运行条约》第226条的规定："在履行职责的过程中，经1/4议员要求，欧洲议会可成立一个临时调查委员会，在不影响两部条约赋予其他机构或团体的权力的前提下，调查联盟法实施过程中被控的违法行为或不当行为，但正由法院审理以及案件尚处于司法程序过程中的被控行为除外。临时调查委员会在提交报告后解散。在获得理事会和委员会同意后，欧洲议会应根据一项特别立法程序，经由主动动议通过条例，对调查权的行使作出具体规定。"① 虽然此条款并不是专为打击预算方面的欺诈或其他不当行为而设的，但它所提出的调查违法行为或不当行为自然也涵盖欧盟预算方面。因此，欧洲议会在面对预算欺诈或有损联盟财政利益的违法行为时，可以临时成立一个调查委员会进行专案调查。

如果将欧盟预算资金的内部监管与外部审查按照预算工作的顺序进行划分，那么大致可以分为三类：事前监督、日常监督和事后监督。

事前监督，顾名思义，是指在预算执行以前进行的监督，具体是指对欧盟多年度财政框架和年度预算的编制、审核、批准等预算程序的执行过程进行的监督，主要由代表成员国政府利益的部长理事会和代表欧盟公民利益的欧洲议会进行。

日常监督是指在欧盟预算执行过程中进行的监督，主要由欧盟委员会内部审计系统中的内部审计处和内部审计能力负责，因为他们是离预算执行部门最近的预算监督机构。日常监督的作用在于督促欧盟各预算执行机构按照健全的财务管理原则，公开、透明、公正地使用预算资金。

事后监督是指在欧盟预算执行实际发生以后对具体的执行情况和

① 程卫东、李靖堃译：《欧洲联盟基础条约——经〈里斯本条约〉修订》，社会科学文献出版社2010年版，第132—133页。

结果进行的监督，主要是通过定期对预算执行情况进行检查和对预算欺诈或其他不当行为的举报线索展开调查来实现的，主要由欧洲审计院、部长理事会、欧洲议会以及欧盟委员会下属的欧洲反欺诈办公室来完成。事后监督的价值在于通过审查预算执行的结果，发现执行过程中存在的问题（如执行程序上的漏洞），纠正差错，分析原因，总结经验，并提出相关的改进建议。

三 欧盟预算的放行

欧洲议会和部长理事会是欧盟委员会预算执行的放行机构，放行是对欧盟委员会某一财年预算执行结果的最终批准，意味着该财年预算过程的关闭。《欧洲联盟运行条约》第 319 条对此作出了原则性的规定，欧洲议会依据部长理事会的建议，应对欧盟委员会的预算执行予以放行。《财务条例》第 164 条在上述条约规定的基础上作了进一步的要求，经部长理事会建议，欧洲议会应经有效多数，在第三年的 5 月 15 日前批准欧盟委员会第一年的预算执行。如果在此日期前未能批准，欧洲议会或部长理事会应就推迟的原因通知欧盟委员会。[①] 从字面意义上看，欧洲议会一旦作出对欧盟委员会的预算执行准许放行的决定，就意味着欧洲议会已认可欧盟委员会在该财年的预算资金使用情况，欧盟委员会也就去除了预算执行上的责任。因此，部长理事会和欧洲议会应依次对该财年预算执行情况的有关账目、联盟资产与负债的有关财务报表、联盟财政的有关评估报告、欧洲审计院的年度报告和专题报告以及被审计的机构的答复等进行严格审查。

为确保欧洲议会和部长理事会的审查工作顺利实施，《欧洲联盟运行条约》第 318 条作出规定，欧盟委员会应每年向欧洲议会和部长理事会提交与上一财年预算执行情况有关的账目以及有关联盟资产和负债的财务报表。欧盟委员会还应根据预算的执行结果向欧洲议会和部长理事会提交联盟财政的评估报告，特别是与部长理事会和欧洲议

① See European Commission, *Financial Regulation applicable to the general budget of the Union and its rules of application*, p. 296.

会所列指标有关的情况。每年 3 月底前，欧盟委员会下属的每一个总司都要准备一份年度活动报告（Annual Activity Report），其中要展示各自部门上一财年的预算执行情况。在报告中，每个总司的核准官员（Authorising Officer by Delegation）都要签署一份关于其所属部门的年度活动报告的确认声明（Declaration of Assurance），确认报告中披露的信息符合真实和公允的原则，以增强报告的公信力。但在某些情况下，权签人在声明中也可作出有保留的声明，对于保留的部分，要具体指明其中存在的问题和不足之处。此后，由欧盟委员会在汇总各总司提交的年度活动报告以及审视内审的年度报告和有关内控系统运行情况的文件的基础上，起草并向部长理事会和欧洲议会提交一份综合报告（Synthesis Report）。

由于财务信息具有很强的专业性，为确保欧盟委员会提交的有关账目具有可靠性、合法性和规范性，需要一个拥有专业财务技能的部门对信息进行审核，并客观揭示其中存在的问题和差错。在这一过程中，欧洲审计院发挥了关键性的作用，其发布的针对欧盟委员会上一财年预算执行结果的年度报告（Annual Report on the Implementation of the Budget），包括其中的确认声明（Statement of Assurance），直接关系到欧洲议会最终是否会作出对欧盟委员会上一财年的预算执行准许放行的决定。具体来说，在每一财年结束后，欧洲审计院都会对欧盟委员会的预算执行结果展开审计，这是改进欧盟预算工作、提高预算资金使用效率和效果的重要手段。在审计工作结束后，欧洲审计院会就欧盟预算资金使用的有关账目的可靠性、基础交易的合法性与规范性向欧洲议会和部长理事会提交确认声明。同时，在欧洲审计院提交的年度报告中，还会披露在欧盟预算执行有关账目中发现的问题及相关建议。历史上，就曾因欧洲审计院的审计意见认为欧盟预算支出存在严重瑕疵而导致欧洲议会拒绝通过欧盟委员会的年度预算执行报告，并对欧洲议会审议新一财年的预算产生了重要影响。

部长理事会在分析欧盟委员会提交的与上一财年预算执行情况有关的账目、财务报表和评估报告以及欧洲审计院提交的年度报告后，将就其中涉及的问题向欧盟委员会和欧洲审计院进行了解，之后由部长理事会轮值主席向欧洲议会下设的预算控制委员会提出是否对欧盟委员会上一财年的预算执行准许放行的建议。在实践中，上述分析工作是由部长理事会下属的预算委员会具体执行，并向部长理事会提出建议草案。部长理事会提出的建议虽然没有法律约束力，但建议中的技术分析却对欧洲议会作出是否放行的决定产生了重大影响。

欧洲议会（具体是其下属的预算控制委员会）在综合自己独立的审查结果、欧洲审计院的年度审计报告、部长理事会的建议以及欧盟委员会作出的相关回应（答复有关问题和提供所需的进一步信息）等的基础上，对欧盟委员会上一财年的预算执行结果作出准许、延迟或拒绝放行的决定。而“在批准委员会决算之前，或者出于与预算执行权力的行使有关的任何目的，欧洲议会可要求听取委员会在执行支出或在财务控制制度的运行方面的证据。委员会应按欧洲议会的要求，向其提供任何必要的信息”[①]。欧洲议会如果作出了准许放行的决定，通常情况下还会要求欧盟委员会进一步加强和改进欧盟的财务管理水平，并就有关预算执行方面的特定问题提出具体的意见。此后，“委员会应采取一切适宜的步骤，按照欧洲议会在批准决算的决定中的意见与有关支出执行方面的其他任何意见，以及对理事会通过的有关决算的建议予以补充的评论采取行动。应欧洲议会或理事会的要求，委员会应就根据上述意见与评论所采取的措施，尤其是根据对预算执行部门所作的指示采取的措施，提交报告。这些报告也应送交审计院”[②]。

纵观欧盟预算执行的放行程序可以发现，主要有四个重要的欧盟机构参与其中：欧盟委员会是欧盟预算的总执行机构，同时负责提供有关年度预算执行的账目、财务报表和评估报告等；欧洲审计院是欧盟预算执行情况的专业审计机构，具体负责出具年度预算执行结果的审计报告和其他专项审计报告，客观上对能否使欧盟委员会的预算执

① 程卫东、李靖堃译：《欧洲联盟基础条约——经〈里斯本条约〉修订》，社会科学文献出版社 2010 年版，第 160 页。

② 同上。

行报告获得欧洲议会的通过起到决定性的作用；部长理事会与欧洲议会同是欧盟预算执行的监督和审查机构，其中部长理事会在审查欧盟委员会预算执行结果的基础上，负责向欧洲议会提出是否应对其预算执行准许放行的建议；欧洲议会作为审查欧盟预算资金使用情况的最后一道防线，同时也是体现欧盟公民对共同预算使用情况进行监督的重要渠道，主要负责综合欧洲审计院和部长理事会的意见以及欧盟委员会的相关回应，并在此基础上作出是否对欧盟委员会的年度预算执行结果准许放行的决定。

第三章 欧盟预算制度的形成与发展

欧盟的超国家预算在欧洲煤钢共同体成立之初就已经存在了，但欧盟预算制度的形成却不是一蹴而就的，它是经历了近 20 年漫长而复杂的准备期后才逐渐形成的，是欧盟各方经过长期的利益博弈和彼此妥协之后的产物。因此，欧盟预算制度本身自建立伊始就一直是一个高度敏感和复杂的政治问题。20 世纪 70 年代初，欧洲共同体初步建立了预算自有财源系统，这是朝着欧盟财政自治的方向迈出的关键而坚实的一步。本章第一节从历史的角度出发，对欧盟预算制度的源起与变迁作了详细的论述。第二节对欧盟预算制度中的关键要素在欧盟预算制度不同发展阶段中的变化作了纵向比较，并在此基础上分析了欧盟预算制度的特征和发展规律。第三节主要考察了促使欧盟预算制度不断向前发展的核心因素。

第一节 欧盟预算制度的缘起与变迁

欧盟预算制度是在欧洲煤钢共同体预算制度、欧洲经济共同体预算制度和欧洲原子能共同体预算制度的基础上建立起来的，现行预算制度框架的构成都可以在其半个多世纪的发展历程中得到追溯。理清它的历史发展脉络对于准确把握欧盟预算制度具有重要的意义，同时可以为其未来的改革提供有价值的参考和借鉴。欧盟预算制度的源起与变迁大致可以分为三个阶段：雏形阶段、形成阶段和发展阶段。

一　欧盟预算制度的雏形阶段（1951—1958 年）

在欧洲一体化发展的初始阶段，政治一体化的发展相对滞后，“占有突出地位的经济一体化无疑构成了其发展的起点和基石，并且始终是欧盟的活动重心”①。“欧洲的经济一体化有着深远的历史根源，从本质上讲是生产力的发展推动市场经济的容量扩大和程度加深，进而要求生产关系乃至上层建筑在越来越大的区域范围内加以适应调整，从而形成经济一体化在与生产力相适应的区域范围内的阶段性发展。”② 所以，“欧洲经济一体化意味着打破国家间的经济界限，将之连接成为一个整体”③。欧洲经济一体化的“第一步是欧洲经济合作组织（后来的经济合作与发展组织）和欧洲支付同盟的建立，……第二步是 1950 年 5 月的《舒曼计划》。该计划的目的是建立一个欧洲煤钢共同体”④。欧盟预算制度的源起就可以追溯到这个欧盟最早的组织——欧洲煤钢共同体⑤的建立时期。

1951 年 4 月 18 日，法国、德国、意大利、荷兰、比利时和卢森堡六国在法国巴黎共同签订《建立欧洲煤钢共同体条约》（又称《巴黎条约》，Treaty establishing the European Coal and Steel Community），成立了欧洲煤钢共同体。“煤钢共同体的制度框架及其权限还不足以使它成为联邦制的前奏。然而，条约赋予它一定的自主权和决策权，因此它具备一定的超国家性质。”⑥ 条约第 2 条提出，欧洲煤钢共同

---

① 周弘主编：《欧盟是怎样的力量——兼论欧洲一体化对世界多极化的影响》，社会科学文献出版社 2008 年版，第 14 页。

② 王鹤：《欧洲经济货币联盟》，社会科学文献出版社 2002 年版，第 1—2 页。

③ 周弘主编：《欧盟是怎样的力量——兼论欧洲一体化对世界多极化的影响》，社会科学文献出版社 2008 年版，第 14 页。

④ 熊厚：《欧盟货币政策协调研究》，四川大学 2007 年博士学位论文，第 47 页。

⑤ 建立欧洲煤钢共同体的初衷主要是法国担心德国随着工业实力的逐步增强会再次发起战争，因此想通过煤钢联营来实现对德国可能的军备扩张进行有效的监控，因为煤炭是工业发展的“食粮”，钢铁是复兴军事的基本原料。然而，煤钢联营建立之后产生了一个新功能主义学派提出的所谓“溢出”（spill-over）效应，对之后欧洲经济一体化的发展产生了巨大影响。

⑥ ［法］法布里斯·拉哈：《欧洲一体化史：1945—2004》，彭姝祎、陈志瑞译，中国社会科学出版社 2005 年版，第 44 页。

体的使命是，在与各成员国的一般经济协调一致的情况下和在建立共同市场的基础上，对各成员国的经济扩张、就业增长和生活水平的提高作出贡献。[①] 为了保障欧洲煤钢共同体能够顺利完成其使命，条约从法律层面给予其财政自治地位，规定欧洲煤钢共同体的高级机构有权通过对煤钢生产征收税款和筹借贷款来获得完成其使命所必需的资金。同时，高级机构可以接受赠款。据此，欧洲煤钢共同体在成立之初就建立了独立的预算（一个行政预算和一个操作预算），其中对煤钢生产征收的税款（专项税收）是预算收入的主要来源。条约第 50 条对此作了进一步的说明，“抽取税款每年按不同产品课征并根据不同产品的平均价值计算。除理事会以 2/3 多数通过预先许可外，抽取税款的税率不得超过 1%。在尽可能避免重复征税的原则下，高级机构同理事会磋商后以一般决定的方式确定抽取税款的税基和课征条件”[②]。可见，高级机构在条约规定的限度内，在征税的决策方面享有广泛的自治权。对于违反高级机构决定的企业，高级机构可以对其加征季度逾期罚款，但不得超过 5%。虽然欧洲煤钢共同体预算制度的框架和所具有的职能与现代主权国家的财政预算制度相比有很大差距，甚至可以说它还不是一个完整的、真正意义上的预算制度，但在当时的历史环境下，即便仅仅只是一个带有超国家性质的共同预算，对于欧盟预算制度的发展来说也是具有里程碑式的意义的。

1957 年 3 月 25 日，欧洲煤钢共同体六国在意大利罗马签订了《建立欧洲经济共同体条约》（又称《罗马条约》，Treaty establishing the European Economic Community）。条约第 2 条提出，“欧洲经济共同体的使命是，通过共同市场的建立和各成员国经济政策的逐步接近，促进整个共同体内的经济活动的协调发展，促进持续平衡的扩张，日益增长的稳定和生活水平的加速提高，以及促进参加本共同体的各国

---

① 参见欧共体官方出版局编《欧洲联盟法典》（第一卷），苏明忠译，国际文化出版公司 2005 年版，第 6 页。

② 欧共体官方出版局编：《欧洲联盟法典》（第一卷），苏明忠译，国际文化出版公司 2005 年版，第 26 页。

间的更加紧密的联系”[①]。为顺利完成使命，条约为欧洲经济共同体设立了独立的预算，并规定预算中的收入和支出需保持平衡，不能出现赤字。欧洲经济共同体预算的收入来源是依靠各成员国按照一定比例的财政摊款，具体分摊比例按照《建立欧洲经济共同体条约》第200条的规定执行（见表2）。从具体的分摊比例来看，成员国对共同预算的贡献大体上与各国的整体实力相匹配，即体现了“强国多摊、弱国少摊”的原则。

表2　**欧洲经济共同体成员国财政摊款分摊表**

成员国	分摊比例（%）
比利时	7.9
德国	28.0
法国	28.0
意大利	28.0
卢森堡	0.2
荷兰	7.9
合计	100.0

资料来源：欧共体官方出版局编：《欧洲联盟法典》（第一卷），第199页。

欧洲经济共同体预算设立的首要目标是为建立共同市场提供资金上的保障，进而为欧洲经济共同体实现条约中对其使命的具体要求奠定基础。可从实际效果来看，欧洲经济共同体预算还发挥了资金再分配的职能（具体是根据条约第40条设立的欧洲农业指导和保证基金以及第123条设立的欧洲社会基金等来实现），以致现行欧盟预算制度仍在遵循此模式而未能从根本上有所改变。可以说，现行欧盟预算制度主要发挥的资金再分配职能，就是从欧洲经济共同体预算制度建立后逐渐形成的。此类专项基金的设立，从根源上讲是由于当时六个签约国各自的经济结构和发展水平存在显著差异，为平衡各国从共同

① 欧共体官方出版局编：《欧洲联盟法典》（第一卷），苏明忠译，国际文化出版公司2005年版，第121页。

市场获得的收益而采取的变通措施。例如，德国是出口导向型且工业化水平很高的国家，预计可以直接在共同市场里通过自由贸易获得巨大收益。而法国是传统的农业国，通过建立共同市场获得的收益远不及德国，但加入共同市场却会对本国相对弱势的产业造成严重冲击。因此，通过以条约规定设立专项基金的形式来补偿各国的相对损失是最有效、最直接、最可靠的方法。

此外，《建立欧洲经济共同体条约》第 201 条特别提出，共同体委员会应研究各成员国的财政摊款可以被自有财源取代的条件，特别是当共同海关税收被正式引入后由它来取代。为此，共同体委员会应向部长理事会提出议案。部长理事会就这些提议与欧洲大会协商后，可以全体一致同意制定有关规定，并建议各成员国依照各自的宪法要求予以通过。共同体委员会的研究成果后来纳入了 1970 年 4 月部长理事会作出的一项决定之中，并据此建立了预算自有财源系统。所以，《建立欧洲经济共同体条约》为欧洲共同体预算自有财源系统的建立埋下了重要伏笔。

与《建立欧洲经济共同体条约》同时签订的还有《建立欧洲原子能共同体条约》(Treaty establishing the European Atomic Energy Community)，该条约为保障欧洲原子能共同体顺利完成使命，建立了一个操作预算和一个研究与投资预算。与欧洲经济共同体的预算收入来源一样，欧洲原子能共同体的预算收入来源也是依靠成员国按照一定比例的财政摊款，具体分摊比例是由《建立欧洲原子能共同体条约》第 172 条规定的。然而，欧洲原子能共同体的预算由于受到狭隘的专业领域的限制，导致它的规模和用途的广泛性都要比欧洲经济共同体的预算逊色得多。所以，从对现行欧盟预算制度的影响来看，欧洲原子能共同体的预算制度远不及欧洲经济共同体的预算制度产生的影响大和发挥的作用多。

二　欧盟预算制度的形成阶段（1958—1971 年）

1965 年 4 月 8 日，法、德、意、荷、比、卢六国在比利时布鲁塞尔签订了《建立欧洲各大共同体统一理事会和统一委员会的条约》

（又称《合并条约》，Treaty establishing a Single Council and a Single Commission of the European Communities），该条约将欧洲煤钢共同体、欧洲经济共同体和欧洲原子能共同体合并为欧洲共同体（以下简称欧共体，European Communities）。自 1967 年 7 月 1 日起，三个共同体对应的机构分别合并为一个单一机构，即以一个单一的欧洲共同体理事会代替欧洲煤钢共同体、欧洲经济共同体和欧洲原子能共同体各自的部长特别理事会，以一个单一的欧洲共同体委员会代替欧洲煤钢共同体的高级机构及欧洲经济共同体和欧洲原子能共同体各自的委员会。在此基础上，欧共体将三个共同体各自独立的预算制度合并为欧共体统一的预算制度。根据《合并条约》第 20 条的规定，欧洲煤钢共同体的收入和行政支出，欧洲经济共同体的收入和支出以及欧洲原子能共同体的收入和支出，除原料供应处预算、共同企业预算及欧洲原子能共同体的研究和投资预算外，均应根据建立欧洲三个共同体的条约中各自规定的条件列入欧共体的总预算。该预算应保持收支平衡，并代替欧洲煤钢共同体的行政预算、欧洲经济共同体的预算以及欧洲原子能共同体的操作预算。《合并条约》生效后，欧洲经济共同体和欧洲原子能共同体的预算收入来源没有发生变化，仍然依靠各成员国的财政摊款，而欧洲煤钢共同体的行政预算收入来源则由之前的对煤钢生产征收税款改为依靠各成员国的财政摊款。

单一预算制度有效缓解了之前由于三个共同体的预算制度各自为政而带来的不便，是欧共体在改进和完善预算管理体制上迈出的坚实一步，同时也是欧盟预算制度发展史上的重要进步。单一预算制度的建立，对于加强和规范欧共体的预算管理、提高欧共体预算制度的运行效率和效果，进而为加速推动欧共体经济一体化的进程奠定了基础。

“自 50 年代初至 70 年代初的这 20 年，是西欧经济发展的‘黄金年代’。在这一时期，欧洲共同体各成员国经济基本上都稳步持续增长，共同体经济一体化政策的实施进展比较顺利，……但是，经济一体化的程度越高，就越需要为调节和干预活动提供充足的财源，共同体要巩固实行一体化的已有成果，进一步推进经济一体化，解决财源不足的问题就成为共同体的当务之急。”[①] 1969 年 12 月 1—2 日，欧共体成员国在荷兰海牙举行首脑会议，会议作出了改革欧共体预算制度的决定，同意建立预算自有财源系统。此后不久，1970 年 4 月 21 日，部长理事会通过了《部长理事会（1970 年）关于共同体自有财源取代成员国财政摊款的决定》（以下简称《部长理事会（1970 年）关于自有财源系统的决定》，Council Decision of 21 April 1970 on the Replacement of Financial Contributions from Member States by the Communities' Own Resources）。根据该决定，欧共体自 1971 年 1 月 1 日起开始逐步过渡，并最终实现完全以农产品进口差价税[②]和糖税、共同海关关税（针对来自欧共体以外的产品征收）以及成员国增值税提成取代成员国的财政摊款作为共同预算收入的来源，并由此建立欧共体的预算自有财源系统。

过渡期自 1971 年 1 月 1 日起至 1974 年 12 月 31 日止。在过渡期间，成员国的农业税收入自 1971 年 1 月 1 日起就全额上缴给欧共体预算，但共同海关关税收入的上缴不是一步到位的，而是逐年提高上缴比例。具体来说，在过渡期间各成员国实际上缴给欧共体的共同海关关税收入等于各成员国每年计算出的上缴“参考额”[③] 与该国当年已上缴的农业税收入之间的差额，如果该差额为负数，则不必上缴，但欧共体也不会对负数部分向成员国提供补偿。在成员国向欧共体上缴共同海关关税收入后，欧共体将把其中的 10% 退还给成员国，以弥补成员国的征收费用。欧洲煤钢共同体的关税收入（针对煤钢产品征收）在过渡期间并不上缴，而是直到 1988 年才上缴给欧共体预算。

---

① 余开祥、洪文达、伍贻康主编：《欧洲共同体——体制·政策·趋势》，复旦大学出版社 1989 年版，第 319 页。

② 农产品进口差价税和共同海关关税分别于 1962 年和 1968 年由成员国开始征收，1971 年起逐步转给欧共体作为其预算收入来源。随着 1994 年乌拉圭回合多边贸易协议进入欧共体法律体系，农产品进口差价税和关税已经不再有区别，农产品进口差价税只是针对从欧共体以外进口的农产品征收的进口关税。

③ 每年的参考额是按照如下比例计算的：1971 年为征收到的农业税和共同海关关税收入总和的 50%，1972 年为 62.5%，1973 年为 75%，1974 年为 87.5%，自 1975 年 1 月 1 日起该比例提高至 100%。

在过渡期间，为确保欧共体的预算能够保持收支平衡，对于预算收入的不足部分将继续由各成员国的财政摊款予以弥补。实际上，临时性的成员国财政摊款是自1982年起才正式停止向欧共体预算提供资金的，并彻底从欧共体预算的收入来源渠道中退出。[①]

过渡期结束后，即自1975年1月1日起，欧共体的预算收入将全部依靠自有财源系统筹集。自有财源系统包括三项收入来源：农业税、共同海关关税和成员国的增值税提成[②]。成员国的增值税提成被纳入自有财源系统，是因为农业税和共同海关关税的收入规模有限，不足以满足欧共体预算支出不断增长的需要。而之所以选择增值税，是因为它是在商品流通过程中的最后一个环节（消费环节）进行征收，能够相对公平地反映各成员国的经济活动水平。根据欧共体1977年的"第六指令"和1979年的"第九指令"的要求，欧共体自1979年起正式实施了增值税提成制度，但当年只有比利时、英国、丹麦、法国和荷兰完全执行了该指令，直到1980年，欧共体各成员国才全部落实了增值税提成制度。为控制欧共体预算的规模，成员国的增值税提成比例被设定了一个上限，不得超过各成员国增值税总额的1%，而在1%的上限内，增值税提成的具体比例是可变的，目的是使欧共体的预算收入始终与支出保持平衡。

1970年4月22日，欧共体六国外长在卢森堡签订了欧盟历史上的首个预算条约，即《修改建立欧洲共同体诸条约和建立欧洲共同体单一理事会和单一委员会条约中某些预算条款的条约》（又称《卢森堡条约》，Treaty amending Certain Budgetary Provisions of the Treaties establishing the European Communities and of the Treaty establishing a Single Council and a Single Commission of the European Communities）。《卢森堡

---

① See European Commission, "Financing the European Union: Commission Report on the Operation of the Own Resources System", *European Commission*, Working Paper, SEC (2011) 876 final/2, 2011, p. 6 (http://ec.europa.eu/budget/library/biblio/documents/fin_ fwk1420/proposal_ council_ own_ resources_ _ annex_ en.pdf).

② 1967年2月9日，部长理事会同意在欧共体各成员国逐步实行增值税制度，这为之后欧共体的预算自有财源系统提供了稳定的和可靠的基础财源。

条约》对《巴黎条约》《罗马条约》及《合并条约》中的相关预算条款进行了修订，目的是适应预算自有财源系统建立后所带来的新变化。《卢森堡条约》将欧洲原子能共同体的研究与投资预算合并到欧共体的总预算中，但欧洲煤钢共同体的操作预算仍然独立运行并一直与欧共体总预算并存，直至2002年《欧洲煤钢共同体条约》失效为止。此外，《卢森堡条约》对欧共体的预算程序进行了改革，为欧共体确立了具有跨机构协作特征的预算三方权力机构，即欧共体委员会、部长理事会和欧洲议会。其中，欧共体委员会负责预算的编制，部长理事会和欧洲议会为预算的审批和监督机构。为使这两个预算决策机构在预算问题上出现分歧时能够尽可能地缩小意见差距，避免出现对立局面，两者在《卢森堡条约》签订后，逐渐建立了一套并无法律约束力的预算“调解程序”，作为双方代表解决预算矛盾的缓冲区。

从法理上来说，欧共体成员国既然同意将部分国家主权让渡给欧共体来行使，那么欧共体就可以在已让渡的主权范围内设法获取所需的资源，这些资源被认为是属于欧共体的，成员国只是代表欧共体超国家机构去收集而已。这是欧共体预算自有财源系统建立的核心基础。因此，“自有财源可以被定义为向欧共体分配的税收，并且自动添加”①。它独立于成员国权力管辖之外，不需要成员国的授权和批准。除去一些数额较小的预算收入（如对欧共体员工工资收入征收的税款）外，自有财源系统构成了欧共体预算收入的主要来源，其中，农业税和共同海关关税被称为“传统自有财源”（Traditional Own Resources），成员国增值税提成被称为“第三财源”。

欧共体预算自有财源系统的建立，标志着欧共体初步形成了一个不同于传统主权国家预算制度的新型预算制度，并从思想上打破了预算收入来源主要依靠成员国财政摊款的传统思维定式。同时，它也是对预算收入来源的拓展和创新，使欧共体朝着财政自治的方向迈出了

① ［英］彼得·罗布森：《国际一体化经济学》，戴炳然等译，上海译文出版社2001年版，第132页。

坚实的一步。从财政摊款到自有财源，从被动获得到主动获取，这样的转换对于欧盟预算制度的发展来说是革命性的进步，也是一次全新的尝试，它为欧盟建立现代财政预算制度奠定了基础。从最初的预算制度雏形到欧共体预算制度自有财源系统的初步建立，是欧洲一体化进程取得阶段性成功的重要标志。

三　欧盟预算制度的艰难发展阶段（1971—1988年）

《部长理事会（1970年）关于自有财源系统的决定》生效以后，欧共体的预算结构渐渐发生了变化，作为预算收入来源的成员国财政摊款逐步被自有财源取代，这对欧共体预算的程序以及各预算机构的职责分工和权力分配等提出了进行相应调整的要求。为此，欧共体九国在《部长理事会（1970年）关于自有财源系统的决定》中规定的过渡期结束以后，于1975年7月22日在比利时布鲁塞尔签订了另一个预算条约，即《修改建立欧洲共同体诸条约和建立欧洲共同体单一理事会和单一委员会条约中某些财政条款的条约》（又称《布鲁塞尔条约》，Treaty amending Certain Financial Provisions of the Treaties establishing the European Communities and of the Treaty establishing a Single Council and a Single Commission of the European Communities），该条约根据预算结构调整后欧共体预算出现的新特点，对《巴黎条约》《罗马条约》及《合并条约》中的相关财政条款进行了修订。《布鲁塞尔条约》进一步扩大了欧洲议会的预算权力，使欧洲议会拥有对整个预算草案进行最终否决和要求提出一个新预算草案的权力。此外，为对欧共体预算收入和支出的执行进行更有效、更专业的监督，欧共体根据《布鲁塞尔条约》第78条的规定，创建了欧洲审计院，并将其作为预算收支执行情况的第三方独立审计和监督机构。欧洲审计院于1977年10月25日在卢森堡正式成立，同时取代原来的审计委员会。

20世纪70年代以前，欧共体的预算由于整体规模不大，各方的争议和分歧较少。而进入70年代以后，预算问题开始逐渐显现出来，尤其是进入80年代以后，欧共体甚至因数次出现年度预算难产而几度爆发预算危机，如在1980年、1985年、1986年和1988年。同时，它也使得欧共体在《布鲁塞尔条约》中建立的临时性十二分之一规则数次被迫启动，以保证在年度预算获得通过以前能够基本维持欧共体的正常运转。由于该规则的计算方法较为复杂，导致欧共体一些已规划好的项目被延期执行，欧共体向成员国的拨款也被迫延迟支付。从根源上说，欧共体的预算危机主要是由于欧共体在扩大和发展的过程中，欧洲议会与部长理事会在预算问题（如预算权力、强制性支出与非强制性支出的划分）上分歧严重和冲突不断引发的，它直接导致欧共体对预算制度进行了一系列的重大改革。

（一）枫丹白露预算纪律及引发的法律诉讼

为防止欧共体预算规模无限制地扩张，枫丹白露首脑会议特意规定了预算纪律（Budgetary Discipline）。预算纪律的主要内容是，在某一财政年度开始前，欧共体先制定出该财政年度预算总支出的最高限额及支出的增长幅度，之后在制定具体的预算方案时，支出必须严格控制在该限额确定的范围以内。此后，各成员国共同制定了相关程序细则，"要求理事会每年制定一个'参考框架'，为下一个财政年度定出共同体财政支出的最大限额，要求欧共体委员会监督预算草案的制定。一旦欧共体委员会认为部长理事会所确定的任何措施有可能导致财政支出超过预算限度，欧共体委员会有权延缓这一措施的执行"①。然而，在实际执行的过程中，对该预算纪律的遵从并不十分严格。

1986年，即计划实施这项新纪律的第一年，就出现了严重的问题，有几个成员国政府向欧洲法院起诉欧洲议会，指控其越权增加预算支出。欧洲法院经审理认为，欧洲议会的行为确有不妥，但部长理事会在此问题上也负有责任，部长理事会在制定预算时不应该将某些项目排除在外，以致迫使欧洲议会最大限度地使用了其可能的权力将这些项目重新纳入预算。也就是说，部长理事会没能提供足够的资金来满足已经做出的承诺。欧洲法院的裁决结果促成一项新的预算出笼，该预算将现有的承诺支出都考虑进去，但不能超出原定的1.4%

---

① 张健雄：《欧盟经济政策概论》，中国社会科学出版社2006年版，第265—266页。

的增值税提成上限。[①]

（二）英国预算问题的解决与预算修正机制的建立

欧共体预算的收入来源和支出是相对独立的两个体系，成员国对欧共体预算的贡献大体上与成员国的整体实力成正比，而成员国从欧共体预算获得收益的多少则与成员国的经济结构直接相关，并不是根据其对欧共体预算的贡献大小决定。在欧共体的预算支出中，再分配占据了主导地位，而且主要集中在共同农业政策上。因此，农业份额就成了决定成员国从欧共体预算获益多少的关键因素，即任何一个成员国从欧共体预算获益的多少主要取决于该国农业在整个欧盟农业中所占比重的多少。农业占比较大的贡献小国可能从欧共体预算支出中获益颇丰，而农业占比较小的贡献大国从欧共体预算中的获益可能很少。欧共体预算支出的过于集中也因此引发了预算失衡（Budgetary Imbalances）问题，即个别成员国对共同预算的贡献与获得的收益严重失衡，并由此在成员国间根据净回报的情况产生了净受益国与净贡献国的区别。所谓净受益国与净贡献国的区别，是指在欧共体的预算收入与支出过程中，一些成员国成为净收入国，而另一些成员国则成为净支出国。

由于欧共体离联邦制国家的标准还有很大差距，欧共体民众的欧洲认同感也不是很高，成员国在欧共体共同预算中承担的义务和享受的权力严重失衡自然引起了成员国对于预算公平原则的高度关注，并不时引发净贡献国与净受益国之间的摩擦。英国就是一个最具代表性的例子，并由此形成了所谓的“英国预算问题”（British Budgetary Question）[②]。在欧共体当时的政策环境下，英国独特的贸易模式使它在欧共体预算中成为一个大的贡献者。[③] 在欧共体预算支出方面，欧共体70%的经费都花在了共同农业政策上，而英国经济并不像其他成员国那么依赖农业，因此，英国从欧共体共同农业政策上的支出中

① 参见张健雄《欧盟经济政策概论》，中国社会科学出版社2006年版，第266页。

② 英国预算问题产生于1970—1972年间英国加入欧共体谈判之时，具体指1973—1984年间英国作为欧共体成员国对欧共体预算的贡献多于它从欧共体预算中获益的问题。

③ 参见［英］玛格丽特·撒切尔《撒切尔夫人回忆录——唐宁街岁月》，远方出版社1997年版，第28—29页。

获得的补助就比其他成员国少。[①] 尽管当时英国处在欧共体九个成员国中最贫穷的国家之列，但它却因为其增值税税基占国民生产总值的比重比其他成员国高，导致它成为一个对欧共体预算大的净贡献国。[②] 1975 年开始，英国在预算问题上为索还它为欧共体预算多交的退款，在欧共体内引起了长达 10 年的冲突。[③]

为了解决英国预算问题，欧共体各方在经过长达近一年的讨论和谈判后，于 1975 年 3 月 10—11 日在爱尔兰首都都柏林举行的首脑会议上通过了一项由欧共体委员会提出的有效期为 5 年（1976—1980 年）的修正机制（Correction Mechanisms）。根据该修正机制，欧共体决定原则上不削减各成员国根据自有财源系统的规定应缴纳的款项，但对同时满足规定条件的成员国以部分返还上缴的增值税提成的形式给予补偿。[④] 然而，在该协议的有效期内，没有任何成员国能够同时满足这些条件，导致该机制自设立以来从未被启动。此后，1979 年 11 月 29—30 日，都柏林首脑会议期间就第二套修正机制达成共识，它为限制英国对欧共体预算的贡献提供了一套复杂的补偿机制。[⑤] 然而，这些措施都是隔靴搔痒，并未有效缓解英国在预算问题上的不满情绪。

英国预算问题的最终解决是在 1984 年 6 月 25—26 日召开的枫丹白露首脑会议上，会议通过了第三套修正机制。各方经过艰苦的拉锯式谈判，最终达成了一项大家都能接受的针对英国预算回扣问题的永久性解决方案，这也是撒切尔政府引以为荣的一项显著政绩。根据该方案，1985 年，欧共体给予了英国增值税提成缴款 10 亿埃居的削减作为补偿。而自 1986 年起，英国获得了它向欧共体缴纳的增值税提

① 参见［英］玛格丽特·撒切尔《撒切尔夫人回忆录——唐宁街岁月》，远方出版社 1997 年版，第 29 页。

② See Ferrer, J. N., "The EU Budget: The UK Rebate and the CAP—Phasing Them Both Out?", p. 49.

③ 参见［英］约翰·平德编《联盟的大厦——欧洲共同体》，潘琪译，辽宁教育出版社、牛津大学出版社 1998 年版，第 167 页。

④ 规定条件是：第一，成员国人均国内生产总值低于共同体平均水平的 85%；第二，成员国的经济增长率低于共同体平均水平的 120%；第三，成员国通过自有财源对共同体预算的支付所占的份额高于它在共同体国内生产总值所占比重的 10%。根据这三项标准，当时预计英国可以从中获利。

⑤ See European Commission, *European Union Public Finance* (*Fourth edition*), p. 29.

成总额与它从欧共体所获得的收益额之间差额的 66% 的削减作为回扣。[①] 英国预算问题自此得到了暂时的有效解决，但它从一个侧面反映了英国在欧共体内所处的尴尬境地。英国加入欧共体后，从欧共体获得的收益，无论从经济角度还是政治角度上看，都远不如它在加入之前所预想的那样好。对于英国来说，加入欧共体是一个鸡肋，弃之可惜，食之又无味。

在欧共体的预算收入来源中，德国一直是成员国中主要的净贡献国之一。在欧共体对英国预算问题作出补偿安排后，按照修正机制的运作模式，德国需要与除英国以外的其他成员国一道分担起给予英国的预算回扣，令其承受的负担变得愈加沉重。为此，德国提出在为英国预算回扣的融资中降低其份额的要求。鉴于此，枫丹白露首脑会议对德国问题作了特殊安排，在为英国预算回扣进行融资时，德国只承担其应负担份额的 2/3，余下的 1/3 以相同的计算方法在其他成员国间筹集，[②] 该项政策一直持续到 2000 年。此后，荷兰、奥地利和瑞典也在对英国预算回扣的摊款上被削减了份额。自 2001 年起，在为英国预算回扣的融资中，德国、荷兰、奥地利和瑞典只承担各自应负担费用的 25%，余下的 75% 以相同的计算方法在其他的成员国间筹集。这进一步加重了其他成员国的经济负担，令这些国家在预算补偿问题上颇有微词，并对补偿机制的公平性与合理性提出了质疑，同时它也为各成员国此后在预算问题上埋下了争吵的种子。

（三）欧共体预算入不敷出与第四财源的建立

20 世纪 70 年代至 80 年代中期，欧共体预算收入来源中传统自有财源的收入规模非常有限且很不稳定（见图 6）。这主要是由两方面因素导致的：一方面，关贸总协定的减税进程令欧共体从区外进口的商品中征收的关税收入无法随着进口商品规模的扩大而大幅增加；另一方面，欧共体对共同农业政策的扶持自法国“空椅危机”（Empty Chair Crisis）结束后大幅加强，使得区内共同农业的自我满足程度逐

① See European Commission, *European Union Public Finance* (*Fourth edition*), p. 30.

② Ibid.

步提高，导致对区外农产品的需求不断减少，所征收的农产品进口差价税随之减少。此外，农产品进口差价税反映的是欧共体与国际市场上农产品价格的差异，其收入完全取决于两者的价格差、贸易量和交易货币的汇率变动情况，从图6也可以看出，其收入起伏不定，难以预测，无法给欧共体预算提供稳定的收入来源。

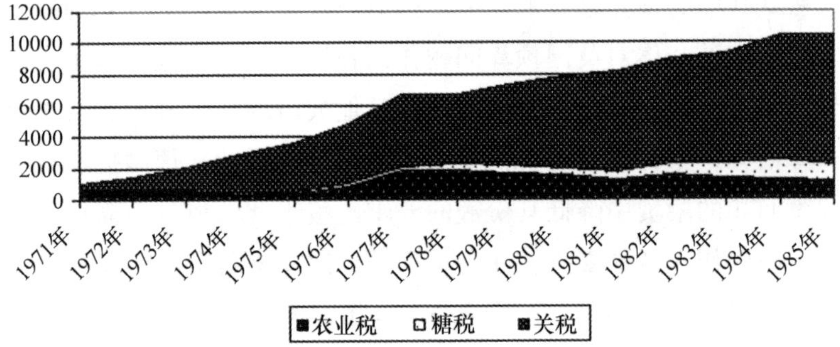

图6　欧共体传统自有财源收入的构成

数据来源：European Commission, *EU budget* 2008: *Financial Report*, Luxembourg: Publications Office of the European Union, 2009, pp. 85－86.

虽然欧共体预算收入来源中的传统自有财源无法大规模地增长且各年的收入规模波动较大，但预算总支出的规模却在不断地提高。其中最主要的原因是欧共体不能减少在共同农业政策上的支出，另一个重要原因是“由于社会和地区基金的作用增加，新项目被开发，所以欧共体开支直线上升”[①]。图7是欧共体1971—1985年预算总支出规模的变动情况。从图中可以看出，欧共体的预算支出规模从1971年的约22亿欧洲记账单位[②]大幅提高到了1985年的近280亿埃居，这

① ［英］彼得·罗布森：《国际一体化经济学》，戴炳然等译，上海译文出版社2001年版，第133页。

② 欧洲记账单位（European Unit of Account：EUA），又称“欧洲计算单位”，欧洲货币单位（European Currency Unit），简称埃居（ECU），都是欧盟历史上曾使用过的记账单位和清算工具。1979年3月13日，欧洲货币体系成立后，欧洲记账单位以1∶1的汇价折算成埃居。1999年1月1日欧元（Euro）诞生后，埃居又以1∶1的汇价折算成欧元。

使得肩负预算平衡职能的增值税提成收入，自 1979 年开始上缴给欧共体以来，在欧共体预算收入来源中所占的比重不断提高，额度不断增加，承受的压力与日俱增。然而，增值税提成收入的增长是有限的，不能随着欧共体预算支出需求的扩大而同步提高。此外，20 世纪 70 年代至 80 年代初，欧共体经历了两轮扩大，欧共体由六国扩大为十国，英国、爱尔兰、丹麦和希腊先后加入了欧共体，使欧共体的预算支出规模较之前有了较大幅度的增长。这些因素综合起来，令欧共体预算自有财源系统已逐渐不能满足欧共体各项预算支出的需要。

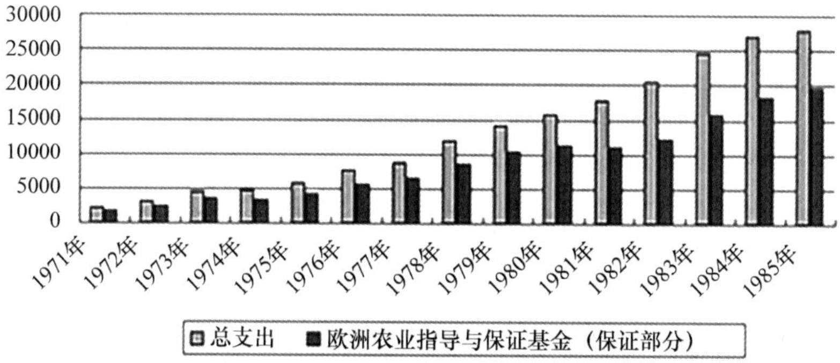

图 7　欧共体 1971—1985 年预算支出情况

数据来源：European Commission, *EU budget* 2008: *Financial Report*, pp. 78 – 79.

1984 年 6 月 25—26 日，欧共体在巴黎郊外的枫丹白露召开了首脑会议。为了解决预算收入来源不足的问题，会议决定自 1986 年起将增值税提成比例的上限由原来的 1.0% 提高到 1.4%。会议同时为 1984—1985 年的预算过渡期作了安排，包括向成员国预支款项（1984 年为 5 亿 9350 万埃居，1985 年为 23 亿 7870 万埃居①），该预支款项的 1984 年部分将在该年的预算中偿还，但 1985 年部分不偿还。此后不久，1984 年 12 月，欧洲议会否决了 1985 年的预算案，原因是议会意识到当年的预算收入仅能维持秋季前的必要支出。实际

① See European Commission, *EU budget* 2008: *Financial Report*, p. 86.

上，即使从1986年起各成员国的增值税提成比例提高到1.4%，也仍然很难满足欧共体预算支出的需要。由此可见，此次枫丹白露预算改革并不成功。[①]

1987年2月，欧共体委员会提出了一项综合改革建议——《德洛尔一揽子计划Ⅰ》（the Delors Ⅰ package）。该计划是欧盟预算制度发展历程中，继自有财源系统建立之后最为重要的一项综合改革计划。"1988年2月11—12日，布鲁塞尔首脑会议广泛采纳了该计划中的内容。该项改革计划涉及三个主要的政治观点。第一，各方都认为应给予欧共体委员会额外的资源以使其能够在1988—1992年间良好的运行。第二，……预算支出应优先提供给聚合政策，同时应作出预算纪律安排，以对农业政策的支出进行有效的控制。第三，应引入一个更加公平的共同体融资系统，以使成员国对欧共体的预算贡献更紧密地与成员国的繁荣程度联系起来。"[②] 该计划除了确认保留传统自有财源外，增值税提成（税率1.4%）也被保留了下来，但增值税税基上限被严格限定在占国民生产总值的55%。"这是为了避免欧盟经济最不发达成员国的支付比例超过其贡献的能力，因为消费税和增值税往往在相对较低发展水平国家的收入中占很高的比例。"[③] 该计划同时引入了欧共体预算的第四财源，即基于成员国国民生产总值（GNP）的自有财源，2002年以后改为以国民总收入（GNI）为基准。

欧共体预算第四财源设立的内在逻辑是以支定收，起到平衡预算的作用。它的建立有效缓解了欧共体预算收入来源不足的问题，并成为本轮预算制度改革的主要亮点之一。"这是一种可变的、'逐渐增加'的收入来源。依据自有来源全部总额占国民生产总值1.2%的总限额，第四来源可以提供用来弥补超过其他收入来源的支出所需要的资金。第四来源反映出根据能力大小进行支付的原则，原因是它以各

---

① 参见张健雄《欧盟经济政策概论》，中国社会科学出版社2006年版，第264页。

② European Commission, *European Union Public Finance* (*Fourth edition*), pp. 35 – 36.

③ 邓宗豪：《欧洲一体化进程：历史、现状与启示》，四川大学出版社2011年版，第134页。

成员国的相对国民生产总值为基础。作为融资的一种残差来源，它的规模表现出一定的波动。”①

（四）欧共体多年度财政框架制度的建立

在1979年至1987年间，欧共体曾爆发了四次严重的预算危机。其原因都是欧共体的预算机构无法在规定的时间内就下一财政年度的预算达成一致，而导致年度预算出现难产。1986年2月17日，欧共体通过了《单一欧洲法令》（又称《欧洲单一文件》，Single European Act）。该法令出台后，相继得到了欧共体各成员国的批准。《单一欧洲法令》明确提出，在1992年底前逐步建立欧洲统一大市场。这一目标的确立，对于欧洲一体化进程来说是巨大的鼓舞。欧共体为保障其中期发展目标的顺利实现，尽快打破年度预算困局成为当时欧共体亟待解决的棘手问题。《单一欧洲法令》的出台，为欧共体着手进行预算制度改革提供了一个恰当的政治基础，并为彻底地解决年度预算困局创造了良好的氛围和契机。多年度财政框架制度就是在这样的背景下，于1988年正式建立。可以说，是欧共体预算危机这个药引子在合适的外力条件作用下，促成了多年度财政框架制度的诞生。

多年度财政框架制度为欧共体不同政治领域的支出设定每年的最高支出限额。本质上说，它只是欧共体未来几年的预算支出计划，并不是真正意义上直接可供执行的预算方案。欧共体通过建立预算多年度财政框架制度，为其经济社会的持续发展提供了稳定的资金来源。同时，它也有效缓解了欧共体各方在预算制定问题上的矛盾，避免了每年都出现围绕下一财政年度的预算制定问题争吵不休的局面。“这种有总有分的预算方法，既能照顾到中长期发展的需要，也能满足各财政年度的延续性预算支出的需要。”②

总体来说，欧共体预算第四财源的引入和多年度财政框架制度的建立是欧共体1988年预算改革的两大显著亮点。本轮预算制度改革

---

① ［荷］塞尔维斯特尔·C. W. 艾芬格、雅各布·德·汉：《欧洲货币与财政政策》，向宇译，中国人民大学出版社2003年版，第165页。

② 周长鲜：《欧洲议会财政预算决定权的跨机构合作机制及其启示》，《新视野》2011年第4期。

是欧共体“各机构一系列决定的结果，特别是1988—1992年期间各种有力气候的结果。经济增长比预期的要好得多，由于世界价格上扬，农业经费增长不多，财政计划确定的最高限额绰绰有余。因此为控制预算设置的新程序没有遇到什么需要对付的困难”①。20世纪70—80年代是欧盟预算制度发展历程中最为艰难的时期，但同时也是其发展速度最快的一个时期。现行欧盟预算制度中的主要收入和支出格局的基础就是在这20年间确立的，此后虽经多次改革有所变化，但始终未能触及其最核心的部分。

四 欧盟预算制度的平稳发展阶段（1988—2013年）

欧盟的预算机构——欧盟委员会、部长理事会和欧洲议会，自1988年通过签订《关于预算纪律和预算程序改进的机构间协议》（Interinstitutional Agreement on Budgetary Discipline and Improvement of the Budgetary Procedure）确定首个期限为5年的中期预算以来，在20年的时间里以同样的方式又连续制定了三个中期预算，并且每个中期预算的期限均为7年。而随着2007年《里斯本条约》的签订，欧盟预算制度又经历了一次系统的、全面的改革。

（一）1988—1992年中期预算——《德洛尔一揽子计划Ⅰ》（the Delors Ⅰ package）

在1987年《德洛尔一揽子计划Ⅰ》的基础上，1988年6月29日，欧共体委员会、部长理事会和欧洲议会三方签订了一份包含欧共体1988—1992年财政框架（见表3）的机构间协议，该协议于1988年7月1日正式生效。1988—1992年财政框架是欧洲一体化史上第一个多年度预算框架，其主要目的是为实现《单一欧洲法令》所确定的建立内部统一大市场的目标提供所需的资源，实施布鲁塞尔首脑会议关于加强预算纪律的决定以及提高年度预算程序的职能。

---

① ［英］约翰·平德编：《联盟的大厦——欧洲共同体》，潘琪译，辽宁教育出版社、牛津大学出版社1998年版，第176页。

表 3　　**欧共体 1988—1992 年中期预算承诺拨款**

百万埃居（1988 年价格）

支出项目	1988 年	1989 年	1990 年	1991 年	1992 年
1. 欧洲农业指导与保证基金中保证部分	27500	27700	28400	29000	29000
2. 结构性操作	7790	9200	10600	12100	13450
3. 多年度分配政策	1210	1650	1900	2150	2400
4. 其他政策	2103	2385	2500	2700	2800
5. 还款和行政支出	5700	4950	4500	4000	3550
6. 货币拨备	1000	1000	1000	1000	1000
合计	45303	46885	48900	50950	52800
其中：强制性	33698	32607	32810	32890	33400
其中：非强制性	11605	14278	16090	17970	19400
需要的支付拨款	43779	45300	46900	48600	50100
其中：强制性	33640	32604	32740	32910	33110
其中：非强制性	10139	12696	14160	15690	16990
支付拨款（占 GNP 的比重）(%)	1.12	1.14	1.15	1.16	1.17
需要的自有财源（占 GNP 的比重）(%)	1.15	1.17	1.18	1.19	1.20

资料来源：European Parliament, Council and Commission, "Interinstitutional Agreement on budgetary discipline and improvement of the budgetary procedure", *Official Journal of the European Communities*, L185, Vol. 31, 1988, p. 36.

（二）1993—1999 年中期预算——《德洛尔一揽子计划Ⅱ》(the Delors Ⅱ package)

1988 年达成的 1988—1992 年中期预算和机构间协议将于 1992 年底到期，欧共体委员会经过评估，对其给予了积极评价并得出应延续中期预算和机构间协议的结论。1992 年 2 月，欧共体委员会发布了《德洛尔一揽子计划Ⅱ》和未来 5 年欧共体财政计划的建议。《德洛尔一揽子计划Ⅱ》的目标主要有三个：第一，巩固1988年欧共体预算制度改革以来取得的成果；第二，更新现有的多年度财政框架；第三，为实现《马斯特里赫特条约》确立的目标提供资金保障，主要聚焦在社会和聚合政策以及为顺利引入欧元[①]做准备。对于欧共体新的财政计划，委员会建议在未来5年里，将年度支付拨款上限提高200亿埃居，而这意味着将自有财源上限从1992年占国民生产总值的1.2%逐步提到高1997年占国民生产总值的1.37%。

1992年12月11—12日，爱丁堡首脑会议通过了与欧共体委员会的建议非常接近的财政预算，但将时间跨度从5年增加到7年。根据首脑会议达成的结论，到1999年，自有财源占国民生产总值的上限从1.20%逐步提高到1.27%，但承诺拨款上限被固定在占国民生产总值的1.335%。在预算来源方面，增值税提成在1995—1999年间每年以相同的幅度逐步从1.4%降低到1%；对于最不发达的成员国（希腊、西班牙、爱尔兰和葡萄牙），增值税税基自1995年起，从占国民生产总值的55%降到50%，对于其他成员国则是在1995—1999年间每年以相同幅度逐步降低到目标值50%。此外，有利于英国的预算修正机制也被保留了下来。[②]

此后，欧洲议会、部长理事会和欧共体委员会三方又经过了长达近一年的艰苦谈判，终于在1993年10月29日达成了一份包含欧共体1993—1999年财政框架（见表4）的机构间协议。该协议是1988年6月29日签订的机构间协议的延续，目的是执行预算纪律、提高年度预算程序职能以及加强各机构之间在预算问题上的合作。

---

① 对于欧元诞生的原因，杨卫国教授提出了欧元生成的合力方程理论，认为欧元因具有特定的性质，其生成只能是特定的力量交互作用的结果；欧元是一个合力方程的解，其中每一种力量都在这个进程中发挥着重要作用，但又不至于能够直接导致欧元生成。具体来说，主要是历史发展的惯力、国际环境的压力、利益需求的引力、欧盟成员的推力以及倒退成本的阻力等合力作用的结果。详见杨伟国《欧元生成理论》，社会科学文献出版社2002年版。

② See European Commission, *European Union Public Finance* (*Fourth edition*), p. 54.

表 4　　**欧盟 1993—1999 年中期预算承诺拨款**

百万埃居（1992 年价格）

支出项目	1993 年	1994 年	1995 年	1996 年	1997 年	1998 年	1999 年
1. 农业	35230	35095	35722	36364	37023	37697	38389
2. 结构性操作	21277	21885	23480	24990	26526	28240	30000
3. 内部政策	3940	4084	4323	4520	4710	4910	5100
4. 对外行动	3950	4000	4280	4560	4830	5180	5600
5. 行政支出	3280	3380	3580	3690	3800	3850	3900
6. 拨备	1500	1500	1100	1100	1100	1100	1100
承诺拨款合计	69177	69944	72485	75224	77989	80977	84089
需要的支付拨款	65908	67036	69150	71290	74491	77249	80114
支付拨款（占 GNP 的比重）（%）	1.20	1.19	1.20	1.21	1.23	1.25	1.26
自有财源上限（占 GNP 的比重）（%）	1.20	1.20	1.21	1.22	1.24	1.26	1.27

资料来源：European Parliament, Council and Commission, "Interinstitutional Agreement of 29 October 1993 on budgetary discipline and improvement of the budgetary procedure", *Official Journal of the European Communities*, C 331, Vol. 36, 1993, p. 6.

（三）2000—2006 年中期预算——《2000 年议程》（the Agenda 2000 Package）

1995 年 12 月 15—16 日召开的马德里首脑会议作出决定，应开始为 1999 年以后做出准备，并呼吁欧盟委员会为未来的欧盟扩大提出一个财政框架。为响应首脑会议的决议，欧盟委员会采取了一系列行动。第一，1997 年 7 月，发布了供各方沟通使用的文件《2000 年议程：为了更强更大的联盟》。第二，1998 年 3 月，发布了一系列针对欧盟政策、新成员国入盟准备及未来一段时期的财政框架的更为详细的改革建议，以加快欧盟扩大的谈判进程。第三，1998 年 10 月，发布了一份关于自有财源系统的报告，欧盟各方针对这些建议展开的谈判在很多方面比 1992 年讨论《德洛尔计划Ⅱ》时更为困难。例如，除了建立一个新的财政框架（将未来扩大对财政的影响因素考虑进来）之外，主要的决定都是在共同农业政策和结构性操作的改革上，而1992年的谈判，在建立财政框架之前就已经进行了共同农业政策的初步改革；对实行严格的预算管理给予了更多的关注，而在1992年，对于提高自有财源上限的原则从一开始就得到了广泛的接受；一些成员国在他们对联盟预算的净贡献问题上非常坚持，而1992年他们在这方面的要求却温和得多，这些因素是导致《2000年议程》谈判持续了近两年时间的主要原因。[①]

《2000年议程》沟通稿中包含2000—2006年的多年度财政框架建议。欧盟委员会表示，种种迹象表明在不提高自有财源占国民生产总值比重上限（1.27%）的情况下，应该能够实现未来的政策目标。[②] 欧盟委员会认为，为了帮助欧洲农业加入蓬勃发展的世界市场，共同农业政策的进一步改革需要增强联盟农业部门在区内和区外市场的竞争力。欧盟委员会建议，应通过进一步从价格支持转移到直接支付，以及在这一过程中制定连贯的农业政策，来深化和扩大1992年的改革。[③] 对于结构性操作支出（包括为新成员国的支出），欧盟委员会建议将其保持在1999年的水平，即占欧盟国民生产总值的0.46%。根据这个标准，2000—2006年间，结构性操作预算将达到2750亿埃居。[④]《2000—2006多年度财政框架》肩负的一项重要使命是为欧盟新一轮的扩大建立稳定的预算基础，进而可以根据需要提供资金上的支持。为此，欧盟委员会建议每年提供30亿欧元用以对候选国入盟前的援助。

1999年3月24—25日，柏林首脑会议接受了欧盟委员会提出的大部分改革建议。同年5月6日，欧洲议会、部长理事会和欧盟委员会三方达成了一份包含2000—2006年多年度财政框架（见表5）的新的机构间协议。该协议于2000年1月1日正式生效，同时取代三

---

① See European Commission, *European Union Public Finance* (*Fourth edition*), pp. 73 – 74.

② See European Commission, *Agenda* 2000: *For a Stronger and Wider Union*, Luxembourg: Office for Official Publications of the European Communities, 1997, p. 62.

③ Ibid., p. 29.

④ Ibid., p. 63.

方之前签订的一系列联合声明和机构间协议。

表 5　　欧盟 2000—2006 年中期预算

承诺拨款

百万欧元（1999 年价格）

支出项目	2000 年	2001 年	2002 年	2003 年	2004 年	2005 年	2006 年
1. 农业	40920	42800	43900	43770	42760	41930	41660
2. 结构性操作	32045	31455	30865	30285	29595	29595	29170
3. 内部政策	5930	6040	6150	6260	6370	6480	6600
4. 对外行动	4550	4560	4570	4580	4590	4600	4610
5. 行政支出	4560	4600	4700	4800	4900	5000	5100
6. 拨备	900	900	650	400	400	400	400
7. 入盟前的援助	3120	3120	3120	3120	3120	3120	3120
承诺拨款合计	92025	93475	93955	93215	91735	91125	90660
入盟新成员国备用支付拨款	—	—	4140	6710	8890	11440	14220
支付拨款上限	89600	91110	98360	101590	100800	101600	103840
支付拨款上限占 GNP 的比重（%）	1. 13	1. 12	1. 18	1. 19	1. 15	1. 13	1. 13
自有财源上限占 GNP 的比重（%）	1. 27	1. 27	1. 27	1. 27	1. 27	1. 27	1. 27

资料来源：European Parliament, Council and Commission, "Interinstitutional Agreement of 6 May 1999 between the European Parliament, the Council and the Commission on budgetary discipline and improvement of the budgetary procedure", *Official Journal of the European Communities*, C 172/01, 1999, pp. 12 - 13.

（四）2007—2013 年中期预算——《2007—2013 年多年度财政框架》(the multiannual financial framework 2007 - 2013)

2004 年 2 月，欧盟委员会首次就欧盟 2007—2013 年期间的预算与部长理事会和欧洲议会展开沟通，并发布了供各方沟通使用的文件。此后，经过近两年的沟通与磋商，各成员国领导人在 2005 年 12 月 15—16 日召开的布鲁塞尔首脑会议上，就未来 7 年的财政预算达成了共识。首脑会议之后，经过与欧洲议会的谈判，一项包含欧盟2007—2013多年度财政框架的机构间协议于2006年5月17日获得了通过。协议的目标除了包含1999年版机构间协议里的目标之外，首次提出要确保健全的财务管理。该协议于2007年1月1日正式生效，并同时取代欧洲议会、部长理事会和欧盟委员会分别于1999年5月6日和2002年11月7日签订的机构间协议。

从表6可以看出，在欧盟2007—2013多年度财政框架中，预算承诺拨款总额为8600多亿欧元，约占欧盟同期国民总收入的1.05%。规划期内，从绝对数额上看，欧盟每年的预算额度较上一年都有所增加，但由于其增长率低于同期的国民总收入增长率，所以承诺拨款总额占欧盟国民总收入的比重是逐年下降的。

表6 **欧盟2007—2013年中期预算承诺拨款**

百万欧元（2004年价格）

开支项目	2007年	2008年	2009年	2010年	2011年	2012年	2013年
1. 可持续增长	51267	52415	53616	54294	55368	56876	58303
2. 自然资源的保护与管理	54985	54322	53666	53035	52400	51775	51161
3. 公民权、自由、安全和公正	1199	1258	1380	1503	1645	1797	1988
4. 欧盟作为全球参与者	6199	6469	6739	7009	7339	7679	8029
5. 行政支出	6633	6818	6973	7111	7255	7400	7610
6. 补偿	419	191	190				
承诺拨款合计	120702	121473	122564	122952	124007	125527	127091
占GNI的比重（%）	1.10	1.08	1.07	1.04	1.03	1.02	1.01
支付拨款合计	116650	119620	111990	118280	115860	119410	118970
占GNI的比重（%）	1.06	1.06	0.97	1.00	0.96	0.97	0.94
自有财源上限占GNI的比重（%）	1.24	1.24	1.24	1.24	1.24	1.24	1.24

资料来源：European Parliament, Council and Commission, "Interinstitutional Agreement between the European Parliament, the Council and the Commission on budgetary discipline and sound financial management", *Official Journal of the European Communities*, C 139/01, 2006, p. 10.

欧盟 2007—2013 年的财政框架主要包含五大支出领域（见图 8）：可持续增长（增长与就业竞争力和增长与就业聚合），自然资源的保护与管理（共同农业政策和农村发展），公民权、自由、安全和公正，欧盟作为全球参与者以及行政。其中，共同农业政策和聚合政策是新财政框架中预算额度最高的两个领域，分别约占预算总额的 34% 和 36%，两者加起来共占欧盟预算总支出的七成左右。

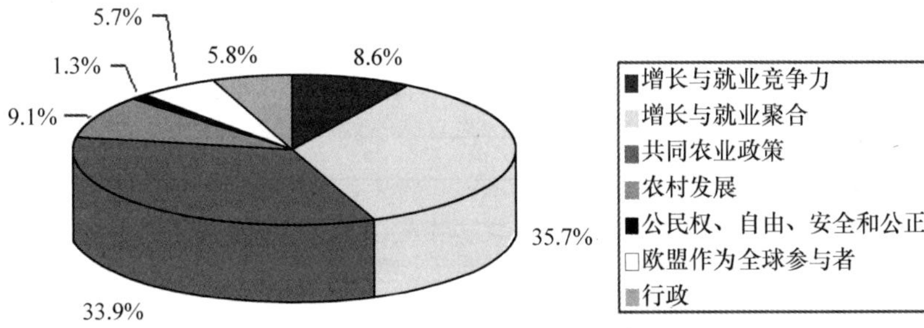

图 8　欧盟 2007—2013 年预算支出结构

数据来源：European Parliament, Council and Commission, "Interinstitutional Agreement between the European Parliament, the Council and the Commission on budgetary discipline and sound financial management", p. 10.

从每年预算额度的变化来看（见图 9），可持续增长与就业的预算每年在增加，自 2010 年起，它成为欧盟预算总支出中占比最高的支出领域。该领域包括竞争力和凝聚力两大子项，它们是欧盟 2007—2013 多年度财政框架支出计划的基石。同时，新财政框架在竞争力和凝聚力上的预算额度，与过去七年相比增长了 23%，足见欧盟对经济增长和扩大就业的重视。① 自然资源的保护与管理的预算主要用于共同农业政策和农村发展基金等的支出，其占欧盟总预算的比重在逐年下降，2010 年以后，它占欧盟总预算的比重从第一位降至第二位，主要原因是约占该项支出 79% 的共同农业政策的预算在

① See European Commission, *Investing in our common future*: *The budget of the European Union*, Luxembourg: Office for Official Publications of the European Communities, 2007, p. 9.

逐年减少，从2007年的约430亿欧元逐年减少到2013年的约406亿欧元。欧盟作为全球参与者的预算支出以及行政预算支出占欧盟总预算的比重基本保持稳定，两者占欧盟预算总支出的比重较小，都约为6%。公民权、自由、安全和公正的预算占欧盟总预算的比重则更小，仅为1%左右。

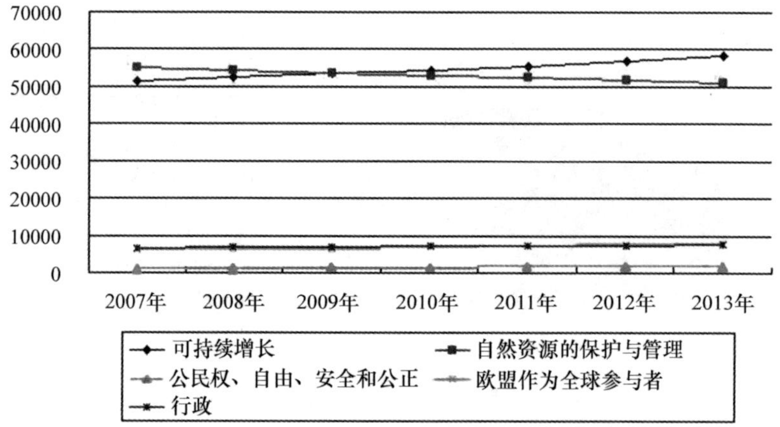

图9 欧盟2007—2013年预算支出变化情况

数据来源：European Parliament, Council and Commission, "Interinstitutional Agreement between the European Parliament, the Council and the Commission on budgetary discipline and sound financial management", p. 10.

（五）2009年《里斯本条约》生效后欧盟预算制度的变化

2001年12月，欧盟布鲁塞尔首脑会议发表了《莱肯宣言》(Laeken Declaration)。此后，根据《莱肯宣言》的要求，欧盟成立了关于欧盟未来的大会（又称欧洲制宪委员会，Convention on the Future of Europe)，并由此拉开了欧盟制宪运动的序幕。然而，法国和荷兰分别于2005年5月29日和6月1日公投否决了《欧洲宪法条约》，这为欧盟制宪进程蒙上了一层不确定的阴影。此后，为有效化解宪法条约批准危机，欧盟领导人在2007年6月21—22日召开的布鲁塞尔首脑会议上通过了解决危机的方案，决定起草一个修改现行诸条约的“改革条约”（Reform Treaty)，并以之替代被否决的《欧洲宪法条约》。《里斯本条约》[①]（Treaty of Lisbon，2009 年 12 月 1 日起正式生效）就是在这样的背景下，并在经历了爱尔兰公投风波之后产生的，它成为本次欧盟制宪运动的最终结果。

与欧盟已有的条约相比，《里斯本条约》在预算方面包含了许多新的内容，为欧盟预算制度的发展带来了新的气息。《里斯本条约》仍然遵循欧盟修约这一传统，在已有条约的基础上进一步明确了欧盟委员会、部长理事会和欧洲议会等欧盟预算机构对欧盟预算的责任和义务，并对欧盟预算机构的权力和预算程序进行了调整。新预算规则的首次运用是在欧盟制定 2011 年的年度预算上。可以说，自 1970 年和 1975 年预算条约签订以来，《里斯本条约》给欧盟预算权力结构带来的变化是最为显著的。[②]

在欧盟预算自有财源方面，《欧洲联盟运行条约》（Treaty on the Functioning of the European Union）第 311 条赋予欧洲议会针对自有财源变化的实施措施进行同意的权力。部长理事会以欧盟委员会提交的建议为基础，按照条约规定流程确立新的自有财源类别或取消现有类别后，要将其确定的具体实施措施提交欧洲议会并在获得后者同意之后，方可采取行动。也就是说，欧洲议会拥有的“不是一项拒绝对自有财源进行改变的权力，而是拒绝它们的执行措施的权力”[③]。

在欧盟预算支出方面，《里斯本条约》取消了欧盟预算强制性支出与非强制性支出的区分，使欧洲议会与部长理事会共同拥有分配整个欧盟预算的权力。尤其是欧洲议会因此在通常占欧盟年度总预算 1/3 以上的农业支出方面（欧洲农业指导与保证基金的保证部分以前属于强制性支出的范畴）获得了更多的控制权。[④] 这一区分的取消，

---

① 《里斯本条约》修订了《欧洲联盟条约》和《建立欧洲共同体条约》，并将后者重新命名为《欧洲联盟运行条约》。

② See Benedetto, G. , “Reform of the EU Budget: Does the Treaty of Lisbon Make Things Easier?”, p. 1.

③ Benedetto, G. , “Reform of the EU Budget: Does the Treaty of Lisbon Make Things Easier?”, p. 8.

④ See Archick, K. , “The European Parliament”, *Congressional Research Service*, Working Paper, 2013, p. 3 (https: //www. fas. org/sgp/crs/row/RS21998. pdf) .

客观上还对年度预算过程产生了双重影响：第一，欧洲议会和部长理事会的责任将不再受支出类型的限制，两个机构将共同对整个预算负责。第二，新条款将可能对两个机构如何就预算展开磋商产生影响。[①]

在欧盟预算财务规则制定方面，《欧洲联盟运行条约》第 322 条规定，欧洲议会和部长理事会将根据普通立法程序，在咨询欧洲审计院后，以条例的方式制定财务规则，此类规则中要包含制定和执行欧盟预算以及提交和审计相关账目所应采取的程序。“欧洲议会在该领域原来只具有咨询权，新条约下则与理事会拥有相同权力。”[②]

在欧盟中期预算方面，《欧洲联盟运行条约》第 312 条规定，“理事会应根据一项特别立法程序通过一项条例，制定多年度财政框架。理事会应在获得欧洲议会依其多数议员意见同意后以一致方式采取行动”[③]。这就使欧洲议会除了拥有对整个预算的否决权外，还“可以利用这个预先同意的权力作为事实上的提案权”[④]，这极大地向前延伸了欧洲议会对中期预算制定的影响力。欧洲议会可以在制定欧盟整体预算方向时有一定的影响，同时拥有制定反映其政治优先事项的预算的能力。[⑤] 然而，由于多年度财政框架的期限，除首个预算期为 5 年外，其余都为 7 年，与欧洲议会的 5 年任期在步伐上并不一致，这使欧洲议会因受制于先前任期确定的财政框架而影响了其对基本预算权力的行使。[⑥] 即便如此，“欧洲议会所拥有的预算权力还是比大多数成员国议会的预算权力大得多”[⑦]。此外，本条的规定也意

---

① See European Commission, *European Union Public Finance*, p. 133.

② 张磊：《欧洲议会与〈里斯本条约〉动力、变革和挑战》，《欧洲研究》2010 年第 3 期。

③ 程卫东、李靖堃译：《欧洲联盟基础条约——经〈里斯本条约〉修订》，社会科学文献出版社 2010 年版，第 157 页。

④ Benedetto, G. , “Reform of the EU Budget: Does the Treaty of Lisbon Make Things Easier?”, p. 11.

⑤ See Archick, K. , “The European Parliament”, *Congressional Research Service*, Working Paper, 2013, p. 4.

⑥ 参见张磊《欧洲议会与〈里斯本条约〉动力、变革和挑战》，《欧洲研究》2010 年第 3 期。

⑦ Archick, K. , “The European Parliament”, *Congressional Research Service*, Working Paper, 2013, p. 4.

味着《里斯本条约》生效以后，部长理事会将在获得欧洲议会同意的情况下，以部长理事会条例的形式制定多年度财政框架，从而改变之前一直由欧盟委员会、部长理事会和欧洲议会三方通过签订机构间协议来确定多年度财政框架的历史。这一转变，看似平常，却意义深远，它强化了多年度财政框架的法律约束力，更加有利于实现条约中规定的“多年度财政框架应保证联盟支出在其自有财源限度内有序发展”① 的目标。

在欧盟年度预算制定方面，与经过《阿姆斯特丹条约》修订的《建立欧洲共同体条约》（Treaty establishing the European Community）第272条规定的年度预算程序相比，《欧洲联盟运行条约》第314条规定的年度预算程序使欧洲议会修正年度预算变得更加困难②，这相对削弱了欧洲议会左右年度预算制定的能力。然而，“一些欧洲议会的支持者声称，在年度预算程序上，欧洲议会的地位仍强于部长理事会的地位，因为部长理事会不可能强制制定一个违背欧洲议会意愿的预算，但在某些情况下，欧洲议会反过来却可以做到”③。《里斯本条约》后的欧盟年度预算程序除因取消了强制性支出与非强制性支出的区分以及欧洲议会的“二读”程序而使预算程序得到极大简化之外，新条约还对年度预算的制定、审批、执行、监管、问责和放行等一系列相关程序进行了梳理和细化，文本内容明显较之前的条约规定更加明确和容易理解，这有助于尽量减少对新条约文本的解读出现分歧的情况。这也是在条约文本解读方面欧洲议会与部长理事会就强制性支出与非强制性支出的范围产生严重分歧以来，新条约带来的一大显著变化。

在欧盟预算临时性十二分之一规则方面，欧洲议会的权力有了一定程度的缩小（见图10）。根据《建立欧洲共同体条约》（经《阿姆

① 程卫东、李靖堃译：《欧洲联盟基础条约——经〈里斯本条约〉修订》，社会科学文献出版社2010年版，第157页。

② See Benedetto, G., “Reform of the EU Budget: Does the Treaty of Lisbon Make Things Easier?”, pp. 13 – 14.

③ Archick, K., “The European Parliament”, *Congressional Research Service*, Working Paper, 2013, p. 4.

斯特丹条约》修订后）第 273 条的规定，欧洲议会可以在否决整个预算后的临时性十二分之一规则（按月度进行预算拨款）实施阶段，以其组成人员的多数和投票表决的 3/5 多数对部长理事会提出的增加非强制性支出部分的预算计划进行修改，“欧洲议会可以在多年度财政框架设定的上限范围内，投票减少或者进一步增加”①。而《欧洲联盟运行条约》第 315 条仅仅赋予欧洲议会对相同性质的月度预算支出维持原有额度或进行削减的权力，却不再有增加预算额度的权力，这客观上束缚了欧洲议会调节预算的能力，而部长理事会却实际获得了控制欧盟年度预算规模的能力。

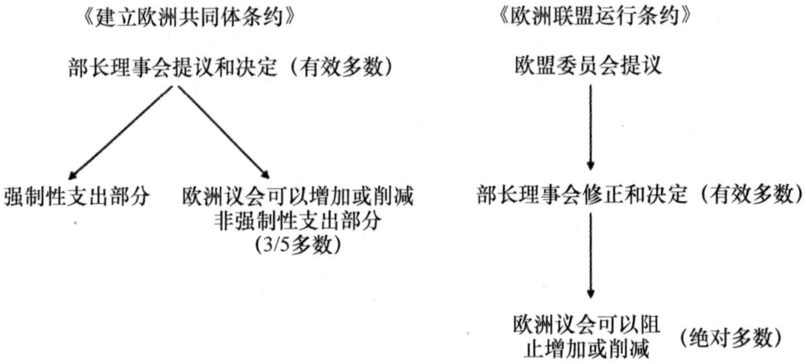

图 10　临时性十二分之一规则

资料来源：Benedetto, G.,“Reform of the EU Budget: Does the Treaty of Lisbon Make Things Easier?”, p. 27.

《里斯本条约》虽然在欧盟预算机构的权力结构调整方面有所建树，却未能对现行欧盟预算制度中存在的其他显著弊端和缺陷作出实质性的改革，尤其在解决预算公平问题、改革预算收入来源渠道、合理调整预算支出结构、简化预算程序以及提高预算决策效率等方面，欧盟仍然面临难以克服的矛盾和利益冲突。由此可见，欧盟各方在全

---

① Benedetto, G.,“Reform of the EU Budget: Does the Treaty of Lisbon Make Things Easier?”, p. 14.

面改革欧盟预算制度的问题上存有较大分歧，经过多方博弈之后的折中方案进展十分有限，在很多方面仍然无法突破。《里斯本条约》的签订，客观上对欧盟预算制度现存的一些弊端起到了进一步固化的作用，而这将在一定程度上增加欧盟未来对预算制度进行改革的难度。动辄得咎，随着时间的推移，《里斯本条约》对欧盟预算制度未来发展的影响将会逐步显现出来。

第二节　欧盟预算制度发展的纵向比较

一　欧洲议会预算最终决策权的确立

从欧盟预算制度的发展实践来看，在欧盟预算过程中起决定性作用的机构由原来的部长理事会逐步转变为欧洲议会。欧洲议会的前身欧洲煤钢共同体共同大会于1952年正式成立，经过1958年更名为欧洲大会后，1962年起改称现名。欧洲议会于1979年首次实施了由成员国公民直选产生议员的制度。自此，它由一个选派代表机构变身为一个民选代表机构。它是欧盟目前唯一实现直选的、具有高度民主合法性的一院制的超国家权力机构。与传统的议会一样，预算权是欧洲议会最重要的权力之一，并在欧盟预算制度中发挥着举足轻重的作用。对于该作用的理解，应以欧共体预算自有财源系统的建立为起点进行考察，因为正是由于自有财源的创设，才使欧洲议会开始真正获得了预算权力，并得以在此后的预算过程中发挥重要的影响。欧洲议会的预算权力是随着新条约的签订逐步得到加强的，其中主要的变化是由1970年和1975年的两个预算条约以及2009年的《里斯本条约》的相关规定引发的。欧洲议会作为欧盟预算最终决策机构的确立经历了一个漫长而复杂的过程。

在欧共体经济一体化的早期，共同预算的规模不大，预算决策权力都被共同体委员会和部长理事会控制着。具体来说，欧洲煤钢共同体的预算决策权主要掌握在共同体高级机构手中，欧洲经济共同体和欧洲原子能共同体的预算决策权掌握在作为单一决策机构的部长理事会手中。而1952年的《欧洲煤钢共同体条约》、1958年的《罗马条约》以及1967年的《合并条约》均未授予欧洲议会以实际的预算权力，欧洲议会在欧洲煤钢共同体、欧洲经济共同体、欧洲原子能共同体以及之后的欧共体的预算制度中只具有咨询职能，基本不发挥任何实质性的作用。由此可见，在预算问题上，欧洲议会最初只作为咨询机构存在，其权力是极为有限的，这与欧洲议会作为代表欧共体民众整体利益的民选机构所应具有的权力和地位很不相称。为此，欧洲议会与部长理事会进行了长期的斗争。

随着《部长理事会（1970年）关于自有财源系统的决定》和《卢森堡条约》的生效，欧共体建立了预算自有财源系统，法国提出的对强制性支出和非强制性支出进行区分的建议被接受，欧洲议会也实现了在预算方面的第一次扩权①，并大大提高了对欧共体预算过程的影响力。欧洲议会与部长理事会开始共享审批预算和广泛地参加监督欧共体预算执行的权力，双方根据共同的决定对预算执行进行放行。由此可见，欧洲议会此时拥有的预算权力与之前相比，得到了显著的提高。但是，欧洲议会和部长理事会的预算决策权都只是部分的、不完整的，这在客观上起到了一定的相互牵制的作用，避免出现某一机构独裁专权的情况。具体来说，两个机构预算权力的划分是根据具体的预算支出类型而定的。预算支出按照是否由欧共体相关条约或法规的规定直接触发，分为强制性支出和非强制性支出。根据《卢森堡条约》规定的预算程序，部长理事会对于强制性支出部分的预算拥有最终决策权，主要包括共同农业政策的相关支出和为履行有关国际协定而引发的支出等，这些支出是有条约或法规的明文规定作为依据的，因此可以被视为欧共体的"法定"支出；强制性支出以外的其他预算支出则属于非强制性支出，这部分预算支出是由因履行欧共

① 虽然欧洲议会首次获得的预算权力只是在占当时欧共体预算总支出5%左右的非强制性支出方面，但对欧洲议会来说，这意味着在它与部长理事会之间的预算权力争夺战中，初步取得了胜利。欧洲议会开始掌握了欧共体决策方面的权力，这为以后的权力扩张奠定了基础，意义十分重大和深远。其余95%左右的预算支出的决定权仍牢牢控制在部长理事会手中，主要用于实施欧共体的各项共同政策。参见王明进《合法性与欧洲议会的创立与发展》，《国际关系学院学报》2004年第6期。

体相关条约、法规所确定的职责而引起的，包括欧共体的结构基金、发展援助、超国家机构的人员和行政开支等，对于这部分预算，欧洲议会与部长理事会共同拥有决策权，但是欧洲议会拥有最终否决权。

1975 年签订的《布鲁塞尔条约》使欧洲议会的预算权力得到了进一步的巩固，欧洲议会与部长理事会成为欧共体预算决策机构的两个分支。《布鲁塞尔条约》为欧共体规定了一套比较复杂的预算程序，但“总的精神是加强议会在制定预算中的作用。这种作用归纳为二：一是议会不同意理事会修改后的预算时，可对整个预算加以拒绝；二是对预算的非强制性开支部分也就是非固定支出部分，议会有最后决定权。这就是说，在整体上以及在局部范围上，议会都有相当大的决定预算权力”①。自此，根据两个预算条约的规定，欧洲议会在预算方面共拥有了四项重要权力：第一，在规定限度内增加欧共体预算额度的权力；第二，在预算的支出分配上作出一定调整的权力；第三，对整个预算拥有最终否决权和要求提出一个新的预算草案的权力；第四，单独拥有对欧共体委员会的预算执行情况给出是否放行的权力。② 欧洲议会的预算放行权（类似于我们通常所说的预算决算权）对欧共体委员会的工作起到了很大的监督和制约作用。20 世纪 70—80 年代，欧洲议会在预算问题上与部长理事会的对抗和冲突时有发生，曾运用手中的预算最终否决权先后几次否决了欧共体下一财年的预算草案，给部长理事会造成了巨大的压力并迫使后者作出一定的让步。“可见，两个条约给予议会的不仅仅是部分预算权，而且是对部长理事会的一定的制约权。”③ 在此后的 20 年间，欧共体的条约虽然经历了数次重大修订，如通过签订《马斯特里赫特条约》（Maastricht Treaty）、《阿姆斯特丹条约》（Amsterdam Treaty）和《尼斯条约》（Nice Treaty）对之前条约中的内容进行了修订，但有关预算方

① 魏家驹：《欧洲共同体在预算问题上的矛盾》，《世界经济》1983 年第 1 期。

② 参见阎小冰、邝杨《欧洲议会：对世界上第一个跨国议会的概述与探讨》，世界知识出版社 1997 年版，第 52 页。

③ 阎小冰、邝杨：《欧洲议会：对世界上第一个跨国议会的概述与探讨》，世界知识出版社 1997 年版，第 14 页。

面的条款却没有实质性的改动。

直到2009年12月《里斯本条约》生效后，欧洲议会的预算权力才又发生了一系列的显著变化。总体上说，欧洲议会在《里斯本条约》之后的预算权力变化是有得有失、得大于失。在涉及规划中期预算格局、自有财源改革以及制定财务规则等欧盟预算的宏观方面，欧洲议会的权力较以前有所扩大。而在涉及年度预算制定和十二分之一规则实施等欧盟预算的微观方面，欧洲议会的权力较之前有些许的缩小。这表明在《里斯本条约》后时代，欧洲议会的预算决策权力将更加集中在欧盟预算制度的长远发展上，这有助于欧洲议会从欧洲一体化发展需要的高度来审视、规划和掌舵欧盟预算制度未来的发展。

二 欧盟预算收入来源的变化

在欧盟预算制度的发展历程中，预算来源渠道经历了一个从最初的主要通过征收专项税款到依靠成员国的财政摊款再逐步过渡到依靠自有财源的过程，并在朝着真正的“财政自治”方向前进。

20世纪50年代初，欧洲煤钢共同体建立后，其预算的收入来源主要是通过对煤钢生产征收专项税款，用以维持欧洲煤钢共同体超国家机构的正常运转。1958年《罗马条约》生效后，欧洲经济共同体和欧洲原子能共同体成立，但两个共同体本身都没有设立税种，其预算收入不能像欧洲煤钢共同体那样通过专项税收来筹集，而“一直靠成员国摊款来维持，并且必须每年就此问题做出决定”①。根据《罗马条约》的规定，欧洲经济共同体的预算收入和欧洲原子能共同体的操作预算收入是按照表7列示的分摊比例在成员国间筹集的。

表7 **《罗马条约》规定的成员国财政摊款分摊比例**

成员国	分摊比例（%）
比利时	7.9
德国	28.0

① 赵怀普：《英国与欧洲一体化》，世界知识出版社2004年版，第157页。

续表

成员国	分摊比例（%）
法国	28.0
意大利	28.0
卢森堡	0.2
荷兰	7.9
合计	100.0

资料来源：欧共体官方出版局编：《欧洲联盟法典》（第一卷），第 199、389 页。

1969 年 4 月，戴高乐因学生运动和法郎危机而下台。同年 6 月，蓬皮杜接任总统。蓬皮杜上台后，提出在与英国重开谈判之前，欧共体必须就欧共体预算自有财源系统的建立达成协议，目的是避免英国在加入欧共体后在建立这一系统的问题上拥有话语权，因为那样将会对法国不利。[①] 在此背景下，欧共体六国于 1970 年 4 月就建立预算自有财源系统的问题达成协议。《部长理事会（1970 年）关于自有财源系统的决定》生效后，欧共体的预算收入来源才发生了根本性的变化，欧共体取消了以成员国的财政摊款作为预算收入来源的制度，转而通过依靠自有财源系统来筹集预算资金。可以说，该决定的生效为现行欧盟预算制度的收入来源奠定了基础。20 世纪 80 年代，欧共体的预算收入来源得到了进一步的扩大，增加了第四财源，即基于国民生产总值的自有来源，使当时欧共体预算入不敷出的状况得到了有效缓解。2002 年以后，第四财源由基于国民生产总值改为基于国民总收入进行计算，但传统自有财源和基于增值税的自有财源都被保留了下来并延续至今。

自此，现行欧盟预算制度中的三项主要收入来源得以确立，其主要构成的变动情况参见图 11。从图上可以看出，传统自有财源和基于增值税的自有财源收入占欧盟预算总收入的比率整体上呈现出先升后降的态势。具体来说，传统自有财源从 1971 年的 28.6% 最终下降

① 转引自赵怀普《英国与欧洲一体化》，世界知识出版社 2004 年版，第 157 页。

至2008年的14.3%；基于增值税的自有财源从1979年的48.2%最终降到了2008年的15.7%。而基于国民生产总值/国民总收入的自有财源收入占欧盟预算总收入的比率总体上有了较大幅度的提高，从1988年的10.1%提高到2008年的61.4%，目前它已成为欧盟预算收入的最主要来源。

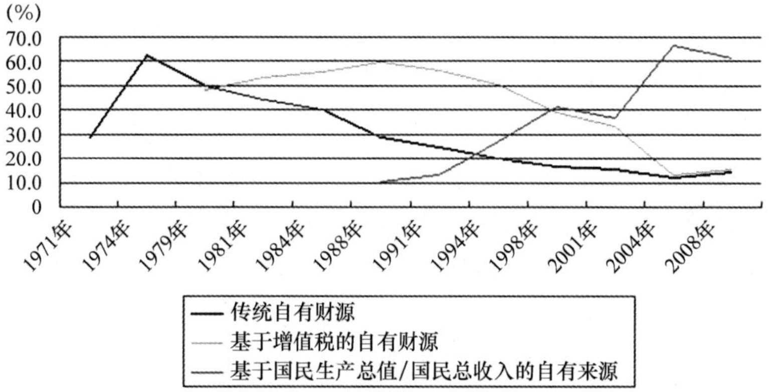

图11 欧共体/欧盟各类预算收入占预算总收入比率变动情况

数据来源：European Commission, *EU budget* 2008: *Financial Report*, pp. 85 – 89.

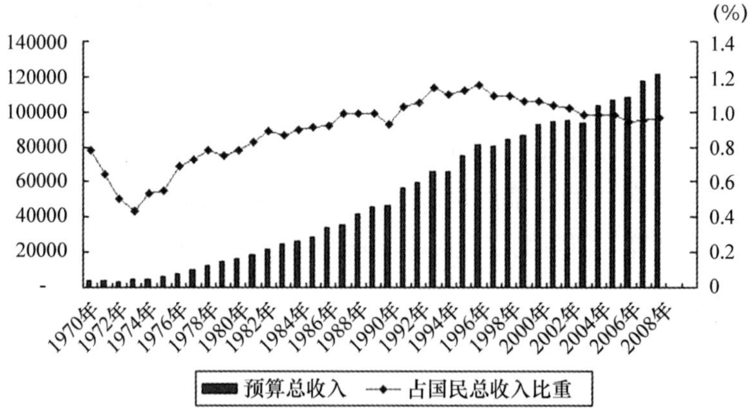

图12 欧共体/欧盟预算总收入及占国民总收入比重变动情况

数据来源：European Commission, *EU budget* 2008: *Financial Report*, pp. 85 – 89.

图12是欧共体/欧盟1970—2008年的预算总收入及预算总收入占国民总收入的比率的变化情况。从图上可以看出，预算收入规模总体上呈现出逐年增长的态势，从1970年的近40亿欧洲记账单位最终提高到2008年的1200多亿欧元；而预算收入占欧共体/欧盟国民总收入的比率则不断波动：1970—1974年间，该比率逐年下降，从1970年的0.78%下降至1974年的0.43%，而自1975年起，该比率又逐渐上升至1996年的1.15%，此后又逐步下降到2008年的0.97%。

总体来看，欧盟预算的收入来源具有三方面的特征：第一，从财政角度看，欧盟预算的收入来源是根据预算支出的需要来确定的，目的是刚好满足预算支出的需要，因此，预算收入的执行原则是以支定收；第二，从法律角度看，欧盟预算收入来源表面上具有自有财源的属性，即预算收入的来源在法理上属于成员国已转让出主权的领域，各成员国按照欧盟制定的预算征收程序，代表欧盟在各自国家范围内先行征收，然后再将征收的预算收入转交给欧盟统一支配；第三，从经济角度看，欧盟预算收入来源逐渐朝着财源更加充足、各成员国财政负担更加公平与合理的方向转化。

三　欧盟预算涵盖领域的扩大与层次的深化

随着欧洲一体化的不断深化和扩大，欧盟超国家层面管理的事情逐渐增多，欧盟预算的支出结构发生了显著变化，预算支出涵盖的领域有着明显的扩大趋势，涉及的层次也逐渐深化。

20世纪50年代至60年代中期，欧共体的预算支出主要用于维持欧洲三个共同体超国家机构的运转，由于预算职能较为单一，所以涵盖的范围较小。20世纪60年代中期以后，欧共体预算的支出规模及涵盖的领域随着预算职能的增加而逐步扩大，其中的一个重要变化是由欧共体于1965年开始执行的共同农业政策（Common Agricultural Policy，简称CAP）引起的。共同农业政策生效后，欧共体预算承担了保障其顺利实施的重要职能。欧洲农业指导与保证基金（European Agricultural Guidance and Guarantee Fund，简称EAGGF）作为共同农业政策的重要内容，逐渐成为欧共体预算支出的大头。图13是

1965—2005年欧洲农业指导与保证基金（保证部分）的额度变化及其占欧共体/欧盟预算总支出的比率的变动情况。

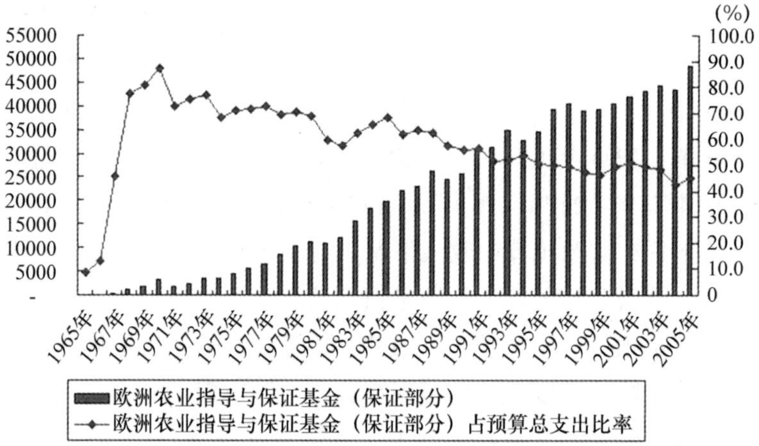

图13 欧洲农业指导与保证基金（保证部分）及占预算总支出比重

数据来源：European Commission, *EU budget* 2008: *Financial Report*, pp. 77－82.

从图上可以看出，欧洲农业指导与保证基金（保证部分）自1965年第一次被包含在欧共体预算之中以来，在40年的时间里，其支出规模迅速扩大，从1965年的近2900万欧洲记账单位提高到了2005年的480多亿欧元。而它占欧共体预算总支出的比重则经历了一个逐渐提高又逐步下降的过程。自共同农业政策实施至自有财源系统建立期间，在短短几年的时间里，欧洲农业指导与保证基金（保证部分）占欧共体预算总支出的比重从8.5%迅速提高到了86.9%，使欧共体预算几乎成了实施共同农业政策的专项资金。

欧共体最初在共同农业政策上的支出主要集中在农产品的价格支持上，导致欧共体范围内生产的农产品严重过剩，使欧共体在农产品的收购、运输、贮藏、销售等环节浪费了大量资金。“过剩的农产品倾销，搅乱全球食品市场，也对自由贸易造成威胁。”① 欧共体在意

① ［英］玛格丽特·撒切尔：《撒切尔夫人回忆录——唐宁街岁月》（上下册），李宏强译，国际文化出版公司2009年版，第29页。

识到该政策存在的严重缺陷后，逐步将对农产品价格的支持改为对农民收入的支持，才使生产过剩的现象得到缓解。然而，这些已引起了欧共体很多成员国尤其是净贡献国的强烈不满，要求削减共同农业政策预算规模的呼声高涨。由于受到利益集团的影响，直到20世纪90年代以后，共同农业政策的改革才被正式提上议事日程，对共同农业政策的预算支出也逐步得到了控制，欧洲农业指导与保证基金（保证部分）占欧共体预算总支出的比重持续下降，到21世纪初，该项基金虽然仍是预算支出的大头，但其比重已经降到了45%左右。此后，欧盟对共同农业政策的预算支出占预算总支出的比重虽进一步有所下降，但支出规模仍然很大，在预算总支出规模有限的情况下，它客观上无疑挤压了其他领域的预算资金，因此饱受诟病。

从欧盟预算支出规模来看，除了共同农业政策的支出以外，结构基金是欧盟预算支出的另一重要领域。结构基金主要包括四类：欧洲农业指导与保证基金（指导部分）、欧洲地区发展基金（European Regional Development Fund，简称ERDF）、欧洲社会基金（European Social Fund，简称ESF）以及渔业指导金融工具基金（Financial Instrument for Fisheries Guidance，简称FIFG）。在这四类基金中，欧洲地区发展基金和欧洲社会基金占预算总支出的比重较大。“欧洲地区发展基金是欧盟地区政策的原始工具。它成立于1975年，目的是帮助受传统工业衰落影响的落后地区。它也共同资助指定地区的基础设施发展和生产性投资。”① 从本质上讲，建立欧洲地区发展基金的重要原因是出于预算公平的考虑，即对在欧洲一体化进程中受益相对较少或因一体化而受到冲击的成员国进行一定程度的补偿和援助。“欧洲社会基金是根据罗马条约规定设立的。……该基金共同资助职业培训、在培训计划和创业项目。该基金也提供资金给教育、文化、环境和消费者保护。”②

---

① ［英］彼得·罗布森：《国际一体化经济学》，戴炳然等译，上海译文出版社2001年版，第139页。

② 同上。

结构基金在20世纪90年代以前占欧共体预算总支出的比重并不大，而随着90年代共同农业政策改革以后，欧洲农业指导与保证基金（保证部分）的预算支出占欧共体预算总支出的比重开始下降，"大量结余下来的资源转做其他用途。其中，结构基金得到大大扩大。结构基金政策的目标主要是对共同体内落后地区、落后产业进行经济结构的调整，使这些地区的经济通过结构调整迅速缩小与先进地区的差距"①。图14是欧洲农业指导与保证基金（保证部分）与结构基金占欧共体预算总支出的比重变化情况。从图中曲线的走势可以看出，在20世纪90年代以后，欧洲农业指导与保证基金（保证部分）的预算支出比重呈现出显著下降的趋势，而结构基金的比重则逐渐上升。

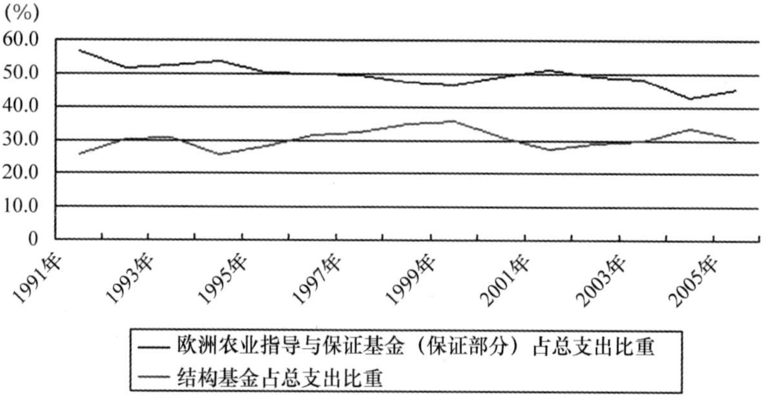

图14　欧洲农业指导与保证基金（保证部分）与结构基金占总支出比重

数据来源：European Commission, *EU budget* 2008: *Financial Report*, pp. 80 – 82.

在当前的欧盟预算支出中，共同农业政策和结构政策的预算支出占据了欧盟预算支出的绝大部分，但两者占欧盟总预算的比重整体上呈现下降趋势，其余的预算支出主要包括内部政策（如研究、能源、工业和运输政策等）、外部行动、行政支出以及对新入盟国家的援助等。

从总体上说，在欧盟预算制度60余年的发展历程中，欧盟预算

① 张健雄：《欧盟经济政策概论》，中国社会科学出版社2006年版，第273页。

支出的规模和涵盖的领域都是在逐步扩大的。原因主要包括三个方面：第一，随着欧盟经济一体化的深化，为平衡各成员国间的利益得失，欧盟于20世纪60年代开始实施共同农业政策，使得在共同农业政策上的预算支出显著增加，并导致预算总支出的规模逐步扩大；第二，欧盟在经过数次扩大后，越来越多的相对贫穷和落后的国家加入了欧盟大家庭，为缩小欧盟成员国间的贫富差距、提升欧盟整体的竞争力和就业水平、促进成员国间的合作以及避免出现地区间发展严重失衡的问题，欧盟建立了结构基金和聚合基金，用于扶植欧盟内部相对贫困和落后地区的发展，而随着新成员国的加入，该类预算支出的规模因需资助的项目不断增加而不断扩大；第三，欧盟为加快欧洲一体化进程，需要在更多的领域不断投入更多的资金来满足各种支出的需要。

四　欧盟预算程序的完善与作用的扩大

欧盟预算的雏形——欧洲煤钢共同体预算是根据《巴黎条约》的规定建立的，《巴黎条约》在设立预算的同时，就对相关的预算程序作出了规定，目的在于尽可能缓和欧洲煤钢共同体与成员国在预算制定问题上可能出现的矛盾和利益冲突。此后，欧盟的预算程序经历了一个逐步完善和简化的过程。1970年的《卢森堡条约》和1975年的《布鲁塞尔条约》对《巴黎条约》和《罗马条约》中有关预算的条款进行了修订，修订后的预算条款在规定预算程序方面，内容更加明确和细化。欧盟委员会、部长理事会和欧洲议会三方于“1988年、1993年、1999年和2006年签订的机构间协议，通过建立一个正式的机构间合作的程序，极大地改进了预算程序的过程，进而为在预算决策机构的两个分支之间讨论和解决争议提供了一个框架”①。2009年的《里斯本条约》对已有条约中的相关预算条款进行了大幅度的修订，除文字表述更加通俗易懂以减少歧义外，最大的变化是取消了对强制性支出和非强制性支出的区分，使

① European Commission, *European Union Public Finance* (*Fourth edition*), p. 228.

预算程序中的预算审核环节不再因预算支出类别的不同而分别进行，此外，《里斯本条约》还取消了欧洲议会的二读程序，这些变化使新的预算程序较之前大为简化。

从欧盟预算程序的具体执行来看，它体现了分权与协作的特点。分权体现在欧盟的预算机构（欧盟委员会、部长理事会和欧洲议会）各司其职，分别负责欧盟预算的编制和审批工作，但彼此之间又相互牵制和约束。协作体现在为使欧盟预算的制定过程顺利进行，欧盟各预算机构需精诚合作，通过磋商和相互妥协来缩小和解决彼此间的意见分歧。为促进欧盟各预算机构在制定多年度财政框架时加强协作，以使框架能够如期顺利通过，《欧洲联盟运行条约》第 312 条为此特别规定，在多年度财政框架通过之前的整个程序中，欧盟委员会、部长理事会和欧洲议会应采取任何必要的措施来推动该框架的通过。[①] 此外，《欧洲联盟运行条约》第 324 条也规定，根据该条约里规定的预算程序，经欧盟委员会动议，欧盟委员会和部长理事会的主席以及欧洲议会的议长应定期召开会议，三方应采取所有必要的措施，促使他们所领导的机构之间的磋商与立场协调。[②] 欧盟以条约文本的形式作出了上述规定，足见对各预算机构在执行预算程序时强调彼此间的磋商与协作的重视。

欧盟目前的预算规模仅相当于欧盟国民总收入的百分之一左右，与成员国的预算规模相比有很大差距。但随着欧盟预算所肩负的职能日益增多、预算收入和支出的规模日益扩大以及预算具有的超国家性质所产生的独特影响日益深化，欧盟预算在协调欧盟成员国经济社会的发展和推动欧洲一体化进程方面所产生的影响将日渐深远，发挥的作用将日益显著。具体来说，欧盟预算的作用主要体现在以下三个方面：

第一，欧盟预算是欧盟超国家机构得以存续和发展的生命血

---

① 参见程卫东、李靖堃译《欧洲联盟基础条约——经〈里斯本条约〉修订》，社会科学文献出版社 2010 年版，第 157 页。

② 同上书，第 161 页。

液。欧盟超国家机构是协调欧盟各成员国平衡发展、缩小地区间贫富差距、促进经济增长、解决各成员国面临的共同社会问题以及提升欧盟整体竞争力的重要执行机构，它的存在和发展对于推动欧洲一体化进程来说十分重要。如同一个主权国家政权的建立、巩固和发展需要一定的物质基础一样，欧盟超国家机构的建立、巩固和发展也需要预算的支持。① 在欧盟预算中，维持欧盟超国家机构运转的主要是行政费用部分，其规模总体来看是稳定的，大体上保持在欧盟预算总支出的6%左右。如果没有欧盟预算的支持，欧盟超国家机构将会面临停摆的危险，这对欧洲一体化的进程将产生不利的影响。

第二，欧盟预算是欧盟各项共同政策得以顺利实施的重要保障。执行欧盟的各项共同政策的意义在于它是推动欧洲一体化进程的重要途径。而欧盟预算在其中被视为“欧盟同意成立的一系列具有不同重要性的政策的融资工具，特别是共同农业政策、通过结构和团结基金运作的社会和凝聚政策、海外援助政策以及工业、技术、研究领域的一些活动”②。欧盟预算通过为惠及整个欧盟的各项共同政策的实施提供融资支持，有力促进了欧盟各成员国之间的融合与趋同，并有力提升了欧盟内部的凝聚力和欧洲认同感。如果没有欧盟预算这个强有力的政策驱动工具的支持，欧盟各项共同政策都将无法实施，而这对各成员国的协调发展是不利的，对欧洲一体化的进程更无疑是一个沉重的打击。

第三，欧盟预算是欧盟在国际舞台上拥有重要经济地位和影响力的物质基础。“就国际经济地位而言，欧盟的任何一个成员国都无法与美国乃至日本相比，但是，作为一个整体，欧盟基本上与美国相当，而远远超过日本。”③ 从根源上看，它在一定程度上是得益于规模不断扩大的欧盟预算，它使欧盟的对外行动包括与其他国家和国际

① 参见杨逢珉《欧洲共同体财政的作用及其局限》，《世界经济》1992年第11期。

② ［英］彼得·罗布森：《国际一体化经济学》，戴炳然等译，上海译文出版社2001年版，第131页。

③ 王鹤：《欧洲经济货币联盟》，社会科学文献出版社2002年版，第247页。

组织的合作获得了有力的资金支持，进而帮助欧盟在国际社会树立了良好的形象并巩固了其在国际上的经济地位。如果没有共同预算，欧盟就不能把预算由为各成员国国家利益服务转变为为整个欧盟经济一体化利益服务，也就不能凭借预算的支持，进行各种活动，实现其对内和对外的各种职能，[①] 欧盟更不能在纷繁复杂的国际环境中，拥有像现在这样的国际经济地位和影响力。

总之，欧盟预算无论是对欧盟超国家机构的生存，还是对欧盟成员国的发展来说，都是一个不可或缺的资金来源。同时，它也是欧盟实现其政治和经济宏伟蓝图以及履行其对欧盟公民应有责任的重要保障。

第三节　欧盟预算制度发展的促动因素

纵观欧盟预算制度 60 余年的发展历程，欧盟的预算过程实际上是一个对立—协商—再对立—再协商的周而复始的过程。欧盟为了应对预算过程中出现的各种问题、危机和挑战，采取了渐进的方式，即对预算制度的构成在前面改革的基础上再进行改革，以达到逐步适应新形势下欧洲一体化进程对欧盟预算制度的新需求。欧盟预算制度在建立之初，虽然遇到过各种困难，也爆发过几次严重的预算危机，但这并没有令其走向瓦解，反而是欧盟预算的规模在逐步扩大，涵盖的领域在逐渐拓宽，发挥的作用也变得日益显著。究其原因，主要是欧盟预算制度从萌芽到建立再到逐步走向稳定的过程中，始终有一些促动因素在推动着欧盟预算制度不断地向前发展。总结起来，这些因素主要包括四个方面：一是欧盟不断推出的各项共同政策增加了对预算资金的需求；二是欧盟与成员国围绕财政自治权展开的博弈；三是各成员国围绕预算使用权展开的竞争；四是欧洲议会与部长理事会围绕预算决策权进行的争夺。

---

① 参见杨逢珉《欧洲共同体财政的作用及其局限》，《世界经济》1992 年第 11 期。

一　共同政策领域的拓展增加对预算资金的需求

自20世纪50年代欧盟预算制度的萌芽——欧洲三个共同体的预算制度建立以来，共同预算的职能从最初的主要用于维持超国家机构的正常运转逐步扩大到为各项共同政策的实施提供资金保障。随着欧盟各项共同政策的陆续出台，该类预算支出的规模开始逐步增长，并占据了预算总支出的大头，预算支出结构因此发生了巨大变化。共同预算的主要作用也由原来的为超国家机构提供运行费用转变为对预算资金在超国家层面的再分配，这一转变过程对欧盟预算制度的构成不断提出了新的需求。欧盟预算制度就是在适应这些不断出现的新需求的过程中，逐步得到发展和完善的。

20世纪50年代至60年代初，共同预算主要承担维持三个共同体超国家机构正常运转的职能。由于预算总支出规模有限，所以对三个共同体的预算制度的需求也较为简单和容易实现。而20世纪60年代以后，欧共体为平衡各成员国在欧洲一体化进程中的利益得失，陆续推出了共同农业政策和结构政策等。欧共体的不断扩大使得这些共同政策的实施需要投入越来越多的预算资金，逐年扩大的预算支出规模令当时的欧共体预算制度承受了越来越大的资金压力，并已逐步接近其所能承受的极限。为适应在实施各项共同政策的过程中对欧共体预算制度不断提出的新需求，欧共体在20世纪70—80年代期间，对预算制度进行了一系列的改革，重点是解决预算收入来源不足和年度预算制定困难的问题。20世纪70年代初，欧共体在建立预算自有财源系统后，逐步提高了由成员国代为征收的农业税和共同关税以及成员国增值税提成的上缴比例。20世纪80年代中期以后，为适应不断扩大的共同政策支出需求，欧共体又引入了预算第四财源以筹集更多的预算资金，同时建立了多年度财政框架制度。多年度财政框架制度的建立，为在实施各项共同政策的过程中获得更加稳定和充足的资金来源提供了保障。可以说，20世纪70—80年代，欧共体预算制度的发展经历了一个冗长的、充满矛盾和困难的时期。

欧盟预算制度的发展总是艰难的，因为它要打破欧盟现有预算制度下形成的利益格局（如欧盟预算制度的再分配职能客观上在欧盟各方之间形成了相对稳定的利益群体），并对欧洲一体化进程的既定成果进行重新分配。欧盟的既得利益者出于自身利益的考虑，不会轻易接受改革计划的实施，并会给改革的推动者制造各种困难。但如果不改革，欧盟制定的各项共同政策就很难获得合理的、充足的和及时的预算资金支持，欧洲一体化的进程就会因此面临减速甚至停滞的危险，而这是不符合欧盟的整体利益的。因此，为不断推出的各项共同政策的顺利实施筹集预算资金客观上推动了欧盟预算制度的发展。

二　欧盟与成员国之间在财政自治权上的博弈

1952 年，欧洲煤钢共同体正式建立，根据《巴黎条约》第 49 条的规定，共同体在预算资金筹集方面享有高度的财政自治权。而 1958 年欧洲经济共同体建立后，根据《建立欧洲经济共同体条约》的规定，其预算收入在自有财源系统建立之前的过渡期内，全部依靠成员国按照规定比例的财政摊款来筹集。但《建立欧洲经济共同体条约》第 201 条同时作出一项规定，共同体委员会应研究各成员国的财政摊款可以被自有财源所取代的条件，特别是当共同海关税收被正式引入后由它来取代。自此，建立能够体现欧盟财政自治权的预算自有财源系统，成为《罗马条约》生效后欧共体各方努力的方向和目标。同时它也表明，现行欧盟预算制度中的收入来源渠道及其构成的基础，在签订《罗马条约》时就已经得到确立。

为落实《罗马条约》的规定，并实现在预算资金筹集方面获得财政自治权的目标，欧共体于 1965 年首次尝试将各成员国根据共同政策征收的关税和农业税（源自关税同盟和共同农业政策）收入转为共同预算收入，并在超国家层面统一支配，该提议当时获得了德国、意大利和荷兰等成员国的支持。然而，由于法国表示不同意欧共体自 1967 年 7 月起拥有自有财源，从而导致计划未能成行。直到 1969 年 12 月海牙首脑会议期间，成员国首脑们就如何改革欧共体预算制度的问题基本达成了共识，同意建立预算自有财源系统。此后，部长理事会于 1970 年 4 月通过了《部长理事会（1970 年）关于自有财源系统的决定》。欧共体决定自1971年起开始逐步过渡，并最终实现完全以自有财源取代成员国财政摊款作为欧共体预算收入的来源。该决定的生效，标志着欧共体预算收入来源依靠成员国财政摊款的时代即将结束，成员国凭借对欧共体预算收入来源渠道的控制而在一定程度上影响欧共体决策的时代也将随之终结，一个崭新的以自有财源系统为基础的朝着预算自治方向努力的时代即将拉开序幕。

随着1971年预算自有财源系统的建立，欧共体预算制度较之前得到了长足发展。而自20世纪70年代末以后，欧共体的预算收入出现了前所未有的紧张状况，欧共体甚至爆发了几次严重的预算危机，这使得欧共体在预算资金筹集方面拥有财政自治权的价值和作用受到部分成员国质疑。欧共体为巩固和扩大在预算资金筹集方面拥有的财政自治权，决定在预算自有财源系统框架内设法解决预算收入来源不足的问题，以证明欧共体拥有此类财政自治权的合理性和恰当性。欧共体各方经过长期的磋商，最终作出在预算自有财源系统里引入第四财源（即基于国民生产总值的自有财源）的决定，欧共体预算制度的发展也因此进入了一个新的阶段。

在预算资金筹集方面争取高度的财政自治权，有利于欧共体获得充足的、及时的和稳定的预算资金，同时减少成员国在共同预算资金筹集方面的控制和影响。从欧共体为巩固和扩大在预算资金筹集方面的财政自治权而采取的各项行动所产生的效果来看，它客观上成为推动欧盟预算制度发展的另一重要因素。

三　各成员国之间的预算使用权之争

欧盟预算，不是取之不尽、用之不竭的。相反，它的规模极其有限。当既定时期内的欧盟预算的规模被确定后，如果一个成员国从中获得的预算资金多一些，那么可供另一个成员国支配的预算资金就必定要相应的减少，反之亦然。因此，在欧盟预算资金使用的问题上，各成员国之间客观上始终存在着一种彼此竞争的关系。在既定时期内，欧盟预算提供资金的多少，只会影响各成员国彼此间竞争的激烈程度，而不会从根本上消除竞争。欧盟各成员国围绕预算使用权的竞争，根源在于欧盟预算作为一项重要的财政资源所具有的稀缺性。因此，只要各成员国都在寻求的预算资源具有稀缺性，就会在预算使用权的问题上出现争夺的局面。欧盟预算过程因此充满了竞争与冲突，使用任何单个词语都很难充分地、准确地概括其所具有的特征。

此外，欧盟预算目前所具有的职能较少，主要是对欧盟各成员国的部分国民收入在超国家层面进行再分配。所以，这很容易就令各成员国在欧盟预算的再分配政策上陷入简单的数据逻辑，并将注意力主要放在各自从欧盟预算获得的净回报上面。[①] 如果净回报为负数且在逐步扩大或者虽为正数但有逐步变为负数的趋势，就会引发各成员国围绕到底应在哪些政策领域投入预算资金、投入多少资金，亦即预算的使用权，展开激烈的竞争与博弈。各成员国围绕预算使用权展开竞争的真实动机主要表现在两个方面：一方面，各成员国都不愿意在欧盟预算支出的过程中吃亏太大并希望能够多分一杯羹，这体现了成员国对欧洲一体化成果分配的争夺；另一方面，各成员国都希望在欧盟预算的使用问题上拥有更多的话语权，因为谁能控制欧盟预算的使用权实际上就是控制了欧洲一体化进程的“方向盘”，这样可以最大限度地使欧洲一体化朝着本国期待的方向发展。这些行为客观上对欧盟经济的发展乃至欧洲一体化的进程都产生了一定的消极影响。

在具体争夺预算使用权的过程中，欧盟各成员国采用了各种各样的方式和方法。“威胁”就是其中的一种，它使得欧盟条约、法规和协议的约束力变得异常脆弱。威胁手段曾在欧盟预算制度处于雏形和形成阶段时发挥过重要影响，而那个时期也恰好是欧共体真正的共同市场建成之前。[②] 20 世纪 60—70 年代，那些有其他出路并能够通过

---

① 欧盟预算再分配政策的直接受益方是各成员国，所以围绕欧盟预算使用权进行竞争的主角也是各成员国。

② 按照《罗马条约》的规定，欧共体共同市场名义上很早就建立了。但是长期以来，由于受到各成员国设立的各种各样的非关税壁垒的制约，共同市场徒有虚名，更多的时候只是一句空话。

终止自己的成员国资格而给欧共体内其他国家带来损害的成员国政府，就曾利用威胁手段实现他们的预算再分配目标。[①] 例如，法国就曾采取威胁手段成功迫使欧共体在 1966 年 1 月通过卢森堡协议（Luxembourg Compromise）后，按照其意愿大幅增加对共同农业政策的支出，进而使欧共体的预算支出结构发生了重大变化。从实际结果来看，法国在这一时期的预算使用权争夺战中，通过使用威胁手段取得了最后的胜利。直到 1986 年《单一欧洲法令》签订后，随着真正的欧共体共同市场逐步建立和完善，成员国间的合作得到了进一步加强，相互间的关系变得更加紧密，依赖度也变得更高，通过威胁手段对预算制度产生的影响才渐渐淡化，并逐步被完善后的欧盟条约、法规和规则所取代。但欧盟各成员国围绕预算使用权所展开的竞争与博弈，客观上促进了欧盟预算的收入来源、支出结构和预算程序等不断进行调整，而这恰恰推动了欧盟预算制度的发展。

四　欧洲议会与部长理事会之间的预算决策权之争

《卢森堡条约》生效后，欧洲议会在预算方面实现了第一次扩权，但它并没有安于现状，而是在积极地谋求扩大自己的预算权力。《布鲁塞尔条约》的签订，为欧洲议会扩大预算权力带来了契机。《布鲁塞尔条约》为欧共体建立了一套有利于欧洲议会的新的预算程序规则，“这一局面迫使部长理事会不得不重新考虑欧洲议会要求在预算过程中扩大自身权力的呼声”[②]。此后，欧洲议会开始运用从该条约中获得的新的预算权力，来影响每一财政年度的预算制定。每当与部长理事会就预算问题产生分歧时，欧洲议会总要朝着有利于扩大自己预算权力的方向来解读条约中的有关预算条款，这使得两者在预算问题上的矛盾日益加深。

---

① See Blankart, C. B. and Koester, G. B., “Refocusing the EU Budget-An Institutional View”, p. 545.

② 刘文秀：《欧盟的超国家治理》，社会科学文献出版社 2009 年版，第 74 页。

欧洲议会与部长理事会在预算问题上的矛盾“既表现为两者之间就一般性预算事务的决策权的争论和争夺，也表现为对特定预算事务上的权利归属之争”[①]。例如，就前者而言，“1988 年布鲁塞尔会议所采取的决定给予欧洲议会在处理欧盟财政问题上很大的自主权”[②]；就后者而论，欧洲议会与部长理事会在预算支出类型的范围（哪些支出应属于强制性支出，哪些支出应属于非强制性支出）问题上一直存在分歧，经常争论不休。而这些矛盾和冲突的焦点在于双方都想在预算问题上拥有更多的权力，本质上是预算决策权之争。“固然最主要的原因是议会看到了这影响欧洲共同体一体化经济集团结构和生存的最重要因素——共同财政预算体系。所以，从共同体财政的政治意义讲，关系到这个集团的生存和发展。”[③]

“议会利用它的预算权力逐步扩张非固定开支的范围和数额，而理事会则因为要从各成员国筹措款项，倾向于紧缩，经常相持不下，规定的调解程序，实际起的作用不大”[④]，其结果导致两者在预算制定的问题上立场越来越难以协调。欧洲议会与部长理事会不得不努力寻求一个双方都能接受的解决方案，以使两者在预算决策权上达到某种平衡关系。从欧洲议会与部长理事会围绕预算决策权进行争夺所产生的影响来看，它客观上推动了欧盟预算制度朝着体现更加开放、透明和民主的方向发展，同时它也使欧盟预算资金的使用受到了更多的监管和约束。

概括来说，影响欧盟预算制度发展的核心因素主要是欧洲一体化进程中不断变化的预算收支需求以及欧盟各方之间展开的权力之争。欧盟预算制度的发展具体是在对预算过程及与之相关的预算权力分配的公平性、合理性及适应性等进行改革与完善的过程中实现的。而“从更长期来看，欧盟预算的发展将从根本上取决于目标决策，以及

① 刘文秀：《欧盟的超国家治理》，社会科学文献出版社 2009 年版，第 73 页。

② 同上书，第 74 页。

③ 杨逢珉：《欧洲共同体财政体制初探》，《西欧研究》1987 年第 6 期。

④ 魏家驹：《欧洲共同体在预算问题上的矛盾》，《世界经济》1983 年第 1 期。

向这些目标努力应该采取的步骤”①。也就是说，未来推动欧盟预算制度发展的关键因素将会是那些为实现新的欧洲一体化目标而将要采取的各项措施和行动。而欧盟预算制度未来的发展水平，最终完全取决于成员国向欧盟超国家层面转让财政权力的程度。

① ［英］彼得·罗布森：《国际一体化经济学》，戴炳然等译，上海译文出版社 2001 年版，第 142 页。

第四章　欧盟预算制度的局限与改革

欧盟当前的经济一体化水平使其更近似于一个松散的财政联邦。从财政上看，欧盟独特的多层治理结构“实际上就是一个庞大的再分配体系”①。成员国每年按照规定将资金上缴给布鲁塞尔，欧盟再以预算支出的形式将绝大部分资金返还给各成员国。在这一过程中，有的国家成了净受益国，而有的国家成了净贡献国，在各成员国之间形成了“再分配”关系。② 自欧洲煤钢共同体建立以来，随着欧盟的不断扩大，成员国的数量变得越来越多，涉及的领域变得越来越广，一体化的程度变得越来越高，对共同预算的需求也变得越来越大，已逐渐逼近欧盟预算所能承受的极限。目前，欧盟预算制度已处在较为稳定的发展阶段，但其制度框架与一般主权国家的预算制度相比，在很多方面仍然存在比较严重的缺陷和弊端。因此，欧盟预算制度在实际运行的过程中不时暴露出一些问题，需要采取有针对性的措施加以改革和完善。本章第一节从不同的侧面对现行欧盟预算制度中存在的各种缺陷和问题进行了详细的论述；第二节针对第一节述及的各种弊端提出了有针对性和具有可操作性的改革措施；第三节主要考察了2009 年爆发的欧债危机给欧盟预算制度改革带来的影响。

---

① 田德文：《欧盟社会政策与欧洲一体化》，社会科学文献出版社 2005 年版，第 127 页。

② 参见田德文《欧盟社会政策与欧洲一体化》，社会科学文献出版社 2005 年版，第 127 页。

第一节　欧盟预算制度的局限

在欧洲一体化进程中，预算领域是欧盟政治一个常年不断的战场。在这个战场上，欧盟各方都有自己的诉求，并为各自的利益而战。净受益国阵营意图通过扩大预算规模来争取更多的预算资金，净贡献国阵营则希望通过严格控制预算规模来避免大幅增加贡献额度。欧盟各机构和成员国政府由于所处的地位及考虑问题的角度不同，对于预算支出的优先顺序也都有不同的打算。随着欧洲一体化进程的不断推进，不同的利益诉求和矛盾相互碰撞，这使得欧盟预算制度层面上存在的各种弊端和缺陷开始逐步显现，积累到一定程度后欧盟预算制度的发展逐步陷入了困境。具体来说，欧盟预算制度层面存在的局限主要表现在三个方面：预算过程充满障碍、预算职能严重缺位以及预算执行缺乏有效问责。

一　欧盟预算过程的局限

欧盟预算过程，实际上是欧盟各方围绕预算问题展开的一场争夺预算权力和欧洲一体化利益分配的政治博弈。欧盟“预算过程的复杂性，不但来源于错综复杂的预算过程和制度，还因为存在大量影响预算决策的变量，以及它们之间相互交错的多重影响”①。客观上，它主要是受成员国之间进行政治磋商和围绕利益进行政治博弈的影响。各成员国在这一复杂的政治博弈过程中，既要捍卫本国的利益，也要作出适当的妥协和让步；既要据理力争，也要维护团结。为平衡各成员国的利益得失，预算过程势必会因在不同方面满足不同的需求而导致存在缺陷和问题。欧盟预算过程的局限主要体现在收入来源和支出两个方面，具体表现在自有财源系统运行状况不佳，修正机制有失公平，支出结构失衡、效率低下等。

---

① ［美］阿伦·威尔达夫斯基、内奥米·凯顿：《预算过程中的新政治学》，邓淑莲等译，上海财经大学出版社 2006 年版，第 410 页。

（一）欧盟预算收入来源方面的局限

在欧盟预算收入来源中，约99%的份额是来自其自有财源系统，而自有财源系统自20世纪70年代初建立以来，一直是欧盟各方在欧盟预算问题上进行争论和博弈的重点领域。从它目前整体的运行状况来看，能够按照欧盟各方在多年度财政框架中确定的支出领域提供所必需的预算资金，所以总的来说是比较稳定的。但是，它仍然存在一些严重缺陷，主要表现在以下三个方面：

第一，现行欧盟预算自有财源系统所具有的“自有”性，在很大程度上只具有象征意义，缺乏真正的“自有”地位。欧盟预算自有财源系统，虽然名义上被称为“自有”财源，但无论是从具体收入来源类别和规模的确定还是具体类别本身的性质来看，它的“自有”性都是非常脆弱和不可靠的。欧盟预算收入来源所具有的“自有”性，虽然得到了《欧洲联盟运行条约》的确认，但是自有财源系统的具体构成要素和收入规模的上限却都被各成员国经磋商后以部长理事会条例的形式限定了。欧盟预算虽然需要欧洲议会的同意才能获得通过，但是欧洲议会却没有动议权。涉及预算内容的条例一旦最终获得各成员国的批准，欧盟委员会和欧洲议会就都无法再对其进行修改，自有财源系统中的收入来源类别也因此被严格地固定，无论是取消还是变更都不能轻易实现，自有财源系统也因此缺乏灵活性。这就是说，自有财源系统真正所具有的“自有性”，主要是在各成员国间达成一致意见的范围内的有限的“自有性”。所以，从预算收入来源的角度来看，欧盟的财政自主性较弱，主要依靠各成员国的“财政供养”，这与联合国和世界贸易组织等国际机构的预算筹集方式相似。

具体来说，在欧盟自有财源系统中，传统自有财源是“自有”性最高的收入来源，因为它是以税种的形式将共同海关关税和糖税划入了欧盟预算的自有财源序列，该类收入在某种程度上可以说是在上缴到各成员国的财政预算收入之前，就直接上缴给欧盟预算了。即便如此，针对传统自有财源的具体征收工作还是需要依靠各成员国来代为完成，客观上仍然受到成员国的制约。而自有财源系统里的另两类自有财源——基于增值税和基于国民总收入的自有财源，则在很大程度上具有财政摊款的性质，因为它们是从各成员国的财政预算收入中按照欧盟确定的复杂的计算规则进行统计后，将应缴款项拨付给欧盟预算的。欧盟于20世纪80年代末引入的预算第四财源，实质上是将欧盟退回到了20世纪70年代以前，即自有财源系统建立之前的依靠成员国财政摊款来获得预算收入的方式。[①] 然而，即便如此，现行欧盟预算名义上依靠“自有”财源来获得预算收入，仍然具有十分重要的意义。

第二，欧盟预算自有财源系统较为复杂且缺乏透明度。欧盟为预算自有财源系统中的基于增值税的自有财源设计了一套较为复杂的方法来计算各成员国的应缴款项，使得欧盟公民不太容易弄清它具体的运作方式。同时，在部长理事会关于自有财源系统的决定中，还提出了一系列计算方法十分繁琐的修正条款来对一些净贡献国进行补偿。欧盟的自有财源系统“由于各种修正机制的存在变得十分复杂”[②]。此外，由于欧盟预算收入的具体征收工作不是由欧盟超国家机构直接负责，这使得在欧盟预算收入筹集与欧盟公民之间未能建立起直接的联系，导致欧盟公民对欧盟预算收入来源的具体情况缺乏了解，不清楚自己到底为欧盟预算提供了多少资金，也就无法客观地作出相应的期待。自有财源系统的透明度较低，甚至导致在欧盟公民之间产生了不平衡感。欧盟预算也因此经常被描绘成“一个贪得无厌的和非常昂贵的庞然大物，它将吸取的国家资源用来为无用的甚至是有害的政策融资”[③]。

第三，欧盟预算自有财源系统的构成缺乏战略高度的规划，未能起到配合欧盟政策实施的作用。在欧盟预算自有财源系统中，传统自有财源的基础是各成员国建立起来的关税同盟，它在控制进口和保护

---

① See Enderlein, H., Lindner, J., Calvo-Gonzalez, O. and Ritter, R., “The EU Budget—How Much Scope for Institutional Reform?”, p. 14.

② European Commission, “Financing the European Union: Commission Report on the Operation of the Own Resources System”, p. 41.

③ Begg, I., Enderlein, H., Cacheux, J. and Mrak, M., “Financing of the European Union budget”, *European Commission*, Working Paper, 2008, p. 52 (http://spire.sciences-po.fr/hdl:/2441/10059/resources/study-financingeu-de-en-fr.pdf).

欧盟范围内的产业发展方面，发挥了一定的作用。因此，欧盟预算在通过传统自有财源获取收入的同时，客观上间接起到了支持欧盟政策实施的作用。但由于传统自有财源占欧盟总预算的比重过小，而另两类主要的自有财源又不能有效发挥类似的作用，所以总体来说，欧盟预算自有财源系统的构成缺乏战略高度的规划，在支持欧盟各项政策的实施方面发挥的作用较弱。

菲利普·凯特奥（Philippe Cattoir）2009 年提出了四项评估欧盟预算自有财源系统运行状况的标准，即预算标准、一体化标准、效率标准和公平标准。[①] 凯特奥在对欧盟自有财源系统作出详细分析后，得出的总体结论是较为负面的。凯特奥认为，欧盟预算自有财源系统的运行状况，除了按照预算标准来衡量得出的结果较好以外，按照其他三项标准的衡量结果都不乐观（见表 8）。“尤其是，当前的系统极其复杂和不透明。”[②]

表 8 **自有财源系统评估结果**

评估标准	预算标准	一体化标准	效率标准	公平标准
评估结果	较好	很差	一般	很差

资料来源：Cattoir, Ph.,“Options for an EU financing reform”, pp. 10 – 15.

（二）欧盟预算修正机制的局限

现行预算修正机制的基础是在 1984 年的枫丹白露首脑会议上确立的，是由英国预算问题促发的，而设立修正机制的目的是对相对于国家繁荣程度来说预算负担过重的成员国在适当的时候给予补偿。所以，能够从该机制获得预算补偿的成员国需同时满足两个条件：相对低的繁荣程度和相对高的预算负担。修正机制自 1985 年正式启动以来，在运行初期确实起到了平衡成员国对欧盟预算的净贡献的作用。

---

① See Cattoir, Ph.,“Options for an EU financing reform”, *Notre Europe*, Working Paper, 2009, pp. 9 – 10 (www.notre-europe.eu/media/PolicyPaper38_ PCattoir.pdf).

② Cattoir, Ph.,“Options for an EU financing reform”, *Notre Europe*, Working Paper, 2009, p. 16.

此后，随着欧盟预算收入来源的不断变化，该机制也相应作了几次调整，但它的基本原则却始终没有发生实质性的变化。而自 1984 年枫丹白露协议引入修正机制以来，欧盟却随着欧洲一体化的发展发生了极大的变化，这使得修正机制存在的一些缺陷在新形势下开始逐步显现出来，并不时引发欧盟各成员国之间的争吵，尤其是在每次制定新一期多年度财政框架时，预算收入的修正问题总会被提出并成为各成员国争论的焦点之一。

修正机制的最大局限在于它不符合预算的公平原则。以在该机制下获益最多的英国为例，它在 20 世纪 80 年代中期以后，由于其预算负担相对于国家繁荣程度来说是相对较重的，所以它每年通过修正机制获得了数额可观的预算补偿，这是有历史原因作支撑的。进入新世纪以来，随着英国经济的发展，综合国力显著增强，目前已成为欧洲的经济强国，继续从该机制获得补偿的基础已经发生了变化，已经不再符合枫丹白露协议所确定的原则。从表 9 可以看出，在 2008—2012 年间，英国获得补偿后的预算贡献占国民总收入的比重的平均值已经较比利时、丹麦、德国、法国、意大利、荷兰等国低了很多。如果英国仍有资格获得补偿，那么上述这些净贡献国也都应该获得相应的补偿，修正机制的公平性也因此受到了极大质疑。

表 9　**成员国 2008—2012 年对欧盟预算平均净贡献占国民总收入比重**　（%）

成员国	2008 年	2009 年	2010 年	2011 年	2012 年	2008—2012 年平均
比利时	-0.21	-0.49	-0.40	-0.37	-0.39	-0.37
保加利亚	1.98	1.83	2.53	1.95	3.43	2.35
捷克共和国	0.80	1.28	1.50	1.00	2.14	1.35
丹麦	-0.23	-0.43	-0.25	-0.34	-0.45	-0.34
德国	-0.35	-0.26	-0.36	-0.34	-0.44	-0.35
爱沙尼亚	1.47	4.30	4.97	2.32	4.84	3.58
爱尔兰	0.37	-0.04	0.61	0.30	0.50	0.35

续表

成员国	2008 年	2009 年	2010 年	2011 年	2012 年	2008—2012 年平均
希腊	2. 78	1. 38	1. 67	2. 28	2. 33	2. 09
西班牙	0. 27	0. 11	0. 40	0. 29	0. 39	0. 29
法国	-0. 20	-0. 31	-0. 28	-0. 31	-0. 40	-0. 30
意大利	-0. 26	-0. 33	-0. 29	-0. 38	-0. 33	-0. 32
塞浦路斯	-0. 10	-0. 01	0. 06	0. 04	-0. 15	-0. 03
拉脱维亚	1. 80	2. 52	3. 66	3. 60	4. 29	3. 17
立陶宛	2. 68	5. 51	5. 02	4. 61	4. 82	4. 53
卢森堡	-0. 07	-0. 42	-0. 15	-0. 24	-0. 25	-0. 23
匈牙利	1. 13	3. 11	2. 99	4. 66	3. 59	3. 09
马耳他	0. 52	0. 16	0. 90	1. 09	1. 14	0. 76
荷兰	-0. 46	0. 02	-0. 32	-0. 36	-0. 39	-0. 30
奥地利	-0. 13	-0. 15	-0. 24	-0. 27	-0. 35	-0. 23
波兰	1. 25	2. 11	2. 47	3. 09	3. 30	2. 44
葡萄牙	1. 63	1. 33	1. 57	1. 81	3. 12	1. 89
罗马尼亚	1. 16	1. 45	1. 01	1. 12	1. 56	1. 26
斯洛文尼亚	0. 31	0. 69	1. 21	1. 37	1. 63	1. 05
斯洛伐克	1. 15	0. 87	2. 08	1. 72	2. 28	1. 62
芬兰	-0. 17	-0. 31	-0. 17	-0. 34	-0. 34	-0. 27
瑞典	-0. 42	-0. 03	-0. 34	-0. 33	-0. 46	-0. 32
英国	-0. 05	-0. 12	-0. 33	-0. 31	-0. 39	-0. 24

资料来源：European Commission, *EU budget* 2012: *Financial Report*, Luxembourg: Publications Office of the European Union, 2013, p. 111.

欧盟委员会于2011 年发布了针对自有财源系统运行状况的分析报告，其中对目前的修正机制进行了评估，得出的结论认为“不再有任何客观的理由可以将英国与其他主要的净贡献国区别对待”①。但由于英国在此问题上态度十分坚决，甚至多次以否决欧盟预算案相威

① European Commission, “Financing the European Union: Commission Report on the Operation of the Own Resources System”, p. 42.

胁，使得该机制被保留至今。根据修正机制确立的规则，英国获得的预算补偿款需要在其他成员国间进行摊派，而德国以及奥地利、荷兰和瑞典相继在摊款额上获得了一定的减免，对于被减免的部分还要在余下的成员国间再次进行摊派，这就使得修正机制变得越来越复杂，不利于欧盟公民了解其真实的运行状况，也有悖于预算应该尽量简化和透明的原则。

此外，修正机制还是导致欧盟各成员国在预算收入问题上发生争执的主要原因。欧盟预算自有财源系统的最主要来源是基于国民总收入的自有财源，它的出发点是以各成员国的国民总收入为基础按照统一比率进行摊派，所以各成员国的预算负担在经过修正机制调整以前，相对于各自国家的繁荣程度来说是公平的。而修正机制的存在破坏了这一公平性，使得繁荣程度相似的成员国对欧盟预算的贡献出现了差异。“因此，许多关于收入方面的主要争斗都与‘修正’有关就不足为奇了。”①

（三）欧盟预算支出方面的局限

客观来说，由于资源具有稀缺性，导致其永远不能同时满足各种需求，并由此产生了经济学里提出的“机会成本”问题。所以，人们在使用各种资源时，为使其能够发挥最大效用而总要进行思量、权衡，并对各种需求按照各自设定的衡量标准进行排序，做到有所取舍。欧盟预算作为欧盟最重要的一项财政资源，在具体使用时同样面临权衡的问题，而如果权衡不当或者随着欧盟内外局势的变迁未能作出合理的调整，就会导致欧盟预算在支出方面出现各种问题和弊端。当前，欧盟预算支出的局限主要表现在以下三个方面：

第一，欧盟预算支出在结构上严重失衡，导致预算支出的公平性饱受诟病。自1952年欧洲煤钢共同体建立以来，欧洲一体化进程已经走过了60余个春秋。在这60余年里，欧洲一体化经历了一个逐步深化的过程，先后建立了关税同盟、共同市场和货币联盟，并使欧盟

---

① Begg, I.,“An EU Tax: Overdue Reform or Federalist Fantasy?”, *International Policy Analysis*, Working Paper, 2011, p. 5.

成为目前世界上最大的和最有影响力的区域经济实体。欧洲一体化进程在取得丰硕成果的同时，客观上使欧盟各成员国在一体化成果的分配上逐渐出现了多寡不均的现象，而导致此现象出现的问题根源在于欧盟各成员国间经济结构、社会政策和综合发展水平等都存在差异。

《论语·季氏》曰："不患寡而患不均。"这句话所表达的思想内涵在当代欧盟各成员国的实践中得到了验证。欧盟各成员国围绕因欧洲一体化进程的不断推进而导致各国获益失衡的问题，进行了长期的和激烈的政治博弈，目的是平衡各国的利益得失，其结果导致欧盟在欧洲一体化发展的不同阶段陆续推出了共同农业政策、结构政策等一系列带有补偿性质的共同政策。上述这些政策，作为平衡各成员国利益得失的重要工具，耗费了欧盟绝大部分的预算资金，并使各成员国从欧盟预算的获益严重失衡，一部分成员国借助这些政策的有力支持成为了净受益国，而另一部分成员国因从这些政策中获益不多而成为净贡献国。

因此，由这些政策所引发的预算支出的公平性广受诟病，预算公平问题也成为各成员国间在预算支出问题上爆发冲突的主要原因，尤其是当欧盟制定新一轮多年度财政框架时，各方的冲突通常会达到顶点并集中爆发，这也是欧盟多年度财政框架的制定每每久拖不决、陷入困境的重要原因。一言以蔽之，欧盟预算支出绝大部分用在了支持农业和贫困地区的发展上，虽然有利于推进欧洲一体化的进程，但由于各成员国从中受益不均，还是会引起诸多矛盾。惠一鸣教授在对共同农业政策进行研究后，也得出了类似的结论，认为"共同农业政策引发的欧盟财政与预算问题，主要不在于共同农业政策的支出规模，而在于支付方式上。其实这并不是问题的全部，甚至不是共同农业政策引发争论的主要原因。主要原因是，共同农业政策引发了成员国的财政不平衡问题"①。

第二，欧盟预算支出具有的再分配属性，使得各成员国在考虑预

---

① 惠一鸣：《论二十世纪八十年代的欧共体预算危机》，《欧盟与中国·福建：跨文化对话国际学术研讨会论文集》，2006 年，第 233 页。

算支出问题时，不是从欧盟整体利益的角度出发，而是都紧盯着各自的净回报。欧盟预算资金的来源，从根本上说主要是由各成员国将部分国家财政收入以资金拨付的形式提供的，这对各成员国来说在很大程度上具有预算支出的性质。所以，很多成员国都不约而同地陷入了简单的“会计”逻辑，即将各自对欧盟预算的贡献与从欧盟预算获得的收益进行比较，并根据净回报的情况来决定各自在欧盟预算支出问题上的立场。这使得欧盟各成员国在能够为欧盟整体带来更多附加值（Added Value）的项目与能够给自己带来更多收益的项目之间进行权衡时，往往都选择了后者。这在很大程度上削弱了欧盟内部的凝聚力，并对欧洲一体化的进程产生了一定的消极影响。

第三，欧盟预算支出由于规模十分有限且支出结构失衡，导致欧盟在惠及欧盟全体公民的公共产品（Public Goods）上的支出过少。当前的欧盟预算，规模十分有限，仅占欧盟国民总收入的1%左右，且在支出结构上严重失衡，将有限的预算资金的绝大部分用在了支持农业和贫困地区上，导致欧盟在惠及全体欧盟公民的公共产品尤其是能够给欧盟带来附加值的产品上的预算资金投入很少，严重制约了欧盟预算资源配置职能的发挥和应有价值的体现。虽然支持农业和贫困地区发展的公共政策也经常被看作是惠及整个欧盟的公共产品，但却只能说是在很有限的程度上，① 所以不应该将其视为真正意义上的欧盟公共产品。

欧盟预算在公共产品上的支出过少一直饱受各方的诟病，但长久以来，存在一种普遍的观点，认为欧盟在公共产品上的支出规模过小是由于欧盟预算自有财源系统提供的资金不足造成的，并将扩大欧盟预算收入来源作为增加在公共产品上支出以及改变欧盟预算支出结构的重要途径。而实际情况是，即便欧盟目前的自有财源系统存在着诸多局限，但从技术层面上说，它也是可以基本保障欧盟预算支出的需要，真正制约和影响欧盟预算发挥作用的因素是各成员国在预算问题上达成

---

① See Enderlein, H., Lindner, J., Calvo-Gonzalez, O. and Ritter, R., “The EU Budget-How Much Scope for Institutional Reform?”, p. 13.

的各项协议。各成员国一方面以部长理事会条例的形式为欧盟预算的规模设置了上限，另一方面又通过制定多年度财政框架为欧盟预算支出设定了双重上限。此外，《欧洲联盟运行条约》的预算收支应保持平衡的规定，在收入规模与支出规模之间形成了相互制约的格局。所以，导致欧盟在公共产品上支出过少的问题症结不仅在于自有财源系统本身存在缺陷，而更在于欧盟各成员国在预算问题上的利益博弈。

欧盟预算过程在收入来源和支出方面暴露出来的局限只是表象，由预算支出结构不合理引发的在预算公平问题上的争执更值得关注。预算公平问题如果不能很好地得到解决，各成员国在预算过程中就仍会以本国的利益为出发点来考虑问题，而不是优先考虑欧盟整体的利益。通过其他途径和方法都只是隔靴搔痒，是以止痛的方式对欧盟预算过程中存在的各种局限进行缓解，却不能将其根治。预算公平问题是欧盟迄今为止始终无法从根本上彻底解决的老大难问题，它在欧洲一体化的发展过程中，周期性地发作，目前已成为引发预算危机的重要因素。[①] 欧盟 2013 年爆发的预算危机，公平问题就是其中一个重要的助推因素。

二 欧盟预算职能的缺失

通常来说，中央或联邦财政预算在一国的宏观经济中可以发挥资源配置（Allocation of Resources）、收入再分配（Redistribution of Income）和宏观经济稳定（Macroeconomic Stabilization）的职能，同时它们也是中央或联邦政府实现宏观调控目标的重要手段。

“预算的分配职能与通过商品和服务预算提供物品或进行鼓励有关。市场经济中假定这些商品和服务应该局限于‘公共产品’。公共产品是市场不能有效提供的产品或服务。这要么因为产品本身的特征，要么因为由于外部效应以及溢出效应导致的市场机制不完善。”[②]

---

① 参见惠一鸣《论二十世纪八十年代的欧共体预算危机》，《欧盟与中国·福建：跨文化对话国际学术研讨会论文集》，2006 年，第 228 页。

② ［英］彼得·罗布森：《国际一体化经济学》，戴炳然等译，上海译文出版社 2001 年版，第 118 页。

对于当前的欧盟预算来说，最能够体现资源配置职能的是其在欧盟公共产品上的支出。欧盟预算在该领域的支出虽然涵盖一定的范围，但从实际效果来看，由于其预算规模较小，导致其配置职能所应具有的价值无法有效地得到体现。事实上，目前“影响欧盟财源配置的主要政策工具是管制工具，而不是提供产品和服务的开支。欧盟只有在明确跨国界溢出规模时才能采取后者。至于共同配置目标，欧盟基本上提供一种管制性质的管理”①。

“再分配职能指使用税收和开支政策改变市场引致的区域性或个人收入分配。”② 对于欧盟预算来说，用于收入再分配的资金中，有一半以上流向了共同农业政策和结构基金③。欧盟预算的再分配职能主要受两方面因素的影响：一方面是成员国的农业在欧盟农业中的比重；另一方面是成员国的人均国民收入与欧盟整体的人均国民收入之间的差距情况。这使得欧盟预算再分配职能的影响主要限定在了农业领域和落后地区上，较一个普通主权国家的预算再分配职能的影响范围小了很多。即使如此，成员国还可以通过各种方法抵消欧盟层面的再分配机制。在结构基金发展的过程中，成员国长期掌握着项目的控制权，在一定程度上限制了再分配的程度。由于欧盟机构对于基金使用的干预能力有限，成员国经常把欧盟的基金与国内的基金分开使用：哪个项目得到欧盟的资助，就相应减少国内资助的力度。这就进一步限制了欧盟基金的区域政策意义，产生了所谓的“附加性问题”（Additionality Problem）。④ 另外，拉斐尔·德曼奇（Rafael Doménech）、安东尼·奥毛德斯（Antonio Maudes）和胡安·法勒尔（Juan Varel）三位学者通过运用计量经济学的分析方法对欧

---

① ［英］彼得·罗布森：《国际一体化经济学》，戴炳然等译，上海译文出版社2001年版，第118页。

② 同上。

③ 欧盟预算通过发挥再分配职能（如设立聚合基金），为经济落后的成员国提供援助，以帮助其尽快赶上经济发达的成员国，而当差距缩小到规定值以内时，该类援助将被终止，这也是欧盟预算再分配职能所具有的一个显著特征。

④ 参见田德文《欧盟社会政策与欧洲一体化》，社会科学文献出版社2005年版，第146页。

盟预算的再分配职能进行了数据分析，研究结果表明欧盟预算通过进行收入再分配，减轻了成员国间人均收入水平的持续性差异，再分配政策能够为促进受益国加速聚合发挥作用。但是，由于欧盟预算规模较小的原因，限制了这些作用的发挥。[①]

关于第三个职能，即经济稳定职能，是“指使用预算达到稳定的宏观经济目标，即最大程度缩小实际产出与潜在产出之间的偏差”[②]。欧盟预算自欧洲煤钢共同体预算建立以来，发展至今从绝对数量上看已有了很大增长，但如果与欧盟成员国的财政预算规模相比，差距仍然很大。它仅约占欧盟成员国国家预算总额的1/50，占欧盟国民总收入的比重也仅为1%左右，这与欧盟经济总量相比很不相称。欧盟预算由于受到自身规模的极大限制，在欧盟宏观经济中并不具备一个普通预算所具有的经济稳定的职能，从此次欧债危机爆发后欧盟预算未能发挥实质性的作用就可见一斑[③]。

从以上的分析可以看出，欧盟预算更多时候是在各成员国间发挥收入再分配的作用，即便如此，欧盟预算的再分配能力与一个普通主权国家预算的再分配能力相比，也是很弱的。因此，欧盟预算在缩小欧盟成员国间贫富差距、有针对性地投资等超国家调节方面程度较低、范围较小、作用十分有限，更无法在欧盟的宏观经济中发挥自动稳定器的作用。概言之，欧盟预算由于受到整体规模有限、支出结构不合理等因素的影响，目前所具有的职能都是严重缺位的。

---

① See Doménech, R., Maudes, A. and Varela, J., “Fiscal Flows in Europe: The Redistributive Effects of the EU Budget”, *Weltwirtschaftliches Archiv*, Bd. 136, H. 4, 2000, p. 653.

② ［英］彼得·罗布森：《国际一体化经济学》，戴炳然等译，上海译文出版社2001年版，第118页。

③ 欧盟为应对欧债危机而设立的临时性救助机制——欧洲金融稳定工具（European Financial Stability Facility，简称EFSF）和金融稳定机制（European Financial Stability Mechanism，简称EFSM）以及永久性救助机制——欧洲稳定机制（European Stability Mechanism，简称ESM）的资金不是由欧盟预算提供，所以它们不在欧盟预算框架内。欧洲金融稳定工具由欧元区成员国于2010年5月9日创立，2013年7月1日后不再为新项目提供融资服务。欧洲稳定机制于2012年10月8日正式创立并开始运作，它是一个永久的为欧元区成员国提供财政援助服务的机构，是欧元区的金融防火墙。

三　欧盟预算问责机制的缺陷

欧盟预算对于欧盟来说，是其工具箱里众多可用工具中最为重要的一个。它的最终获得是欧盟各方经过长时间的艰难磋商、谈判和利益博弈后的结果。当前，欧盟预算的整体规模，相对于对它的需求来说，是非常小的。所以，对于欧盟预算资金的使用应采取审慎的态度，并力争做到每一欧元的使用都能发挥其最大效用。而一个有效的预算问责机制是确保欧盟预算能够按照经济、有效率和有效果的原则得以使用的重要制度保障。

根据《欧洲联盟运行条约》第 325 条的规定："联盟及成员国应通过依照本条规定所采取的措施，打击欺诈及其他任何损害联盟财政利益的非法行为。这些措施应具有威慑力，并且能为成员国及联盟所有机构、团体、机关和办事机构提供有效的保护。成员国应如同打击损害本国财政利益的欺诈行为那样，采取同等措施打击有损联盟财政利益的欺诈行为。"① 根据上述条约内容的要求，欧盟为确保预算资金被合理、合规地使用以及打击损害欧盟财政利益的欺诈行为，从内部监管和外部审查两个维度授权相关机构负责对欧盟预算的使用情况进行审查和问责。所以，从欧盟预算使用的合理性与合规性的角度来看，欧盟预算的问责机制是比较健全的。

目前，从欧洲审计院的总体审计结果来看，针对欧盟预算的欺诈行为和差错所涉及的预算资金额度占欧盟预算总额度的比重保持在一个较低的水平，总体状况较好。但预算欺诈和差错不多并不意味着预算使用的效果就是好的，因为判断预算使用情况如何的标准不仅仅局限于欺诈和差错率的高低，更重要的是要将预算的使用结果与建立预算之初所设立的预算目标进行对照，这样才能真正反映出一份预算的最终执行情况如何，并应据此进行相应的问责。所以，从预算目标完成情况的角度来看，欧盟委员会和欧盟各成员国作为预算的主要执行

① 程卫东、李靖堃译：《欧洲联盟基础条约——经〈里斯本条约〉修订》，社会科学文献出版社 2010 年版，第 161—162 页。

者，在使用预算资金方面承担的是缺乏有效问责机制的责任，欧盟预算的问责机制也因此还存在死角、不够完善。

导致欧盟预算问责机制缺位的原因主要有三个方面：第一，欧盟预算收入的征收工作是由成员国政府代为履行并将资金直接上缴给欧盟，导致具体的预算收入安排缺乏透明度，成员国的公民们没有真正意识到他们每年实际上是向欧盟预算作了贡献的，因此也就没有引发欧盟公民尝试对欧盟预算资金的使用进行民主监督，未能在欧盟公民与欧盟预算之间建立直接的联系也是欧盟存在“民主赤字”的一个重要表现；第二，欧盟设立的目标宏大而且很多，却没有明确的或特定的预期成果，而模糊的预期更容易报告，却很难追究；第三，由成员国负责执行的欧盟预算资金的管理职能是由成员国的政府机构来履行，但他们却不直接对欧盟层面负责，欧盟委员会对他们也没有直接的管辖权。[①] 这些因素导致欧盟委员会对由成员国使用的预算资金缺乏直接的制约手段和问责能力，一旦成员国政府对其相关机构的监管出现了疏漏，问题和欺诈行为就可能会出现。而欧盟委员会面对此情况却只能通过敦促成员国政府来实现对预算资金使用过程中出现的差错进行纠正以及对预算欺诈行为进行问责，效果和效率自然大打折扣。

此外，按照现行欧盟预算制度的要求，欧盟委员会最终要对欧盟预算资金的整体使用情况负责。因此，欧盟委员会除了要管理好由其直接使用的预算资金外，还有义务对与各成员国以共享管理的形式使用的预算资金进行监管。欧盟委员会虽然需要对预算的最终执行情况负责，但在为预算资金选择具体的项目时却主要依据成员国的建议而定。也就是说，欧盟预算资金中由成员国具体负责执行的部分的最终去处和用途的决定权，即所谓的事权，实际上是掌握在成员国政府手中，因为欧盟委员会不可能比成员国更了解其国内的情况。所以，从预算管理的角度来看，欧盟成员国拥有事权，而欧盟委员会却承担着

---

① See Cipriani, G. , *The EU Budget*: *Responsibility without accountability*? Brussels: Centre for European Policy Studies, 2010, pp. 66 – 68.

支出责任，这是典型的事权与支出责任不相匹配的情况，它是导致欧盟预算问责机制缺位的另一重要原因。

从以上的分析可以看出，欧盟预算制度的发展陷入困境是冰冻三尺非一日之寒，它是在欧盟60余年的一体化进程中不断受到各种局限的合力作用下逐渐形成的，是欧盟各方利益逐步分化的直接结果，同时也是欧洲一体化艰难进程的生动体现。从表面上看，欧盟预算制度发展陷入困境的原因主要是由预算公平问题引发的一连串连锁反应导致的。而从实质上看，导致欧盟预算制度发展陷入困境的问题根源在于它不能满足欧洲一体化新兴的发展需求，而造成其无法满足欧洲一体化发展需要的问题症结则是欧盟现有的财政一体化水平有限。

第二节　欧盟预算制度的改革与完善

自欧洲煤钢共同体建立以来，欧盟已经发生了翻天覆地的变化，但欧盟预算制度相对于这些变化而言，却显得非常不适应欧盟的新兴需求[①]，没能跟上欧洲一体化发展的脚步。当前，欧盟预算制度已经形成了相对稳定的利益格局，净贡献国阵营控制着预算收入的规模，净受益国阵营把持着预算支出的分配，导致欧盟当前的财政自治水平较低。在现行欧盟预算制度下，无论是扩大预算收入来源还是调整预算支出结构短期内都很难在成员国间达成一致意见，欧盟预算制度的发展在一定程度上已经陷入困境，亟待改革。2008年，时任欧盟委员会负责财务规划和预算的委员达利娅·格里包斯凯特（Dalia Grybauskaite）在谈到欧盟预算的改革之路时，曾提出一个“预算黄金三规则”，“规则一就是钱要用在正确的地方，也就是说，钱要用在可以产生最大价值的地方；规则二是钱要用于做正确的事情，也就是说，预算必须用于应对明日的挑战，而不是昨日的特权；规则三是花钱时要用正确的方式，即对预算的使用方式进行规定，并建立严格的

① See Begg, I., *Fiscal Federalism, Subsidiarity and the EU Budget Review*, Stockholm: Swedish Institute for European Policy Studies, 2009, p. 11.

评价系统”①。

由于欧盟预算体现了欧盟不同于传统主权国家和国际组织的独特的运行模式，所以生搬硬套他们成熟的财政预算制度，对于欧盟来说并不适合。根据第一节中述及的现行欧盟预算制度中存在的各种局限，同时考虑到欧盟独特的治理模式，欧盟预算制度的改革应以进一步提高预算制度的运行效率和效果以及促进欧盟的经济增长为目标，并具体从三个方面进行：完善预算过程、强化预算问责机制以及提高欧盟财政一体化的水平。

一 欧盟预算过程的改革

欧盟预算过程是否顺利、通畅，是检验欧盟预算制度是否符合欧洲一体化发展需要的重要标准。因此，对于欧盟预算过程中存在的各种局限应进行系统的、全面的改革。具体来说，主要包括预算收入来源、修正机制和预算支出三个方面。

（一）欧盟预算收入来源方面的改革

根据《欧洲联盟运行条约》第 311 条的规定，有关欧盟自有财源系统的改革需要在获得欧洲议会同意后，部长理事会以全体一致的方式通过决定，该决定还需经各成员国根据各自宪法的要求予以批准后才能生效，改革的难度也因此变得很大。针对自有财源系统的改革，必须以确保所有成员国的利益没有因改革而遭受重大损失为底线，这样才有可能使改革方案最终获得通过。所以，要想对自有财源系统存在的各种局限进行改革，进而从技术层面为解决欧盟预算收入来源不足的问题作出贡献，就需要改革现行欧盟自有财源系统的收入来源渠道，并改变本质上主要依靠成员国财政摊款的收入获取方式。根据欧盟自有财源系统中存在的各种局限所具有的特点，改革应遵循公平、简化、透明、充足和有利于财政自治的原则，并具体从以下两个方面进行：

---

① 文婧、张莫：《应对危机：欧盟预算改革势在必行》，《经济参考报》2008 年 11 月 4 日第 003 版。

第一，通过设立税基稳定、税源充足的欧盟税来建立“真正的”预算自有财源，并将其作为预算收入的主要来源。欧盟税最大的一个优点是具有高度的“自有性”，它可以提高欧盟在预算收入来源方面的财政自治权，进而有助于推动欧盟朝着实现财政一体化的方向迈进。在实践中，欧盟从目前名义上的自有财源系统转换到真正的自有财源系统，不管具体税种的选择是否精准，它都意味着各成员国国家层面的预算立即去除了一项重大的支出项目，据此，各成员国既可以实施同等规模的减税政策，也可以用由此节省下来的预算资金去填补国家预算赤字或在其他领域增加支出，[①] 总之是为成员国国家层面的预算管理提供了更多的操作空间。当前，传统自有财源从性质上来说就是欧盟税，但由于其规模太小，无法为欧盟预算提供充足的和可靠的收入来源。“现在可以发现，集中化的预算可以作为冲击的减震器(shock absorber)。”[②] 因此，新的欧盟税应在提高欧盟预算规模方面有所贡献，进而为欧盟预算逐步扩大预算职能奠定基础。欧盟在选择具体的税种时需要谨慎，应充分考虑到各成员国间经济发展水平不同，经济结构也存在着巨大差异，所以应在广泛调研各种可能税种在各成员国具体税负的基础上作出选择，力争使各成员国的税负与其整体实力和繁荣程度相匹配。此外，选取的欧盟税不仅要成为欧盟聚财的重要工具，也要在促进欧盟政策的实施方面发挥积极作用，同时要具有前瞻性，以保障新的自有财源系统具有可靠性、稳定性和持续性，并能够为引导欧盟经济健康、有序的发展作出贡献。

从目前欧盟正在论证的各种可能的欧盟税来看，每一种都无法脱颖而出，都会在这方面或那方面存在一定的缺陷。因此，欧盟税的选择不能完全依赖技术考量，需要各成员国在综合考虑各种因素后，最后作出一个“政治性”的选择。目前来看，欧盟金融交易税（Financial Transaction Taxation，简称 FTT）、金融活动税（Financial Activities

① See Cacheux, J. L., “Funding the EU Budget with a Genuine Own Ressource—The Case for a European Tax”, p. 24.

② ［比利时］保罗·德·格劳威：《货币联盟经济学》，汪洋译，中国财政经济出版社 2004 年版，第 179 页。

Tax，简称 FAT）以及欧盟排放交易体系（EU Emission Trading System，简称 ETS）拍卖收入[①]是可以重点考虑的预算收入来源。[②] 其中，欧盟排放交易体系作为一个较新鲜的事物，自 2005 年起正式开始运行，其拍卖收入可以被视为一种特殊的排放税。由于设计欧盟税的出发点是尽量避免与各成员国现有的税种交叉，所以欧盟如果将这三类欧盟税划入自有财源系统，不会对各成员国的国家财政预算收入造成实质性的影响，因此阻力会小得多。欧盟税如果被纳入自有财源系统，将可以从两个方面促进自有财源系统的改革：一方面，欧盟自有财源系统的“民主赤字”问题存在已久，欧盟税有助于在欧盟公民与欧盟预算之间建立起更强的和更直接的联系，从而可以降低欧盟公民对于自有财源系统缺乏“民主”的印象；另一方面，欧盟税可以配合欧盟有关政策的实施，例如，欧盟排放交易体系拍卖收入有助于欧盟推行其气候政策，并以此作为应对当前全球气候变化问题和减少工业温室气体排放的有力工具，是对欧盟推行绿色、低碳的经济政策的有力支持。

第二，将欧洲中央银行的部分净利润划入欧盟自有财源系统，作为新的预算收入来源。由于欧洲中央银行的运行模式具有高度的独立性，将它的部分净利润作为自有财源系统新的收入来源可以有效避开各成员国的干扰。此外，更重要的一点是，它不会给现行利益格局下的各成员国带来实质性的利益损失，所以改革的阻力会小得多。根据现行《欧洲中央银行体系与欧洲中央银行章程》第 33 条的规定，欧洲中央银行可以将不超过净利润 20% 的数额留作普通准备金基金。因此，欧盟如果将这部分资金中的一部分划入欧盟预算收入，既不会直接增加成员国的预算负担，也不会对成员国的收

---

① 欧盟排放交易体系拍卖收入在性质上类似于碳排放税，只不过征收不是按照统一的税率进行，而是根据各需求方的竞价情况而定。

② See European Commission, “Financing the EU Budget: Report on the Operation of the Own Resources System”, *European Commission*, Commission Staff Working Paper, SEC 876 final/2, 2011, pp. 29 – 34 (http://ec. europa. eu/budget/library/biblio/documents/fin_ fwk1420/proposal_ council_ own_ resources_ _ annex_ en. pdf).

益造成损失。

（二）欧盟预算修正机制的改革

在现行欧盟预算修正机制中，问题较为突出的是针对预算收入方面的修正机制，而焦点是英国的预算回扣问题。所以，从矛盾的重要性角度来看，欧盟预算修正机制的改革应主要聚焦在预算收入方面。由于预算修正机制的资金来源是由其他成员国在按照规定上缴的预算资金之外另行分担，所以各方围绕预算修正机制进行的利益博弈实际上就是一场简单的零和博弈游戏。所以，欧盟各成员国在预算修正机制改革的问题上往往非常敏感，因为它是能够直接影响各成员国相对预算负担的政策工具。

有一个例子就很好地说明了这一点。1999 年柏林首脑会议之前，德国政府在其对欧盟预算的贡献中，尝试能否像英国获得预算回扣那样也获得一定的补偿，并为此作了一些探索性的计算，当西班牙政府得知此情况后，迅速做出了反应，准备了一份关于要求各成员国对欧盟预算的贡献率应随着各自国内生产总值的增长而同步增长的提案，这明显带有针对德国的意味，因为按照这个逻辑，德国反而需要贡献更多的预算份额，而结果是西班牙的提案根本没有在首脑会议上加以讨论，但它也使德国的提案未能纳入会议的议程。[①] 由此可见，如果想对预算修正机制进行实质性的改革，单方面从机制本身入手基本是行不通的，因为任何改革只要是触动了成员国的实际利益就会遭到利益潜在受损方以各种方式的强烈抵制。因此，对预算修正机制的改革需要另辟蹊径，绕开各成员国因简单的零和博弈而使各方陷入互不相让的僵局。

从导致预算修正机制存在的原因来看（见图 15），是由于欧盟预算将绝大部分资金投入到了共同农业政策和结构基金上，使得预算支出结构出现失衡，而英国由于本国经济结构的原因从中又获益较少，所以才有了基于 1984 年的枫丹白露协议而建立起来的预算修正机制。

---

① See Blankart, C. B. and Koester, G. B., "Refocusing the EU Budget-An Institutional View", pp. 563 – 564.

因此，要想对预算修正机制存在的局限进行彻底改革，关键是要对预算支出进行改革，只有这样才能最终解决长期困扰欧盟预算制度发展的预算修正机制的公平性问题。而在此之前，欧盟可以通过建立一套一次性补偿系统来取代现行的修正机制，在新的预算补偿系统里，任何被证明预算负担过重的成员国都能获得一次性的国民总收入提成的扣减作为预算补偿，该方案作为从技术层面对现行修正机制存在的局限进行改革，具有公平、透明、简化等方面的优点，① 可以极大缓解各成员国对现行机制的诸多质疑。

（三）欧盟预算支出方面的改革

当前，欧盟预算支出面临的最大问题是支出结构严重失衡及由此引发的预算公平问题。1984 年的枫丹白露协议曾提出，支出政策是最终解决预算失衡问题的必要手段。从目前导致欧盟预算制度的发展陷入困境的各类因素的内在关联来看（见图 15），如果通过对预算支出的改革解决了支出结构失衡的问题，那么欧盟预算制度中存在的其他一些局限，诸如预算修正机制的局限、预算职能的局限等也会在欧盟预算支出改革的过程中逐步得到解决或缓解。据此，针对预算支出的改革应遵从透明、经济、辅助和额外②的原则，并具体从以下三个方面进行：

第一，削减欧盟预算在共同农业政策和结构政策上的资金投入，逐步将其占欧盟总预算的比重降到一个比较合理的水平。近年来，共同农业政策和结构政策仍然是欧盟预算支出最多的两个政策领域，占用了欧盟预算绝大部分的预算资金，导致其支出结构失衡、整体效率低下。共同农业政策中的市场支持政策的预算支出，从成本收益角度来看是很不合算的，而从该政策提供支持的分布来看也是扭曲和不合理的。在结构政策方面，那些从聚合基金获得资助的成员国中，一些国家展现出了强劲的经济追赶势头，而另一些国家却落后了，在这两

① See European Commission, "Financing the EU Budget: Report on the Operation of the Own Resources System", pp. 47 – 48.

② 额外原则，是指欧盟预算支出不应包括如果没有欧盟预算支出的情况下，各成员国就会进行预算支出的领域，以及由于欧盟预算的支出而导致成员国相应削减支出的领域。

种情况下，很难准确地指出结构基金的重要性。[①] 但是，它们导致预算支出结构失衡，进而导致预算公平问题的出现却是非常明确和毫无疑问的。英国在为其饱受争议的预算回扣进行辩解时就曾指出，其之所以要求保留预算回扣，不是因为它对欧盟预算过多的净贡献，而是因为预算支出结构扭曲。[②] 因此，应借着欧债危机爆发后，欧盟亟待解决经济衰退和失业率高的契机，削减在共同农业政策和结构基金上的预算支出，并逐步将两个领域的预算资金需求转由各成员国承担，进而为欧盟预算释放出更多的资金用以扩大在其他政策领域的资金投入。

第二，扩大欧盟预算在公共产品尤其是能够给欧盟带来附加值的产品上的支出规模，以使欧盟预算增强在资源配置方面的作用。欧盟预算应在遵循透明、经济、辅助和额外等原则的前提下，将大部分资金投入到欧盟公共产品特别是能够为欧盟带来附加值的产品上，以扭转当前的欧盟预算因主要用来扶持农业和贫困地区而造成成员国间获益失衡、关系紧张的局面。只有这样，欧盟预算作为具有联邦预算性质的超国家预算才能真正体现它的核心价值。然而，当前的欧盟预算制度，由于受到净受益国阵营和净贡献国阵营的相互牵制而陷入了僵局，短时间内在现有预算制度框架下对预算支出进行单方面的系统性改革会遇到很大的阻力，难度很大。

第三，建立一套财政转移支付制度，用来平衡各成员国在欧洲一体化进程中的利益得失。从问题的实质来说，导致欧盟预算支出结构失衡的是欧盟于 20 世纪 60 年代以后陆续推出的共同农业政策和结构政策，当时这些政策的出台是带有补偿那些从欧洲一体化进程中获益相对较少的成员国的目的的。由于执行共同的政策而导致相对的利益受损，据此要求获得一定的补偿是合理的，但问题的关键在于由欧盟预算来承接这样的职能是否合适，答案显然是否定的。在预算规模极其有限的情况下，由具有超国家性质的欧盟预算来承接这样的职能，

---

① See Ferrer, J. N. , "The EU Budget: The UK Rebate and the CAP-Phasing Them Both Out?", p. 27.

② Ibid. , p. 54.

会极大挤占有限的预算资金，进而阻碍欧盟预算发挥本应有的职能。目前，从这些政策中获益的成员国在某种程度上已经形成了稳固的利益集团，他们是不可能轻易放弃这些既得利益的。所以，试图在不同的预算支出类别中通过简单的调整支出额度来达到平衡预算支出结构的想法，短期内是不现实的。因此，既然补偿本身具有一定的合理性，那么在合理性消失之前必须将这项职能转由其他方式来履行，这样才能使欧盟预算不再成为平衡各成员国利益得失的工具。根据财政学的理论，对于此类问题最有效的办法是通过财政转移支付的方式来解决。所以，欧盟应建立一套完善的超国家财政转移支付制度，并由客观上在欧洲一体化进程中获益较多的成员国出资来适时对利益相对受损的成员国提供补偿。

此外，由于欧盟预算规模十分有限，所以要求预算支出能够有效地达成预算目标而且行动的成本做到有效率是极其重要的。① 而要做到这一点，明晰欧盟预算的职能定位非常关键，因为在很大程度上，预算职能定位就是预算支出的原则性指导方针，并直接影响到在具体政策领域的预算资金规模。如果职能定位不当，将可能会像推倒多米诺骨牌一样给欧盟其他方面的发展带来一系列不可预估的负面影响。在预算普遍具有的三项职能中，稳定职能需要预算具有一定的规模才能在宏观经济出现各种波动时发挥稳定的作用，这对于欧盟预算制度现在所处的境遇来说，短期内较难实现。因此，短期内欧盟预算的职能定位应该是，在资源配置和收入再分配方面发挥更大的作用。

二 欧盟预算问责机制的完善

近年来，欧盟预算的执行结果总体来说是比较好的，差错率也较低。但欧盟在预算问责的制度建设方面存在滞后和缺位的问题不能因此被忽视，仍需进行深入的改革和完善。目前，欧盟预算问责机制涵盖的范围主要是根据《欧盟联盟运行条约》的有关规定，对欧盟委

---

① See Ferrer, J. N., “The EU Budget: The UK Rebate and the CAP-Phasing Them Both Out?”, p. 4.

员会和各成员国等预算执行机构具体的预算执行结果进行审计，并对其中发现的包括预算欺诈行为在内的有损欧盟财政利益的行为进行打击和问责。从预算的科学化管理角度来看，虽然这类问责机制非常重要，仍然不可或缺，但这却是比较低层面的问责。在预算问责的制度建设方面，欧盟目前缺失的是预算绩效问责机制，即对预算支出后是否达到了预期成果进行审计和问责。所以，欧盟预算问责机制的改革应主要集中在以下四个方面：

第一，建立事权与支出责任相适应的制度，以明晰预算责任主体。目前，欧盟委员会最终要对欧盟预算的整体执行情况负责。但实际上，欧盟预算的绝大部分资金是在欧盟委员会与成员国的共享管理模式下支出的，而由于辅助性原则的存在，具体的执行更是由成员国负责。所以，从法律角度来说，欧盟委员会因对成员国没有实际的管辖权而缺乏应有的约束力，这些因素导致欧盟委员会对预算最终的执行成果从理论上来说是无法有效进行管控的。因此，预算支出的全部责任都由欧盟委员会来承担是不合理的，欧盟应将这部分预算支出的责任下放到成员国，使各成员国在拥有预算支出权力的同时，也承担与之相匹配的支出责任。这样，在对预算执行成果进行问责时，才能有的放矢，找对责任主体。

第二，建立明确的、可衡量的预算执行成果制预算管理制度，以增强对欧盟预算执行成果的客观衡量能力。导致现行欧盟预算问责机制缺位的一个重要原因是预算目标过于宏大且较多，却没有清晰的和可供衡量的预期成果，模糊甚至是模棱两可的预期成果在审计阶段因无法被客观评估而难以启动问责。因此，欧盟委员会应在审批各类项目时，加强对预算目标的管理，使之具有较强的可衡量性。此外，欧盟还应建立一套普遍适用的预算执行成果评估系统，并设立多维度的衡量标准，同时根据不同的重要性赋予不同的考核权重，来对预算的执行成果进行科学评估和问责。这一问题能否得到有效解决将直接关系到欧盟预算能否实现合理、合规、经济使用的目标，不容忽视。

第三，加强预算监管机构的实际问责权，以增强对欧盟预算执行成果的问责力度。欧洲审计院是欧盟预算的独立外审机构，它肩负的一项重要职责是协助欧洲议会掌管好欧盟的“钱袋子”。因此，欧盟可以以法律授权的形式授予欧洲审计院以强有力的直接问责权（作为制衡手段，可通过欧洲法院的判令加以撤销），并令其牵头联合各成员国的审计机构共同加强对成员国预算执行成果的审计与问责。欧洲审计院承接这样的职能，有一个其他机构无法与之相比的优势，那就是它的高度独立性。这将十分有利于增强对在成员国出现的预算欺诈等损害欧盟公共财政利益的不当行为进行客观、公正和透明的问责，进而为欧盟实现预算资金经济、有效率和有效果使用的目标提供保障。此外，欧盟还应当进一步加强欧洲议会的预算监管和问责权力，使其在欧盟预算问责问题上拥有实质上的动议权和更多的立法权。但要真正做到增加欧洲审计院和欧洲议会的权能，目前来看是不容易的，因为它涉及整个欧盟机构的改革问题。

第四，建立预算执行成果报告制度，以减轻欧盟委员会承担的压力和责任。欧盟应建立一套预算执行成果报告和检查制度，并要求各预算执行机构在项目执行完成后，以声明（格式由欧盟统一提供）的形式报告预算执行成果，并对其中存在的问题进行宣示，这样可以极大减轻欧盟委员会本不该承担的那部分压力和责任。此后，欧盟应委派第三方专业独立机构进行抽检或根据相关举报线索对涉及的项目展开调查，并根据抽检或调查的结果在必要时进行相应的问责。

三　制约欧盟预算制度改革的因素

欧盟预算制度发展陷入困境的深层次原因是欧盟成员国转让财政主权的规模有限，以致欧盟的财政自治水平较低，成员国的影响依然占据着主导性地位。预算规模主要由成员国中的净贡献国阵营控制，预算支出则由净受益国阵营把持，导致改变当前欧盟预算制度中被固化的利益格局十分困难，因为两个阵营在预算过程中同样拥有否决权。欧盟预算制度无论是在收入方面还是支出方面也都因此陷入了持续的僵局之中，单方面要求扩大预算收入规模或调整支出结构都会遭到不同阵营所属成员国的抵制，改革的难度很大。同时，即便实现了对预算收入或支出的单方面改革，也会因欧盟各成员国的利益失衡而在其他方面爆发冲突。因此，欧盟需要统筹兼顾，通过对更高层面的改革来达到对预算制度中存在的各种局限进行改革的目的，并力争打破净贡献国与净受益国阵营之间存在的内在的相互制约关系。

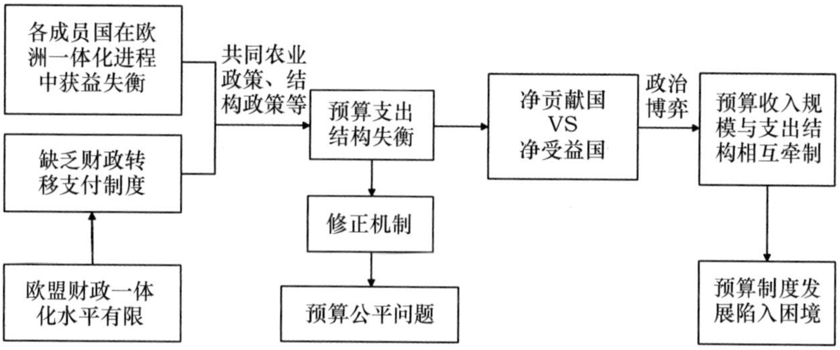

图 15　欧盟预算制度发展陷入困境逻辑关系图

图 15 展现了导致现行欧盟预算制度发展陷入困境的内在逻辑关系。从图中可以看出，在欧盟预算的问题上，各成员国之所以存在这么多的争执，其背后潜藏的是利益之争，欧盟如果有一套完善的财政转移支付制度对潜在的利益受损方给予补偿，也就不会出现后面的一系列问题了，而导致财政转移支付制度无法建立的问题症结最后出在欧盟现有的财政一体化水平较低上面，它是制约欧盟预算制度改革的瓶颈。所以，导致欧盟预算制度发展陷入困境的主要是欧盟政治层面的问题，而不是纯粹的技术层面的问题。欧盟在没有实现更高程度的财政一体化的情况下，其预算制度中的各种局限将可能长期存在，而当局限发展到一定程度以至于预算制度本身的发展都因此陷入困境时，提高欧盟现有的财政一体化水平就成为唯一的出路。然而，由于财政上的一体化“需要有一些政治一体化的措施来加以保证（例如，建立一些超国家的机构并向其移交部分国家主权等）”①，因此财政一体化进程中的欧盟预算制度

① 伍贻康、周建平、戴炳然等：《欧洲经济共同体》，人民出版社 1983 年版，第 227 页。

改革必然需要以政治一体化的深化为基础。

“由欧洲经济一体化发展而来的欧洲政治一体化，是一个发展呈不均衡性、跳跃性的渐趋成熟的曲折过程。第二次世界大战结束不久，西欧国家实际上就已开始考虑地区政治一体化的问题。20世纪70年代初欧洲政治合作机制的建立，标志着欧洲政治一体化进程真正启动。”① 自那以后，政治一体化的建设虽然不断取得了新的成果，但与经济一体化所取得的成就相比，差距甚大。实际上，欧盟为实现经济一体化更高目标一直在尽力推进政治合作，但是实现政治一体化有重重困难。② 导致欧盟政治一体化水平难以大幅提高的原因很多，其中文化因素的影响很大。一代国学大师钱穆先生曾这样评价文化的价值和作用：“一切问题，由文化问题产生。一切问题，由文化问题解决。”③ 对于欧盟来说，在政治文化层面则意味着“欧洲认同”。“认同是一种无形的文化的力量，人们在交往中能时刻感受到它的存在；并且认同的力量具有渗透性。”④ 从历史的角度看，“作为一个文化概念的‘欧洲认同’从古希腊时代就已经出现了。但是真正开始形成政治层面的‘欧洲认同’则是在一体化进程中发生的事情”⑤，因为欧盟“面临的问题，不是精英主义者所能解决的”⑥。因此，在欧盟各成员国公民中加强欧洲认同感的培植是提高欧盟政治一体化水平的重要文化基础。欧盟各成员国间应进一步加强多层次和多渠道的交流，培养并增强各成员国公民对欧盟的普遍认同感，只有共同建设的意愿提高了，欧盟政治一体化的水平才有可能不断提高，而且在提高后不会因为没有稳固的文化基础做根基而出现倒退的情况。然而，

---

① 罗志刚、严双伍主编：《欧洲一体化进程中的政治建设——国家关系的新构建》，人民出版社2009年版，第4页。

② 参见杨逢珉《欧洲共同体财政的作用及其局限》，《世界经济》1992年第11期。

③ 钱穆：《文化学大义》，台湾：兰台出版社2001年版，第3页。

④ 杨伟国：《欧元生成理论》，社会科学文献出版社2002年版，第19页。

⑤ 田德文：《欧盟社会政策与欧洲一体化》，社会科学文献出版社2005年版，第368页。

⑥ ［西］圣地亚哥·加奥纳·弗拉加：《欧洲一体化进程——过去与现在》，朱伦、邓颖洁等译，社会科学文献出版社2009年版，第594页。

欧盟各成员国如果不能克服民族主义和国家利益的倾向，就会导致欧盟预算制度的改革仍在原地打转，不会有太多实质性的进展。欧盟预算制度的发展，自1988年的预算改革以来，直至2009年《里斯本条约》生效前的20多年间，几乎处于停滞的状态。而就在这20多年里，欧盟政治一体化进程的发展也没有太显著的实质性变化。但两者在《里斯本条约》生效后，发展水平却都同时得到了显著提高，不能说这是一个巧合。欧盟预算制度如同一面镜子，它所能达到的水平，大体上反映了欧盟超国家调节和欧盟政治一体化所能达到的水平。

近年来，随着欧盟内外局势的变迁，欧盟经济结构悄然发生了重大变化，欧盟预算制度的改革也一直相依相伴，并因此获得了广泛和深入的发展。2009年欧洲主权债务危机（以下简称“欧债危机”）爆发后，受一些重债国的拖累以及欧盟信用评级被降级的影响，欧盟整体经济进入了一个缓慢复苏的低谷期，这使得欧盟一些成员国对欧洲一体化进程的前景持比较悲观的态度，负面情绪笼罩着整个欧盟，欧洲一体化进程未来的长远走向变得有些模糊不清。但从目前欧盟已采取的各种应对措施来看，欧洲一体化进程的当务之急是尽快使欧盟经济走出低谷并走上增长之路。因此，在未来一个时期内，欧盟预算制度改革的方向应以促进欧盟经济的快速增长为目标，并在该目标的指引下对现有制度的框架进行适应性的改革与完善。无论是为解决预算收入来源不足的问题，还是为适应不断调整的预算支出结构的需要，欧盟预算制度改革的终极目标始终是为欧洲一体化进程的持续推进提供合适的、充足的和及时的资金支持。而这所有的一切，都是建立在欧盟政治一体化这个关键制约因素不断提高其一体化水平的基础之上。

第三节　欧洲主权债务危机对欧盟预算制度改革的影响

欧盟的财政预算问题存在已久，欧债危机的冲击最终促使欧盟预算制度中长期存在的严重缺陷引发了一场新的预算危机。在此次欧盟预算危机中，各方冲突的焦点集中在2014—2020多年度财政框架的制定上，并由此引发了人们对于欧洲一体化未来发展前景的深入思考和担忧。此外，欧债危机的持续发酵对长期以来不断扩大的欧盟预算造成了一定冲击，并给欧盟预算制度未来的改革带来了诸多不确定的因素和渐进式的深远影响。

一 欧洲主权债务危机爆发与成员国财政开支紧缩

2007年，美国房地产泡沫破裂导致美国次级抵押贷款市场崩溃，进而使其金融系统、银行部门以及涉及范围更广的经济部门都随之陷入危机之中。美国的次贷危机引发了全球性的金融危机并给世界各国的经济带来巨大冲击，全球经济受此次金融危机的影响陷入了长期的低迷期。当此次金融危机蔓延至欧洲大陆时，在希腊最先登陆，并成为欧债危机在欧洲大陆全面爆发的导火索。

2009年10月，希腊新当选的政府总理乔治·帕潘德里欧在执政仅半个月后突然对公众宣布：2009年政府财政赤字和公共债务占国内生产总值的比例预计将分别达到12.7%和113%。这说明希腊的预算赤字比前任政府所宣布的数额（占国内生产总值的6%）至少要大一倍以上，并远远高于欧盟在《稳定与增长公约》中规定的3%和60%的上限，欧洲公众和金融市场为此哗然。紧接着，鉴于希腊政府财政状况显著恶化，2009年12月，全球三大信用评级机构惠誉、标准普尔和穆迪相继下调了希腊的主权信用评级，希腊主权债务危机自此全面爆发。此后，希腊的状况在欧盟很多成员国之间产生了多米诺骨牌效应，爱尔兰、葡萄牙、意大利和西班牙等国也相继爆发了主权债务危机，并由此拉开了欧债危机的序幕。

本次欧债危机起源于希腊的主权债务危机，并有进一步向实体经济领域蔓延的趋势。它的重要表现是：“欧洲政府债券市场中的债券购买者或潜在的购买者开始怀疑某些欧洲国家无法按期全额支付到期的政府债务，要求对这些债券的违约风险进行补偿，进而引起短期内债券收益率和利差不正常地攀升，最终使得这些国家无法融资或无法承担高昂的融资成本。”[①] 由此可见，“预期”对于一国的宏观经济走向有着至关重要的影响，好的预期可以推动经济朝着积极的方向挺进，反之，则可以使其向着消极的方向发展。

本次欧债危机的爆发虽然是由美国次贷危机引发的，但这只是其外部诱因，真正的内在成因是欧盟内部长期存在的结构性缺陷在适当的外部环境诱发下最终导致了这场全球经济领域的大地震。欧盟内部存在的严重问题终将酿成危机，而危机的到来只是时间问题。因此，即便没有美国的次贷危机作为导火索，也会出现别的什么因素来引爆欧债危机这只火药桶。持续时间长、影响范围广和影响程度深是本次欧债危机的显著特点。本次欧债危机的起因错综复杂，既有经济方面的因素，也有政治、文化、法律和社会方面的因素。因此，它不是某一因素单独作用的结果，而是多种因素合力下共同作用的结果。在这些因素中，如果从经济学的角度来分析，总结起来主要包括以下三方面的原因：

首先，欧盟经济一体化与政治一体化的不同步性，导致欧元区内的货币政策与财政政策脱节，这是引发本次欧债危机爆发的最核心和最根本的原因。欧盟经济一体化与政治一体化的不同步性，使欧盟各成员国的国家利益与欧盟的整体利益时常出现冲突。同时，欧盟各成员国的经济状况和经济结构存在差异，特别是 2004 年欧盟东扩以后，各成员国间的差距被逐步拉大，这进一步加剧了欧元区内经济发展的不平衡。欧元区内各成员国间的经济发展水平和规模不同，经济结构不同[②]，经济周期所处阶段不同，国民收入水平不同，各国政府财政实力不同，还有诸如社会福利、就业状况和国际收支水平等方面都存在差异，由此形成了“多速欧洲”的局面，

---

① 熊厚：《主权债务危机下的欧洲财政改革》，《国际问题研究》2011 年第 5 期。

② 国际金融危机爆发之后，由于欧元区各国的经济结构不同，导致各国经济复苏的步伐并不一致，德国和法国借助强有力的实体经济率先逐步回归正常，而希腊、爱尔兰、西班牙等国由于房地产泡沫破裂，加之其经济结构相对单一，经济在短时间内复苏十分艰难。如希腊经济的支柱产业是旅游业和航运业，而国际金融危机爆发导致全球经济低迷，旅游业和航运业首当其冲受到了沉重打击。

并导致各成员国对欧元区货币政策的诉求不尽相同。然而，欧洲中央银行（以下简称“欧洲央行”）作为欧元区的最高货币当局，很难同时兼顾到欧元区内所有成员国的利益，因为在同一时期不同的成员国对欧洲央行的诉求很可能是相反的。譬如，经济过热的成员国希望欧洲央行实行紧缩的货币政策以抑制通货膨胀，而经济低迷的成员国则迫切要求欧洲央行实行宽松的货币政策以刺激经济增长；又如，德国、法国、意大利等在欧元区外拥有广大出口市场的国家需要欧元汇率贬值来推动出口增长，而像西班牙、葡萄牙、希腊、爱尔兰这样以欧元区内伙伴国为主要出口市场的国家则需要欧元坚挺，以便吸引更多区内其他国家的资金流入及提高他们在区外的购买力。[①] 由此可见，这一问题在单一货币体制下进退维谷，难以得到有效的解决。

按照经济学的理论，国家对于宏观经济的调控主要通过两大政策工具实现，即财政政策和货币政策。财政政策主要包括财政支出、税收、借债和转移支付。政府可以通过减税和扩大公共支出来刺激经济，也可以通过增税和减少财政支出来收缩经济。货币政策包括利率政策和货币供应量，其政策工具主要是贴现率、法定存款准备金率和公开市场业务。例如，中央银行下调利率和存款准备金率可以增加市场上的货币供应量，从而达到刺激经济的目的。反过来，提高利率和存款准备金率则可以降低投资需求和减少市场上货币供应量，进而达到抑制经济过热和通货膨胀的目的。“在国家对经济的宏观调控中，货币政策必须与财政政策配合使用。任何国家的货币政策都不可能兼顾其所有地区或省份经济运行的需要，这几乎是一种常态，尤其是幅员辽阔、地区间经济条件存在很大差异的国家。在这些国家里，总会有一些地区无法从中央银行的货币政策中获利，甚至还会蒙受损失。在这种情况下，国家通过财政转移支付的方式对这些地区进行补偿。在一个有着高度统一的民族利益的

① 张健雄：《从欧债危机看欧元体制的结构性缺陷》，《广西大学学报》（哲学社会科学版）2012 年第 1 期。

主权国家里，这是可以办到的。”[①] 然而，欧元区成员国的财政一体化水平远未达到此要求，无法建立有效的财政转移支付机制。实际情况是，自从欧元区建立以来，区内各成员国都丧失了对货币政策的决策权，转由欧洲央行控制。而欧洲央行的政策只能在宽松、紧缩或适中之间取其一，无法同时满足相反的需求，其结果必然是部分国家受益的同时另一部分国家承受压力。此时，成员国政府只能各自通过财政政策手段对经济加以干预，以期经济能够恢复平衡，其中短期内最有效的手段是通过财政转移支付的方式使蒙受压力的成员国得到补偿，而欧元区缺少的恰恰就是这种能够实现财政转移支付的统一财政政策，这极大地限制了欧元区成员国影响经济的能力和效率。这也是为什么像美国和日本这样虽然公共债务占国内生产总值比重比欧元区成员国高很多的国家，却没有出现类似欧债危机的局面的根本原因。

出现在世人面前的一个奇怪现象是同为欧元区成员国，所处的国际环境相同，执行的也是欧洲央行统一的货币政策，而结果在区内不同成员国之间却大相径庭。希腊、爱尔兰、西班牙等南欧国家相继爆发了严重的主权债务危机，而其他大多数欧元区成员国实际上却并未出现债务危机。导致出现此种现象的根本原因是希腊等南欧国家的财政政策与欧洲央行的货币政策不相匹配，而德国和北欧国家的财政政策与欧洲央行的货币政策是相对匹配的。欧洲央行在成立之初就明确参照德国中央银行即德意志联邦银行的模式运行，而德国中央银行的运行模式是为德国经济服务的，势必符合德国的经济发展模式和特点。德国和北欧国家奉行的是稳定的经济模式，反对债务经济，德国尤其反感通货膨胀。而希腊等南欧国家采取的是英美经济模式，即凯恩斯主义的债务经济模式。此外，德国在施罗德执政时期，对社会福利政策进行了重大改革，使德国经济能够长期保持竞争力并持续、稳定的增长。同时，德国重视技术创新、重视实体经济发展及其核心竞争力。这些都是导致欧元区内各成员国间经济发展水平和产业结构存

① 张健雄：《从欧债危机看欧元体制的结构性缺陷》，《广西大学学报》（哲学社会科学版）2012 年第 1 期。

在差异的原因。所以，采取英美模式发展经济的国家制定的财政政策与参照德国模式运行的欧洲央行制定的货币政策不相匹配就不足为奇了。然而，一国的财政政策与货币政策不相匹配会直接影响该国政府对宏观经济的影响能力和效率，所以欧债危机才会主要在南欧国家爆发，而欧元区内的其他国家却相安无事。

除了欧洲货币一体化制度在设计上存在严重缺陷以外，对这一制度的执行不够严格、对欧元区成员国的监督和约束不够有力，也是导致本次欧债危机的重要原因。

其次，欧债危机国家奉行的与自身经济发展水平不相称的社会福利政策，造成了债务空洞并不断扩大，在超出了自身的承受能力后，直接导致了债务危机的爆发，且一发不可收拾。在“选举政治”大行其道的欧洲，选民手中的选票决定了政党和政治家的命运。因此，增加税收和减少福利是任何政党和政治家最不愿意也最不敢轻易触碰的话题。各政党为了能够赢得大选，需要拉拢选民以争取他们的支持，因此往往还会向选民做出如果掌权将进一步改善福利状况或减税的承诺。而当某一政党最终赢得大选并上台执政后，如果本国的经济实力无法帮助其兑现诺言，它只能靠大举借债来履行那些本来就不合理的承诺。长此以往，欧洲一些国家不合理的社会福利政策不断地被强化，滚雪球般地变得越来越大，已积重难返。然而，对于这样的国家来说，使用单一货币的好处却得到了充分体现，其中就包括低成本借债。众所周知，欧洲央行将维护币值稳定作为其首要的目标，对欧元的通货膨胀率监管得很严，所以市场对欧元非常放心。像希腊这样的南欧国家，本国货币的信誉度原本不高，是不可能像欧元那样实现以非常低的成本进行融资的，但由于希腊是欧元区国家，使用的货币也是欧元，因此通过发行欧元债券也实现了低成本融资。欧元区问世的最初几年，西班牙、葡萄牙、爱尔兰和希腊享尽了欧元大锅饭的好处，它们依托欧元区通畅的货币流通条件，凭借欧元融资的便利和低廉成本，大幅扩大国内投资规模，经济上取得了迅猛发展，很快成为欧元区经济的亮点。

当国际金融危机爆发后，欧元区各成员国的经济都受到了不同程度的冲击，经济增长缓慢甚至是负增长，尤其是那些经济结构单一、风险抵抗能力较弱的成员国遭受的打击更大。此时成员国政府能够采取的措施就只是增收减支（增税和减福利），但这却遭到了政治竞争对手的抨击和民众的强烈抵制。希腊近年来出现的多次大规模罢工和抗议活动以及大选之后出现难以组阁的局面，就很好地说明了这个问题。受本次欧债危机的影响，多位欧元区国家的领导人在各自国家新一轮的大选中落马，如希腊前总理帕潘德里欧、西班牙前首相萨帕特罗、意大利前总理贝卢斯科尼以及法国前总统萨科奇等。这引起了欧元区政治层面的海啸，进一步加剧了欧元区的动荡，更加不利于欧盟财政一体化的推进，令欧盟尽快走出欧债危机阴影的期望变得暗淡。本次欧债危机的爆发，给欧洲一些经济增长缓慢但仍然奉行高福利政策的国家敲响了警钟。

最后，国际金融危机的不断冲击以及救助的迟缓、乏力，成为压垮重债国经济的最后一根稻草。美国是欧盟重要的出口市场，因此欧盟经济对美国经济的依赖度很高。美国次贷危机爆发后，国内市场严重萎缩，这对欧盟的出口造成了严重打击，并给欧盟经济的发展带来了不利影响。国际金融危机爆发后，美国的金融业出现了大量公司破产、倒闭的情况，而欧盟范围内的很多金融机构都大量购买了由美国创造的“有毒金融资产”，使得欧盟金融业尤其是银行业蒙受了巨大损失，直接影响了其对欧盟实体经济领域的扶持能力。随着国际金融危机影响的范围持续扩大、程度逐渐加深，欧盟各成员国政府纷纷推出了刺激经济增长的财政宽松政策。像希腊这样的南欧国家，其经济发展水平与德国、法国和英国等欧盟核心国家相比，差距很大，其财政原本就处于一种弱平衡的境地，高福利、低盈余的南欧国家根本无法通过公共财政来支撑过度的财政开支，因此在这轮财政宽松政策中因无法按期偿还债务而出现了主权债务危机。

自希腊主权债务危机爆发后，“成员国最初在行动中互不通气、各行其是，明显缺乏整体协调”[①]，而随着危机的蔓延，各成员国逐

---

① 吴弦：《金融风暴与欧盟的应对行动协调——内在动因与主要举措述析》，《欧洲研究》2009 年第 1 期。

渐意识到在行动中加强协调的重要性，并通过由欧盟、欧洲央行和国际货币基金组织组成的“三驾马车”式的救助框架对各项救助行动进行统一协调。“从根本上讲，成员国危机乍起时选择自行救市，直至最终走向行动协调，与欧盟所处的特定历史阶段、金融风暴的来势与应对举措要求都密切相关。”[①] 然而，各成员国在讨论具体的救助方案时，仍以尽量减少本国国家利益损失为出发点来协调和寻找各方都能接受的解决方案。每当提议的救助方案严重损害到自己国家的利益时，就会出现争吵不休、互不相让的局面（如面对欧元债券和债务共担的问题时，德国总理默克尔反应强烈），使得可提供的救助资金规模十分有限，完全没有当初启动欧洲一体化进程时，各国所表现出来的决心和力度。同时，由于相关救助措施被附加上了重重条件，使得救助行动进展比较缓慢，对各重债国的救助也因此错过了最佳时机。

自此次欧债危机全面爆发以来，欧盟整体经济变得萎靡不振，欧盟及其多个成员国的主权信用评级被下调，一些成员国在政治层面也出现了动荡。欧债危机的持续发酵和欧盟经济整体下行的氛围，使得欧盟很多成员国都出现了财政紧张的状况，并被迫采取了财政开支紧缩的措施，这给欧盟的内部团结和社会稳定带来了负面影响，并给欧盟新一轮中期预算的制定蒙上了一层阴影。

二 欧盟2014—2020年中期预算制定与新一轮预算危机爆发

本次欧债危机自爆发以来，对欧盟经济和社会的发展产生了广泛的影响，其中就直接体现在欧盟2014—2020多年度财政框架的制定上。2014—2020多年度财政框架是《里斯本条约》生效后，欧盟在新预算规则下制定的首个中期预算。预算过程是否顺利、通畅，是检验《里斯本条约》规定的新预算程序是否符合新时期欧盟发展需要的重要标志，备受欧盟各方的关注。然而，该框架的制定

---

① 吴弦：《金融风暴与欧盟的应对行动协调——内在动因与主要举措述析》，《欧洲研究》2009年第1期。

恰逢欧债危机的爆发，这样它就为欧盟各方就解决欧债危机所进行的政治博弈提供了一个新的平台和筹码，因此更加引起欧盟及其成员国的重视。同时，新的多年度财政框架一旦确定，将在很大程度上反映出欧盟在后欧债危机时期的整体发展规划和重点投资领域，甚至可以暗示出欧洲一体化进程在未来一段时期的走向，所以也备受各方关注。

2011 年 6 月 29 日，欧盟委员会首次发布了欧盟 2014—2020 年多年度财政框架的建议稿。时隔一年多的时间，2012 年 11 月 22—23 日布鲁塞尔首脑会议期间，各成员国领导人围绕新的财政框架建议展开了磋商，而各方争论的焦点主要集中在预算规模是否应该削减以及预算资金应该如何分配上。“在整个欧洲，各国政府、企业和家庭都在为应把钱花在什么地方而谨慎地做着选择。是时候去认真思考未来应在哪些方面进行削减和在哪些方面进行投资了。”[①] 欧盟委员会主席巴罗佐、法国总统奥朗德和南欧国家的领导人认为，“为尽快使欧盟经济走上增长之路，适度增加预算是必要的。但英国首相卡梅伦则表示，欧洲债务危机爆发后，欧盟的每一个成员国都在奉行财政紧缩，因此，在这一背景下，欧盟预算也应该削减。卡梅伦等人甚至表示，如果这一预算有增无减，那么他在表决时将行使否决权”[②]。此外，德国、荷兰、瑞典和芬兰等国也都希望新财政框架能够压缩规模。通过观察可以发现，持不同观点的国家恰好分属于净受益国和净贡献国阵营，所以它们在立场上存在这样的差异也并不使人感到意外。

然而，让人感到意外的是，被视为欧洲一体化进程轴心和双发动机的法国和德国，在本轮财政框架的制定过程中，罕见地出现了立场对立、各不相让的情况。长期以来，法、德两国在许多涉及欧盟事务的问题上，均持有相同或相似的立场，即使是在欧债危机爆发伊始直至各成员国签订新的财政契约，法、德两国一直是遥相呼应、密切配

---

① European Commission, “A Budget for Europe 2020”, *European Commission*, Working Paper, COM 500 final, 2011, p. 1 (http://ec. europa. eu/health/programme/docs/maff-2020_en. pdf).

② 转引自江时学《欧盟预算终于“瘦身”》，《经济》2013 年第 4 期。

合，在推动解决欧债危机的问题上共同发挥着重要作用。为描述两国的亲密关系，西方媒体甚至将德国总理默克尔和时任法国总统萨科奇的肖像合成了一个新的肖像，并取名为“默克齐”，足见两国关系的稳固。而在2014—2020财政框架制定的过程中，两国却不再联手合作，分歧显露无遗，这表明随着欧债危机的持续发酵，两国关系变得有些微妙。同时，这也说明“一国具有相对稳定性的政策取向是以长期利益与核心利益为基础的。……如果一国针对某一问题的核心利益结构发生了实质性的改变，决策者不论面临多大的阻力都将设法对原有的政策作出必要的调整”①，甚至不惜打破长久以来与其他国家一贯良好的合作关系。

由于欧盟各成员国在预算规模和资金分配的问题上分歧巨大，本次首脑会议未能就新的财政框架达成共识。究其原因，主要包括以下五个方面。

第一，欧盟各成员国在围绕新的财政框架进行谈判时，所采取的行动在很大程度上受了惯性思维的影响。从表面上看，各成员国间的分歧主要集中在新财政框架的规模，而实际上，在主张和反对削减预算规模的双方提出的具体预算数额之间，并没有太大的差距，尤其是将这一差额分摊到7年、再分摊到所有成员国来看的话，影响就显得微乎其微了。然而，从以往的经验来看，各成员国围绕欧盟预算制定问题的谈判向来不会太顺利，大家已经习惯了对立和争吵，并都尽量使谈判的结果朝着更有利于自己的方向发展。第二，各成员国在欧盟预算问题上都有自己的“小算盘”，在谈判之初都不愿意作出太大的实质性让步，以避免过早地暴露自己的谈判底线。第三，各成员国在围绕新财政框架进行谈判时，有些成员国并不急于达成一致。因为欧盟在2013年以前如果无法通过新的财政框架，那么根据《欧洲联盟运行条约》的规定，自2014年起，在新的财政框架通过以前将沿用2013年的最高限额，而这比欧盟

① 贾文华：《法国与英国欧洲一体化政策比较研究——欧洲一体化成因与动力的历史考察（1944—1973）》，中国政法大学出版社2006年版，第267页。

委员会提出的预算建议少了很多。第四，本轮谈判恰逢欧债危机爆发，各成员国都面临着巨大的国内财政压力，因此注定此次谈判将会比以往的谈判困难许多。在欧债危机的大背景下，欧盟委员会提出增加预算额度的要求显得有些不合时宜，势必令谈判难上加难。第五，也是最关键的，欧盟预算的现行决策机制决定了谈判难以迅速完成。根据《欧洲联盟运行条约》第 312 条的规定，在制定欧盟多年度财政框架时，部长理事会应在获得欧洲议会依其多数成员意见同意后以一致的方式采取行动。[①] 由此，新的财政框架如想最终获得通过，除得到欧洲议会的同意外，必须得到全体成员国的一致同意，而这势必令谈判的难度大增。欧盟各成员国针对新财政框架的谈判“难产”是欧洲一体化艰难进程的生动体现。

2013 年 2 月 7—8 日，欧盟各成员国领导人在布鲁塞尔首脑会议期间，经过长时间激烈的争论和谈判，最终就 2014—2020 多年度财政框架草案达成了共识。该草案是欧盟各成员国进行利益博弈和相互妥协的结果，而其谈判过程可谓是一波三折。新财政框架草案几经修改和削减，最终将规模控制在 9600 亿欧元，较 2007—2013 年的财政框架减少了 340 亿欧元，削减幅度达到 3% 以上，较欧盟委员会最初提议的 1.033 万亿欧元削减了约 7%。

2013 年 3 月 13 日，欧洲议会在审议了布鲁塞尔首脑会议通过的 2014—2020 多年度财政框架草案后，经过投票，以 101 票赞成、506 票反对和 23 票弃权的压倒性结果否决了该预算草案，并由此引发了欧盟新一轮的预算危机。本次否决是欧洲议会自 2009 年《里斯本条约》生效后获得对预算的最终否决权以来，首次否决由欧盟成员国领导人确定的财政框架草案。从表面上看，欧洲议会否决框架草案是因为欧债危机使得欧盟经济陷入衰退，社会问题愈发严重，失业率激增，如果对预算规模进行削减将不利于促进经济增长和扩大就业。而从根源上看，导致该框架草案被否决的原因主要有

---

① 参见程卫东、李靖堃译《欧洲联盟基础条约——经〈里斯本条约〉修订》，社会科学文献出版社 2010 年版，第 157 页。

两个：一个是该草案被认为缺乏“灵活性”①，它未能考虑欧洲议会此前提出的诉求，如要求预算应更具灵活性，并在执行的过程中允许再次修订，这在某种程度上是对欧洲议会预算权力的漠视；另一个是欧洲议会将在2014年举行大选，议会希望明年新当选的议员能够有机会对财政框架施加影响。欧洲议会通过否决财政框架草案这一举动，向外界传递出了一个重要的信号，即《里斯本条约》后时代的欧洲议会应在欧盟事务中代表欧盟公民发挥更多的作用，尤其是在涉及欧盟中长期发展规划方面，这样才能更加体现出欧盟的民主。

此后，2013年6月27日，欧盟委员会、部长理事会以及欧洲议会的领导人达成了一项政治协议，为欧盟2014—2020年多年度财政框架的最终通过开启了一扇大门。2013年11月19日，欧洲议会正式表决通过了总额近9600亿欧元（承诺拨款）的2014—2020年多年度财政框架草案，为部长理事会最终批准该框架扫清了最大的障碍。欧洲议会的批准，是欧盟预算程序中两个关键时点之一，意味着本次欧盟预算的制定过程即将结束。2013年12月2日，部长理事会在欧洲议会同意的基础上，通过了《关于制定2014—2020多年度财政框架的条例》[Council Regulation（EU，EURATOM）No 1311/2013 of 2 December 2013 laying down the multiannual financial framework for the years 2014 - 2020]，标志着欧盟各方历时近两年半的围绕2014—2020多年度财政框架制定的工作正式结束。根据该条例的规定，欧盟2014—2020多年度财政框架的规模为：承诺拨款9599.9亿欧元，约占欧盟国民总收入的1.00%；支付拨款9084亿欧元，约占欧盟国民总收入的0.95%。该条例同时将欧洲议会在提高预算灵活性和执行过程中允许对预算再次进行修订的诉求一并纳入其中。

---

① 对于灵活性的含义，欧洲议会议长马丁·舒尔茨认为，它应包含以下三个方面：第一，如果某一项目的执行有资金结余，应该允许将其转给其他项目使用；第二，某一年如有预算结余，应允许将其转入下一年继续使用；第三，在新财政框架执行的过程中，应在中期对预算执行情况进行回顾和评估，并在必要时对预算的支出结构进行相应调整。

自2009年欧债危机爆发以来，欧债危机的阴影就一直笼罩在欧洲大陆上空，直至现在仍未能彻底过去。欧盟2014—2020多年度财政框架最终获得通过，对欧盟应对欧债危机是一个利好的消息，同时也在欧盟经济企稳复苏方面给各方带来了一个乐观的预期。此外，新财政框架的最终通过，使本次预算危机在极短的时间内得到了有效缓解，避免出现因预算危机持续时间过长而促发其他领域爆发危机的情况。然而，本次预算危机虽然暂时得到了缓解，但欧盟预算制度中存在的各种弊端和缺陷仍然存在，如在未来不能得到很好的解决和完善，新一轮的预算危机还将会由于某种因素的刺激而在适当的时候爆发。

三　欧洲主权债务危机倒逼欧盟预算制度改革

2009年爆发的欧债危机持续发酵，直接导致欧盟成员国财政开支紧缩，进而使欧盟2014—2020多年度财政框架的制定几度陷入僵局，并由此引发了欧盟新一轮的预算危机。从欧盟预算制度的历史发展规律来看，它在每次重大改革的当口，都有预算危机的影子与之相伴。可以说，预算危机在推动欧盟预算制度改革与完善方面，是非常重要的内在驱动力。而本次由欧债危机间接引发的欧盟预算危机在促进欧盟预算制度改革与完善方面也不辱使命，为长期以来欧盟一直跃跃欲试的预算制度改革注入了急迫性，这是欧盟早就想做但没有做成的事情。同时，欧盟预算制度的改革与完善反过来也有助于欧盟尽快摆脱欧债危机的困扰，并使欧盟经济加速企稳回升，最终回到经济增长的轨道上。

通过将2014—2020年财政框架与2007—2013年财政框架进行对比分析（见表10），我们可以发现以下几个重要的变化趋势。

第一，欧盟2014—2020年的总预算规模是欧盟有史以来的第一次削减。从表10可以看出，新财政框架下承诺拨款和支付拨款的上限分别为9599.9亿欧元和9084亿欧元，与2007—2013年的财政框架相比，分别下降了3.4%和3.6%，说明受此次欧债危机的影响，欧盟成员国在国家层面承受着较大的预算压力，而财政紧缩在未来一个时期内将可能对欧盟经济的发展带来一定阻碍。

第二，欧盟2014—2020年财政框架的总基调是“有利于推动经济增长和扩大就业的预算”。之所以这么说，是因为在欧盟新财政框架下的六大支出领域中，巧增长与包容性增长领域的预算额度占到了预算总额度的近一半。此外，虽然欧盟预算总规模较过去7年有所下降，但在新的财政框架里，巧增长与包容性增长领域下的增长和就业竞争力子项的预算支出上限却达到了1256亿欧元，较过去7年的915亿欧元增加了340多亿欧元，增长幅度达到了37%以上。虽然从绝对数额上看仍稍显不足，但这种逆增长措施却表明欧盟在后欧债危机时期将推动经济增长和创造就业放在了最重要的位置，这会给公众传递出一个积极的信号并给公众带来积极的预期，而积极的预期将有利于缓和欧盟因欧债危机的持续发酵而出现的严重社会问题。无怪乎欧洲理事会主席范龙佩说，“这个预算是一个有利于增长的预算，是一个能够创造就业、推动创新和促进研究与开发的预算，也是一个促使欧盟回到增长之路的预算”①。

第三，在2014—2020年期间，欧盟针对共同农业政策的改革将得到进一步的强化。共同农业政策自建立以来，为欧盟的农业发展和粮食安全作出了重大贡献。但随着欧盟经济的发展，该政策所暴露出的一系列弊端也不容忽视。与2007—2013年的财政框架相比，新财政框架中与共同农业政策支出直接相关的可持续增长：自然资源领域的预算规模下降了11.3%，意味着欧盟对饱受诟病的共同农业政策的改革在进一步深化。然而，改革总是困难的，受与农业生产有关的利益集团的影响，已执行了近半个世纪的共同农业政策不是一下子就可以回归到比较合理的水平，它需要有一个逐步递减的过程。

第四，欧盟2014—2020年财政框架提高了在安全与公民权和全球性欧洲领域的预算额度。2014—2020年期间，欧盟在安全与公民权领域的预算支出规模上限达到了156.9亿欧元，较过去7年增长了26.5%，而全球性欧洲领域的预算支出规模上限也较过去7年提高了

---

① 转引自江时学《欧盟预算终于“瘦身”》，《经济》2013年第4期。

3.3%，达到587亿欧元。这两个领域预算规模的增长表明欧盟有意在对内和对外两个维度上增加影响，而预算规模的提高将有助于欧盟在各成员国之间加强聚合和提高安全水平以及在国际舞台上提升自身的外交地位和扩大在国际事务（例如，应对气候变化）中的影响力。

第五，欧盟2014—2020年财政框架有助于加快推动欧盟经济转型，使其朝着更加干净和更加具有竞争力的低碳经济方向发展。在新财政框架中，占预算总额度20%以上的支出流向了与气候相关的项目和政策，这与2007—2013年财政框架中对应的6%—8%的水平相比，提高了两倍左右。从长远来看，在该领域加大投入将会潜移默化地带动其他行业的转型并为欧盟公众带来更多的“欧洲附加值”。

表10 **欧盟2014—2020年中期预算与2007—2013年中期预算的比较**

百万欧元（2011年价格）

承诺拨款	2014—2020年	2007—2013年	差额	差额（百分比）（%）
1. 巧增长与包容性增长	450763	446789	3974	0.9
（1）增长和就业竞争力	125614	91541	34073	37.2
（2）经济、社会及地区聚合	325149	355248	-30099	-8.5
2. 可持续增长：自然资源	373179	420682	-47503	-11.3
3. 安全与公民权	15686	12396	3290	26.5
4. 全球性欧洲	58704	56815	1889	3.3
5. 行政	61629	56503	5126	9.1
6. 补偿	27	991	-964	-97.3
承诺拨款总额	959988	994176	-34188	-3.4
占GNI比重（%）	1.00	1.12		
支付拨款总额	908400	942778	-34378	-3.6
占GNI比重（%）	0.95	1.06		

资料来源：欧盟官网预算数据库（http://ec.europa.eu/budget/mff/figures/index_en.cfm）。

从以上的分析可以看出，新财政框架的很多规划都受到了本次欧债危机的影响，如为推动经济增长和扩大就业而大幅提高的增长和就业竞争力领域的预算额度，为尽快走出欧债危机泥潭而增加在欧盟经济转型方面的预算资金投入，借着欧债危机的影响进一步压缩共同农业政策和聚合基金的预算规模，等等。从实际效果来看，欧债危机的爆发进一步促进了欧盟预算支出结构的改革，并使其在更加公平、合理以及更有效率的欧洲公共产品上逐步增加预算支出额度。因此，欧债危机客观上间接地推动了欧盟预算制度的改革。

欧债危机自爆发以来，欧盟已有多个成员国的主权信用评级因各自国内的财政状况不佳而被下调。受此拖累同时也由于欧盟预算制度中收入来源方面存在的缺陷，2013 年 12 月，美国评级机构标准普尔（Standard & Poor's）对外宣布，决定将欧盟的长期信贷评级从“AAA”下调至“AA +”。标准普尔在说明具体的评估标准时，列举了欧盟信用等级面临下调的几个条件：欧盟成员国中信用等级较高的国家的信用评级面临下调且状况有进一步恶化的趋势，围绕欧盟预算的谈判持久和激烈，成员国申请退出欧盟，以及欧盟的财务数据出现明显的恶化等。而本次下调欧盟信用评级的原因主要是，标准普尔认为欧债危机后欧盟内部的凝聚力在下降，针对欧盟新一轮预算安排的磋商和谈判充满争议、分歧重重，因此存在一些成员国拒绝按规定向欧盟预算上缴资金的可能，而这会增加欧盟的信用风险。

虽然 AA + 的信用等级仍被认为是十分牢固的，但下调这一举动本身会给外界带来较为负面的预期，而负面的预期所能带来的影响和危害是无法简单量化的。短期内首当其冲受影响的是欧盟的金融业，而从长期来看，如果处理不好很可能会导致成员国之间的凝聚力进一步下降，并最终影响到欧洲一体化的进程。就本次下调的深层次原因来看，问题的症结在于欧盟预算制度中的收入来源渠道存在严重缺陷。在现行欧盟预算制度下，预算的收入来源名义上是依靠自有财源系统来筹集，但从该系统所包含的具体收入类别的构成和规模以及预算收入的征收方式上不难看出，欧盟预算收入来源中近九成在本质上仍是各成员国的财政摊款，征收方式上是由各成员国每月向欧盟预算缴纳资金，所以欧盟预算在很大程度上受制于各成员国的整体财政状况。因此，标准普尔主要基于欧盟成员国尤其是欧盟预算的贡献大国的主权信用状况来评定欧盟的主权信用等级的做法也是符合逻辑的。而这一切从根源上来说，是由于欧盟预算制度存在缺陷导致的，预算制度改革势在必行。概言之，从推动欧盟预算制度改革的角度来看，欧债危机在间接导致欧盟信用评级被下调的同时，也对欧盟预算制度的改革形成了倒逼机制，它促使欧盟加快了对其预算制度中存在的严重缺陷进行改革的步伐。

第五章　欧盟预算制度的理论分析

随着欧洲一体化进程的逐步深化，欧盟预算渐渐形成了一个稳定的、独立的和具有超国家性质的现代财政预算制度，它与传统主权国家和国际组织的预算制度相比，存在着明显的区别。欧盟预算制度的形成是以 1971 年欧共体预算自有财源系统的建立为标志，并在此后几十年的发展历程中经历了多次的严重危机和重大改革。欧盟预算制度的建立创造了世界上第一个真正意义上的具有超国家性质的财政预算制度，是财政学的研究对象，“因为它是多边国际财政平衡一个最富启发性的样板，既包含收入因素又有支出分配，既有内在平衡效应又有外部平衡效应”①，它对世界经济和国际财政预算体系的发展产生了广泛和深远的影响。本章第一节对欧盟预算制度与欧洲一体化进程之间的关系进行了详细的论述。第二节对选取的具有典型性的一般主权国家和国际组织的预算制度进行了重点考察，并将其与欧盟预算制度作了多维度的比较分析，提炼了可供欧盟参考和借鉴的经验和制度安排。第三节运用财政学的基本理论对欧盟预算制度进行了解析，根据分析结论提出了相应的发展建议，并对欧盟预算制度未来发展趋势作了初步的展望。

第一节　欧盟预算制度与欧洲一体化

回顾欧盟预算制度的形成和发展历程，长期、复杂和局限性是其

① 大雨：《欧洲共同体预算初探》，《外国经济与管理》1989 年第 12 期。

显著特征。长期性表现在欧盟预算制度从雏形到形成经历了漫长的岁月，如果从1952年欧盟预算制度的雏形——欧洲煤钢共同体预算制度的建立开始计算，至1971年欧盟现代预算制度初步形成，时间跨度是整整20年。复杂性体现在欧盟预算制度自建立以来，每一次的重大变革都与当时欧洲一体化发展进程中出现的严重问题有联系，也与当时多方的利益博弈相关联。预算自有财源系统的建立直接与空椅危机结束后欧共体迅速增加在共同农业政策上的支出相关联，而共同农业政策本身就是当时各方为平衡利益得失而进行的政治博弈的结果。预算修正机制的建立是受英国预算问题的促发，也是英国自1973年加入欧共体以来经过10年时间的努力，解决加入后的遗留问题的最终结果。第四财源的推出与20世纪60年代中期以后至20世纪80年代期间，欧共体大幅增加共同农业政策的支出密不可分。多年度财政框架制度的形成则与20世纪70年代末至80年代爆发的几次预算危机直接相关。局限性则反映在欧盟预算制度自建立以来的几十年里，虽然经历了几次重大改革，但其制度中仍然存在很多严重的弊端和缺陷，这些弊端和缺陷自20世纪90年代后开始逐步显现，直至目前都没有得到根本的解决，它们使欧盟各方在预算问题上出现严重的利益对立，彼此相互牵制，目前已成僵局之势。

由此可见，欧盟预算制度从雏形到建立直至深入发展始终与欧洲一体化的发展进程紧密地联系在一起。因此，在系统考察欧盟预算制度时，应将其与欧洲一体化的发展进程有机结合起来。这里所说的欧洲一体化包含两层含义，它包括欧盟"规模的扩大和超国家主义的加强，前者可以视为欧洲一体化在广度上的发展，后者可以视为欧洲一体化在深度上的发展"①。以此来分析，欧盟预算制度与欧洲一体化之间的关系主要表现在三个方面：第一，欧盟预算制度形成于欧洲一体化的发展进程之中，是欧洲一体化的产物；第二，欧洲一体化的发展状况影响着欧盟预算制度的发展；第三，欧盟预算制度的发展有助

---

①　朱正梅：《英国预算问题与欧洲一体化（1970—1984）》，中国社会科学出版社2009年版，第201页。

于欧洲一体化的不断深化。

一 欧洲一体化的发展对欧盟预算制度建立的影响

欧盟预算是欧洲经济一体化的必然产物，而欧盟预算制度则是随着欧洲一体化的不断深化而逐渐形成的一种具有超国家性质的财政预算制度，是欧盟各方权力斗争和利益博弈的产物。如第三章所述，欧盟预算制度的雏形——欧洲煤钢共同体预算制度产生于欧洲一体化的起步阶段，是西欧六国随着第二次世界大战结束后欧洲大陆内外局势的变迁而作出的一系列反应的结果。欧洲煤钢共同体建立后，欧洲一体化进程的脚步并没有因此而停下，在此后的几年时间里又取得了新的成果。1958 年《罗马条约》生效后，建立了欧洲经济共同体和欧洲原子能共同体，欧洲经济共同体预算制度和欧洲原子能共同体预算制度也应运而生。

《建立欧洲经济共同体条约》第 38 条明确规定，"农产品共同市场的运输和发展应伴之以各成员国的共同农业政策的建立"[①]。同时，该条约第 39 条进一步明确了共同农业政策的目标：第一，通过促进技术进步和保证农业生产的合理发展以及保证生产要素，特别是劳动力的最佳使用来提高农业的劳动生产率；第二，通过特别是增加从事农业劳动人员的个人收入来确保农业人员能够有一个合理的生活水平；第三，稳定市场；第四，确保正常供应；第五，确保对消费者以合理的价格供应农产品。[②] 基于这些规定，共同体开始积极筹划共同农业政策，但具体的筹划过程充满了矛盾、斗争和妥协，因为"制定共同农业政策，意味着要在共同体一级的水平上，协调各国的利益，每个成员国，为了共同体农业的整体利益，都必须放弃一部分自己的局部利益，并向共同体总部转让部分主权"[③]。所以，各成员国在共同农业政策的问题上都有自己的设想和

---

① 欧共体官方出版局编：《欧洲联盟法典》（第一卷），第 137 页。
② 参见欧共体官方出版局编《欧洲联盟法典》（第一卷），第 137—138 页。
③ 沈骥如：《欧洲共同体与世界》，人民出版社 1994 年版，第 45 页。

主意，但他们的出发点却十分一致，就是尽可能避免本国的实际利益遭受大的损失。

在西欧六国中，法国是农产品生产大国，共同农业政策如果实施，将会为其带来一个广阔的农产品销售市场，十分有利于法国农产品的出口，所以法国是共同农业政策最坚决的拥护者和倡导者。德国与法国的情况差别很大，农业在德国整体经济中的比重较小，需要进口大量的农产品来满足国内的消费需求，所以共同农业政策的实施对于德国来说是十分不利的，因为它会提高德国进口农产品的价格，德国在共同农业政策上的态度也因此表现得十分抵触。法国为了扫清德国在建立共同农业政策上设置的障碍，表示同意建立关税同盟，以换取德国在共同农业政策上的支持。德国经过权衡利弊后，在建立共同农业政策的问题上作了让步。

为了实施共同农业政策，欧洲经济共同体于 1962 年 1 月 14 日决定建立欧洲农业指导和保证基金，该基金的资金来源最初主要是依靠各成员国按照规定比例上缴的财政摊款。[①] 共同农业政策实施后，法国提出了扩大欧洲农业指导和保证基金规模的要求。当时的共同体委员会针对法国提出的要求，提出了一项一揽子计划，主要包括三个部分：第一部分主要涉及从 1965 年 7 月至 1967 年 6 月两年过渡期内贯彻共同农业政策的问题；第二部分主要是关于共同体的资金来源问题；第三部分的主要内容是扩大欧洲议会及委员会自身的预算权力问题。[②] 共同体和除法国外的其他成员国试图以在农业问题上作出财政让步，换取法国在扩大欧洲议会和共同体委员会的预算权力以及多数表决制度等问题上的支持，结果遭到法国政府的反对。“1965 年 7 月 1 日法国召回了其在共同体常设代表委员会的代表，并拒绝参加部长理事会等机构的会议，从而引发了共同体历史上最为严重的空椅危机”[③]，而该危机的

① 参见沈骥如《欧洲共同体与世界》，人民出版社 1994 年版，第 69—70 页。

② 参见贾文华《法国与英国欧洲一体化政策比较研究——欧洲一体化成因与动力的历史考察（1944—1973）》，中国政法大学出版社 2006 年版，第 289—292 页。

③ 贾文华：《法国与英国欧洲一体化政策比较研究——欧洲一体化成因与动力的历史考察（1944—1973）》，中国政法大学出版社 2006 年版，第 286 页。

解决是在1966年1月各方签订了卢森堡协议[①]之后。

“空椅危机是共同体建立以来超国家主义与政府间主义最为激烈的一次正面交锋”[②]，而法国则是此轮博弈中真正的赢家，它通过发动空椅危机不仅仅在维护政治权益方面有所斩获，在争夺经济利益方面更是收获颇丰。表11展现了1965—1970年间欧洲农业指导和保证基金的资金变动情况，从中可以看出，自1966年空椅危机结束后，欧洲农业指导和保证基金的规模得到了大幅提升，在短短5年时间里，基金规模从1966年的5100万欧洲记账单位迅速提升至1970年的31亿欧洲记账单位，增加了近5倍，而占欧共体预算总支出的比重更是从1966年的12.9%一跃升至1970年的86.9%，这使法国、荷兰等国受益的同时，也给欧共体共同预算带来了沉重的负担。此外，1967年7月《合并条约》生效后，欧洲煤钢共同体、欧洲经济共同体和欧洲原子能共同体合并为欧洲共同体，一体化的程度得到了进一步的提高，欧共体的经济也得到了飞速发展，但对共同预算的需求也在不断增加，而欧共体预算资金的绝大部分被用在了农业基金（当时属于强制性支出）上，导致共同预算承受的压力与日俱增。这些因素综合起来，使得尽快解决预算资金不足的问题成为欧共体的当务之急。自有财源系统就是欧共体在经济发展迅速、需要为经济调节和干预活动提供充足财源而财源不足的情况下于1970年4月提出来的[③]，它是欧共体各成员国经过多方博弈后建立的，同时也标志着欧盟预算制度正式得以确立。换句话说，在欧洲一体化的发展进程中，共同农业政策的推出和欧共体成立后经济的快速发展导致对共同预算的需求不断增加，进而为欧盟预算制度的建立埋下了种子，欧盟预算制度也因此成为欧洲一体化的产物。

---

① 卢森堡协议的主要内容参见贾文华《法国与英国欧洲一体化政策比较研究——欧洲一体化成因与动力的历史考察（1944—1973）》，中国政法大学出版社2006年版，第305页。

② 贾文华：《法国与英国欧洲一体化政策比较研究——欧洲一体化成因与动力的历史考察（1944—1973）》，中国政法大学出版社2006年版，第306页。

③ 刘文秀：《欧盟的超国家治理》，社会科学文献出版社2009年版，第71页。

表 11 **欧共体 1965—1970 年农业基金支出情况**

单位：百万欧洲记账单位

年份	欧洲农业指导与保证基金（保证部分）	欧洲农业指导与保证基金（保证部分）占预算总支出比重（%）
1965	29	8.5
1966	51	12.9
1967	340	45.5
1968	1260	77.4
1969	1669	80.8
1970	3108	86.9

资料来源：European Commission, *EU budget* 2008: *Financial Report*, pp. 77 - 78.

二 欧盟扩大对欧盟预算制度发展的影响

从欧盟预算制度发展的角度来说，它主要受到微观和宏观两个层面因素的影响。微观层面的因素主要是指内部机制因素，宏观层面的因素则是指外部环境因素。内部机制因素主要表现为欧盟在预算资金筹集方面的财政自治权之争、各成员国之间的预算使用权之争以及欧洲议会与部长理事会之间的预算决策权之争等，这在第三章中已经进行了论述，而外部环境因素主要是指在欧洲一体化进程中，随着欧盟的不断深化和扩大而对欧盟预算制度的发展带来的种种可能的影响和作用。在欧盟已经完成的七次扩大中，首次扩大对欧盟预算制度的发展产生的影响最为深远和广泛。

欧盟预算制度自 1971 年正式建立后，在最初几年里总体状况比较平稳，没有出现严重的问题。而实际上，这一时期正是英国在与欧共体进行了激烈的加入谈判并最终加入欧共体后的过渡期。① 从表面上看，欧盟预算制度没有因英国、丹麦和爱尔兰三国的加入而发生变

① 英国曾分别于 1961 年和 1967 年两次向欧共体提出加入申请，但由于法国从中作梗，令英国的两次加入申请均以失败而告终。在经历了第二次被拒之后，可以说只要法国总统戴高乐仍然在位，英国加入欧共体的希望就十分渺茫。直到 1969 年 6 月法国新总统蓬皮杜执政后，英国才于 1970 年 6 月 30 日恢复了被中断两次的与欧共体的加入谈判。经过激烈的第三次谈判，英国于 1973 年 1 月 1 日正式加入了欧洲共同体。

化，实则暗藏着巨大的潜在影响和挑战。英国与欧共体进行加入谈判所涉及的问题很多，其中主要问题之一就与欧盟预算制度直接相关，即英国加入欧共体后对共同体预算的摊款问题[①]。“由于在谈判开始之前欧共体预算的‘自有财源’制度已经建立，并且六国坚持这一制度不容谈判”[②]，所以英国如果要加入欧共体，必须接受那些已成既定事实的制度和法规，很难对其进行实质性的改变。此外，英国为了保护它与英联邦成员国之间的经济利益，如谈判中涉及的新西兰的农产品问题、加勒比国家的食糖问题等[③]，导致它在加入欧共体后的预算摊款问题上的谈判能力大幅削弱。可以说，英国为了能够在加入欧共体的同时尽可能保护其与英联邦成员国之间的经济利益，不得不在向欧共体的预算摊款问题上作出牺牲。双方经过激烈的谈判，最后的结果是英国无法让欧共体在预算问题上对其作出令人满意的特殊安排，而不得不在 1973 年将其作为遗留问题带入欧共体。

由于“英国参加欧共体完全是出于实用主义的考虑，而不是出于对欧洲一体化的承诺”[④]，所以在此前讨论英国的加入问题时，英国曾设法获得了一项保证，即“如果在目前或发展后的欧共体中，存在着不可接受的情况，一定要利用制度寻求公平的解决方法”[⑤]。这为英国在加入欧共体后继续就预算负担问题与欧共体和其他成员国展开磋商和谈判奠定了基础。英国加入欧共体后，在最初 5 年的过渡期间，预算摊款数目不大（见表 12）。然而，英国考虑到 5 年过渡期满后，它的净负担可能会变得很重，因此在 1974 年 4 月 1 日，由时任英国外交大臣卡拉汉正式向欧共体部长理事会提出了针对包括减少英国预算摊款问题在内的四个问题重新进行谈判的要求[⑥]。英国预算问

---

① 详见赵怀普《英国与欧洲一体化》，世界知识出版社 2004 年版，第 157—158 页。

② 赵怀普：《英国与欧洲一体化》，世界知识出版社 2004 年版，第 157 页。

③ 详见贾文华、杰森·扬《新西兰针对英国加入欧共体的政策》，《世界历史》2009 年第 5 期；赵怀普《英国与欧洲一体化》，世界知识出版社 2004 年版，第 158—159 页。

④ 赵怀普：《英国与欧洲一体化》，世界知识出版社 2004 年版，第 173 页。

⑤ ［英］玛格丽特·撒切尔：《撒切尔夫人回忆录——唐宁街岁月》，远方出版社 1997 年版，第 28 页。

⑥ 参见赵怀普《英国与欧洲一体化》，世界知识出版社 2004 年版，第 182 页。

题也成为英国在1975年6月就是否继续保留欧共体成员国资格而举行全民公投的潜在问题。从表12可以看出，英国在5年过渡期结束后的第一年，即1978年，上缴给欧共体预算的资金额度就较前一年增加了3亿4100万英镑，增长幅度达到了70.9%。

表12　**英国1973—1980年对欧共体预算的净支出**

年份	净支出（百万英镑）	占国内生产总值的比重（%）
1973	111	0.2
1974	37	0.1
1975	-45	-0.1
1976	178	0.2
1977	481	0.4
1978	822	0.6
1979（估计数）	829	0.5
1980（预测数）	1199	0.7

资料来源：转引自伍贻康、周建平、戴炳然等《欧洲经济共同体》，第61页。

英国预算问题的根源在于欧共体实施的共同农业政策，所以解决英国预算问题的方案之一就是对共同农业政策进行改革，但在该项政策下最大的既得利益者——法国对此表示坚决反对。为打破英国与法国因利益对立而出现的僵持局面，欧共体需要另辟蹊径，找到一个双方都能接受的解决方案，该方案需既能尽量满足英国的诉求，也能照顾到法国的利益，只有这样，欧洲一体化的既定成果才不至于付之东流。预算修正机制就是欧共体在欧洲一体化的发展进程中，为保住第一次扩大的政治成果、避免出现一体化倒退的情况而采取的权宜之计的结果。

1995年，欧盟实现了第四次扩大，奥地利、芬兰和瑞典三个北欧国家加入了欧盟。“欧盟之所以向这些欧洲自由贸易联盟国家敞开大门，主要的考虑在于这些国家有较好的经济基础，他们的加入将成为欧盟财政的净捐款国。其中仅瑞典一国作为新加入的最大净捐款国，就交给欧盟一笔巨大的财政补偿作为入盟的代价，其他国家也纷纷效仿。结果就是，新成员国向欧盟所交的入盟费在1995—1999年间总计达65亿欧洲货币单位，并且马上用于弥补欧盟的财政赤字。与此相反，欧盟扩大所带来的问题更加严峻，对欧盟预算和成员国均构成新的挑战。”[①] 此外，“进入20世纪90年代以后，中东欧国家在进行全面转轨的同时纷纷提出‘回归欧洲’的口号，并将加入欧盟确立为各国要实现的主要目标之一。出于地缘政治与经济的考虑，欧盟也将东扩视为一体化进一步发展的一个重要战略”[②]。2004年，欧盟实现了第五次扩大，也是规模最大的一次扩大。“经过冷战后10多年的艰苦努力，中东欧8个国家，即波兰、匈牙利、捷克、斯洛伐克、爱沙尼亚、拉脱维亚、立陶宛与斯洛文尼亚，加上地中海的塞浦路斯和马耳他终于正式加入欧盟，这是欧盟首次从西欧地区向中东欧地区扩展，故被称为‘东扩’。”[③] 这次东扩使成员国的数量从15个一下子增加到了25个，给欧盟经济社会的发展都带来了广泛的影响。

除了政治上不可估量的影响以外，此次东扩还给欧盟带来了预算方面和经济方面的巨大影响。预算影响是指欧盟年度预算或财政框架为满足新成员国加入后的预算需求而产生的净资金的变化。经济影响是指除包括预算影响以外，还包括因扩大而形成的更广阔的内部市场所带来的经济上的影响。[④] 从对经济方面产生的影响来说，欧盟此次东扩给新成员国带来的经济利益包括因使用共同货币——欧元而实现了低成本融资以及从结构基金和聚合基金中获得了大量的经济援助。对于老成员国来说，东扩为他们提供了更广阔的内部市场，市场的规模效应给他们带来了很大的好处。[⑤] 而从对预算方面产生的影响来看，

---

① 刘文秀：《欧盟的超国家治理》，社会科学文献出版社2009年版，第74—75页。

② 贾文华：《欧盟东扩研究述评》，《当代世界与社会主义》2003年第6期。

③ 吴弦：《影响深远的欧盟东扩》，《求是》2004年第12期。

④ See Mayhew A. (2003): “The Financial and Budgetary Impact of Enlargement and Accession”, SEI Working Paper No. 65, Sussex European Institute, Brighton, p. 7 (https://www.sussex.ac.uk/webteam/gateway/file.php?name=sei-working-paper-no-65.pdf&site=266).

⑤ Ibid.

东扩给欧盟带来了很大的财政负担①，因为这些国家的加入在很大程度上是“增支不增收”②，欧盟内部为此爆发了激烈的预算之战③。

总之，随着欧洲一体化进程的逐步深入，欧盟不断扩大并在政治上和经济上都取得了令人振奋的成果。但是，欧盟在取得这些成果的同时，为了各自的利益诉求，却不断给欧盟预算增加需求和扭曲预算支出结构，这严重制约了欧盟预算制度的发展，并导致欧盟预算制度现有的发展水平严重落后于欧盟总体的发展水平。

从以上的分析可以看出，欧盟预算制度自形成以来，始终与欧洲一体化的发展进程紧密地联系在一起，欧洲一体化的发展状况直接影响着欧盟预算制度的发展。在这些影响中，有些影响促进了欧盟预算制度朝着规范、合理和公正的方向发展，但有些影响却给欧盟预算制度的发展带来了潜在的负面作用和制约，甚至成为欧盟爆发预算危机的导火索。随着欧债危机爆发后欧洲一体化进程出现了减速、转向的趋势，目前的欧盟预算制度显得越来越不适应欧洲一体化当前以及未来发展的需要。

三　欧盟预算制度的发展对欧洲一体化的促进

欧盟预算在欧洲半个多世纪的一体化进程中，为欧盟经济社会的发展提供了大量的和稳定的资金来源，尤其在推动欧盟经济一体化和促进欧盟与其他国家和国际组织的合作方面发挥了积极的、重要的和关键性的作用。欧盟超国家治理体系的一个重要纽带是欧盟与各成员国间的财政关系，而在欧盟现有的财政一体化水平条件下，它主要反映在欧盟的预算制度上。因此，欧盟预算制度是欧盟进行超国家治理的基础和重要支柱。欧盟预算制度的核心价值是为欧洲一体化进程的顺利推进提供稳定的、充足的和及时的资金保障，而欧盟预算制度的总体状况直接影响其提供资金保障的能力和水平，并会影响到欧洲一

① 欧盟东扩带来的财政负担主要来自两个方面：一是结构性负担；二是政策性负担。详见戴炳然《欧盟：一种独特的国际体制》（下），《欧洲一体化研究》2000 年第 2 期。

② 参见戴炳然《欧盟：一种独特的国际体制》（下），《欧洲一体化研究》2000 年第 2 期。

③ 参见刘文秀《欧盟的超国家治理》，社会科学文献出版社 2009 年版，第 75 页。

体化进程的方向和速度。所以，欧盟预算制度健康、有序地发展将有助于欧洲一体化的不断深化。

第一，欧盟预算制度的发展，有助于欧盟各成员国在欧债危机后增强振兴欧洲一体化的信心和决心。2009 年欧债危机爆发后，随着希腊这个欧元区的重债国第一个倒下，欧债危机就像瘟疫一样迅速蔓延至爱尔兰、葡萄牙、意大利和西班牙等国。欧债危机除了对欧盟部分成员国的实体经济造成严重冲击外，还给各成员国带来了非常负面的预期，“欧盟解体说”“欧元崩溃论”等各种悲观论、怀疑论轮番出现，欧洲一体化的发展前景也因此蒙上了一层厚厚的阴影。“危机的表面是经济问题，但深刻暴露出一体化进程中政治与经济发展失衡的矛盾。在危机面前，成员国各自为政，法德‘发动机’时停时续，法英德三大国钩心斗角，债权国与债务国、地中海国家与北欧、新老成员国等矛盾分歧不断，形成不同利益集团。欧盟新老机构难有作为，严重削弱了欧盟应对危机的能力”①，欧洲一体化的进程也因此陷入了前所未有的困境。

进入 2012 年以来，欧债危机的影响仍未过去，欧盟各成员国仍在采取财政紧缩措施来应对危机，而这一时期恰逢欧盟上一个中期预算即将执行完毕，新一个中期预算正在拟定的关键时期。2012 年 11 月布鲁塞尔首脑会议期间，各国领导人围绕新一轮中期预算的规模问题发生了激烈的争执，个别成员国间甚至出现了立场严重对立的局面，导致此次磋商无果而终。2013 年 2 月，各国领导人再次召开首脑会议商讨中期预算问题，经过长时间激烈的谈判和利益博弈，各成员国勉强就预算草案达成了一致。然而，该预算草案在 2013 年 6 月欧洲议会表决时，却被以压倒性的票数否决。这一表决结果正好挑动了欧盟各成员国在欧债危机后脆弱的神经，这一连串的举动也严重挫伤了各成员国继续推动欧洲一体化进程的信心。导致各成员国在预算问题上出现严重分歧以及引发此次预算危机爆发的因素，除了因欧盟整体经济不景气而导致欧盟成员国出现离心倾向以外，欧盟预算制度

① 王毅：《欧洲一体化“趋弱”还是“走强”?》，《当代世界》2011 年第 9 期。

中积存已久的各种弊端和缺陷也是重要的催化剂。因此，解决欧盟预算制度中存在的弊端和缺陷，进而推动欧盟预算制度朝着健康、有序的方向发展，将十分有利于未来各成员国减少分歧和矛盾并增强内部的团结，各成员国对于振兴欧洲一体化的信心和决心也将因此得到极大的鼓舞。

第二，欧盟预算制度的发展，有利于打破制约欧洲一体化发展的资金瓶颈。迄今为止，在欧洲一体化的问题上，各国学者达成的普遍共识是欧洲一体化的发展不是由哪个单一因素直接促发的，而是由多种推力合力推动的结果，它们通过合力共同决定欧洲一体化的发展方向和速度。在推动欧洲一体化进程不断向前发展的众多推力中，有经济上的推力，也有政治上、文化上、法律上以及社会上的推力。这些推力中有些属于内在推力，如文化上和社会上的推力，而有些则属于外在推力，如经济上、政治上和法律上的推力。在这些推力中，如果按照有它更好、无它不行的标准来衡量，最重要的推力应该是经济推力，其中的一项重要内容是提供资金上的支持。按照欧盟现有条约的规定，此类资金应主要由欧盟预算来提供。所以，通过重新审视和定位欧盟预算的职能，并推动欧盟预算制度朝着联邦预算制度的方向稳步发展，将可以逐步扩大欧盟预算的规模，而这将十分有利于欧盟解决制约欧洲一体化发展的资金不足问题。

此外，欧盟预算制度的发展有助于欧洲一体化的不断深化，除了具有上述内在的因果关系外，还可以在欧盟的宪法性条约——《里斯本条约》中找到渊源。经《里斯本条约》修订的《欧洲联盟运行条约》第311条规定，“联盟本身应能够提供为实现其目的及实施其政策所必不可少的财力”[①]。由此可见，作为具体为欧盟提供该财力的欧盟预算制度，其使命就是保证欧盟能够为实现其目的和实施其政策获得及时的和充足的资金支持。所以，根据自身担负的使命，欧盟预算制度发展的终极目标自始至终是更好地为欧盟提供融资服务，这也

---

① 程卫东、李靖堃译：《欧洲联盟基础条约——经〈里斯本条约〉修订》，社会科学文献出版社2010年版，第156页。

就自然有助于欧洲一体化的不断深化。

第二节 欧盟预算制度与一般主权国家和国际组织预算制度的比较

一 单一制/联邦制国家的预算制度——以英美预算制度为例

（一）英国预算制度

英国是典型的议会制、君主立宪制国家，在政治体制上实行三权分立，内阁行使行政权，议会行使立法权，法院行使司法权。内阁作为议会下院的一个委员会，是国家的最高行政机关。由于现代意义上的预算最早起源于英国，所以英国预算制度的形成与发展也都具有原创性。“早在18世纪50—60年代，格莱斯顿财政改革便奠定了英国现代预算制度的基本框架。”[①] 此后，英国预算制度经历了数百年的发展，“这一期间尽管有着许多反复曲折，但在各种政治力量的不断斗争和协调下，在新兴的市场因素和资本力量的根本作用下，最终发展成为现代最基本的财政制度形式”[②]。英国预算制度采用的是跨年的财政年度，从每年4月1日起至次年3月31日止。英国预算的收入来源主要是依靠税收，此外还有一部分收入是靠政府发行公债获得。

在英国预算过程中，发挥主导性作用的是财政部、内阁和议会下议院，它们在整个预算过程中按照各自的职责分工不同，分别扮演着不同的角色，也发挥着不同的作用（见图16）。英国预算具体的编制工作由财政部负责，其中预算支出主要分为两类：长期预算支出和年度预算支出。长期预算支出与年度预算支出在预算科目上大体相同，并分门别类进行列示，如包括经常性支出、资本性支出、转移支付款项等。[③] 年度预算从开始启动到最终获得批准需要1年左右的时间，

---

① 彭健：《政府预算理论演进与制度创新》，中国财政经济出版社2006年版，第160页。

② 同上书，第153页。

③ 参见彭健《政府预算理论演进与制度创新》，中国财政经济出版社2006年版，第153页。

也就是说，在新财政年度开始的同时，财政部就要着手启动下一财政年度的预算编制工作。年度预算的制定过程首先是由财政部向各部门发出起草部门预算概算的通知，这标志着新一轮年度预算的制定工作正式启动。财政部在汇总并审核各部门提交的预算支出概算后，开始编制政府的预算草案并提交内阁审议，经内阁审议、修订并获得批准后，由财政大臣将包括收入概算在内的预算草案提交至议会下议院并在下议院对预算案进行演说，之后将由下议院审核、批准。“如果下院拒绝通过政府的财政预算，也即意味着对政府的不信任，从而可能导致内阁辞职或解散议会。所以政府在提出预算时尽可能考虑周全而不被议会否决，而议会也尽量满足政府的要求。”① 预算草案最终需获得议会下议院正式批准后才能生效。

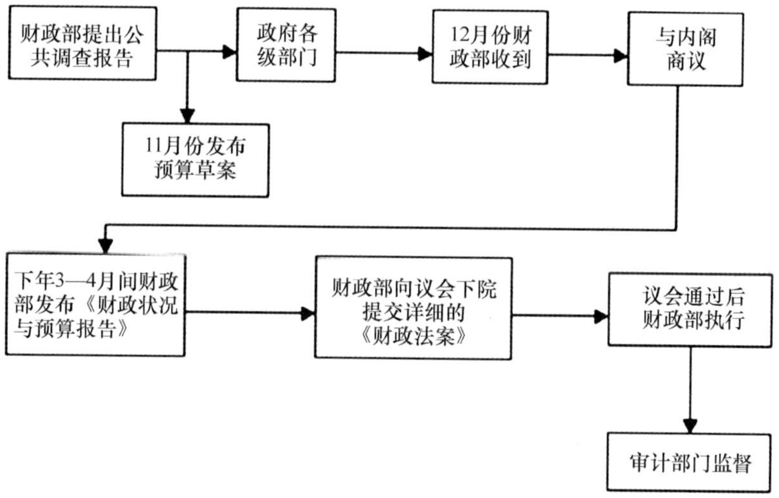

图 16　英国预算制定流程图

资料来源：卢凌波：《中国全国人大预算审查监督与预算制度创新》，博士学位论文，中国社会科学院研究生院，2013 年，第 33 页。

在下议院正式批准新一财年的预算案后，由财政部在获得下议院授权的范围内指导、监督各政府部门执行，不得突破议会下议院的授

① 彭健：《政府预算理论演进与制度创新》，中国财政经济出版社 2006 年版，第 156 页。

权额度。英国预算的执行主要包括三个方面：收入、支出和拨款。“收入方面，由国内税务局与关税局负责收缴税款，英格兰银行代理出纳；支出方面，财政部设立主会计具体负责拨款；拨款执行要求一种授权拨款只能在两个项目之间调配，而不能与另一种授权拨款相互进行拨转。年终支出剩余可以结转到下一个年度。预算年度结束后，政府各部门要对本部门的各项收支、财产、往来款项等进行年终清理，结算各类收支账户，编制决算报告书。同时还须向议会和公众报告部门公共支出的状况。”① 如果在预算执行的过程中，政府部门认为剩余的预算额度不足以涵盖其履行职责所必需的资金，那么就需要申请追加预算，具体程序是先由该政府部门向财政部提出申请，然后再报请议会审批。在议会批准之前，任何个人和部门都不得对预算进行追加。

英国预算的监督体系分为内审和外审两个维度。内审工作由财政部具体负责。一般来说，每个政府部门内部都设有主计长一职，主计长由所在部门最高行政官员任命并具体负责对所在部门的财务活动进行记录。主计长发挥的作用主要是确保本部门的预算资金能够得到经济和有效率地使用。预算的外审工作具体由英国国家审计署（National Audit Office）② 负责。自英国《1983 年国家审计法》（National Audit Act 1983）通过后，国家审计署和审计长的地位被以法律规定的形式确定下来，国家审计署的独立性也因此得到了有效保障，不再受政府各部门尤其是财政部的影响。国家审计署在具体工作中直接向下议院公共账户委员会报告。国家审计署的主要职能是对政府部门公共预算资金使用的有关账目进行审计，即执行财务审计，并针对每个被审计的部门提出审计报告。此外，国家审计署的职能还包括绩效审计，主要对政府部门使用预算资金的有效性和经济性展开审计，并负责出具独立的绩效审计报告。国家审计署“通过公共账户委员会与议会联

① 娄冰：《中国预算制度：变迁轨迹和改革路径》，博士学位论文，中国社会科学院研究生院，2013 年，第 88 页。

② 英国国家审计署的审计长由首相和公共账目委员会主席协商后提名，人选一般是下议院主要反对党中的一个成员。

系，并定期在下院公共账户委员会的听证会上报告其审计结果”①。此外，在财政年度结束后，国家审计署还负责审计由财政部编制的政府预算决算案，并将审计结果提交下议院作为其审议、表决政府预算决算的重要参考依据。

（二）美国预算制度

美国在经历了独立战争之后，摆脱了英国的殖民统治，并建立了总统制的联邦国家。同时，美国也是个奉行“三权分立”的国家，立法权、司法权和行政权分别掌握在国会（由参议院和众议院组成）、最高法院和总统手中，三个机构相互独立、相互制约。美国在建国后的200余年时间里，迅速发展成为世界上的头号经济强国。而美国的财政预算制度作为为经济发展提供源源不断食粮的资源库，也随着美国经济社会的发展不断地变革，并对世界其他国家和国际组织的预算制度产生了广泛而深远的影响。

美国预算制度的法律基础主要是源于《1870年反超支法》（Anti-deficiency Act of 1870）、《1921年预算和会计法》（Budget and Accounting Act of 1921）、《1974年国会预算和扣留控制法》（Congressional Budget and Impoundment Control Act of 1974）、《1985年平衡预算和紧急赤字控制法》（Balanced Budget and Emergency Deficit Control Act of 1985）、《1990年预算执行法》（Budget Enforcement Act of 1990）以及《1993年政府绩效和结果法案》（Government Performance and Results Act of 1993）中的有关财政预算方面的规定。在这些法案中，对美国现代预算制度有重大影响的法案主要是《1921年预算和会计法》和《1974年国会预算和扣留控制法》。“这两部法案几乎确立了美国现代预算制度的所有基本原则和重要机构。二者都充分体现了美国宪法所确立的分权制衡原则——具体表现为国会和总统之间不平衡的预算权力配置。”②《1921年预算和会计法》的通过，标志着美国现代

① 彭健：《政府预算理论演进与制度创新》，中国财政经济出版社2006年版，第158—159页。

② 王熙：《美国预算制度变迁及其对中国的启示》，《中央财经大学学报》2010年第2期。

预算制度的建立，根据该法案的规定，美国政府设立了预算局（Bureau of Budget）①，法案同时规定总统应代表整个行政机构向国会提交预算，自此以总统为代表的行政机构在预算过程中占据了主导地位。而《1974年国会预算和扣留控制法》通过后，美国预算制度经历了一次重大改革，该法案进一步加强了国会的预算权力，改变了此前国会在预算问题上处于被动反应的地位，使总统与国会在预算过程中的权力得到平衡。

在财政年度区间设立的问题上，美国预算制度与英国预算制度类似，也是采用跨年的财政年度，但具体的时间跨度有所不同。1844—1976年期间，美国的财政年度是从每年7月1日起至次年6月30日止，1976年7月1日至9月30日为过渡期，而自1976年10月起，财政年度改为从每年10月1日起至次年9月30日止，目的是使国会有充足的时间来审议和讨论预算草案，以增强制衡总统预算权力的能力，这也是《1974年国会预算和扣留控制法》通过后给美国预算制度带来的一大变化。

美国的政府体系共分为三级，即联邦政府、州政府和地方政府，各级政府在事权与财权的划分上较为清晰。因此，美国的政府预算也分为三级，即联邦预算、州预算和地方预算。美国联邦预算仅指中央政府的预算，与州预算和地方预算之间是并列关系，所以这三级预算也是相互独立的。在预算收入方面，美国预算的收入来源主要依靠税收，各级预算的收入来源具体是根据分税制原则进行划分的。联邦政府预算的主要收入来源是所得税，如个人所得税和公司所得税，州政府预算的收入来源主要依靠消费税和销售税，而地方政府则主要靠征收财产税来获取预算收入。在预算支出方面，“与国家社会经济发展关系重大的开支项目集中在联邦预算。国防、国际事务、空间科学技术、大型公共工程、农业补贴和社会福利等项目的支出均由联邦预算

① 预算局最初隶属于美国财政部，1939年以后从财政部分离出来并移至总统办公室，直接受美国总统的领导。1970年，预算局合并到新成立的管理与预算办公室，并成为美国总统对政府财政预算计划实施干预的执行机构。

负责，道路、公共服务事业及设施、城市维护与建设则由州和地方政府负责”①。在联邦预算支出中，有很大一部分预算资金是通过财政转移支付的方式支付给了州政府和地方政府。按照使用条件的不同，具体可以分为三类：有条件（专项）拨款、配套拨款和无条件拨款。由此可见，联邦预算在美国整个财政预算体系中占据着重要地位。

在美国联邦预算过程中，联邦政府和国会的多个预算部门都参与其中，其中发挥作用比较大的是隶属于总统的管理与预算办公室（Office of Management and Budget）和隶属于国会的国会预算办公室（Congressional Budget Office）。管理与预算办公室的主要职责是编制联邦政府预算和监督预算支出的执行，而国会预算办公室主要负责对总统提出的预算草案进行分析、评估并向两院预算委员会提出分析报告供其决策时参考。所以，管理与预算办公室和国会预算办公室是美国行政机关与立法机关就预算问题展开磋商的桥梁和纽带。美国联邦预算的预算过程较为复杂，一个预算周期持续的时间也很长，从联邦政府各部门编制各自的预算概算开始，到预算执行结束后的审计，历时3年左右的时间。按照预算工作的先后顺序，联邦预算过程大体可以分为四个阶段：编制、审批、执行和审查阶段。②

在预算的编制阶段，首先由管理与预算办公室和总统确定新一财年的政策目标，之后由管理与预算办公室向政府各部门下达新一财年的预算指标和政策指导。管理与预算办公室在收集、汇总各部门提交的预算概算后，将其提交至总统审查，总统要在2月的第一个星期一之前正式向国会提交新一财年的预算草案。

在预算的审批阶段，国会将总统提交的预算草案同时发给国会预算办公室、两院预算委员会、两院拨款委员会以及两院筹款委员会等预算相关部门进行审查。国会预算办公室主要负责对预算草案进行专业审查并向两院预算委员会提出预算分析报告。两院的各专门委员会

---

① 朴明根等编著：《现代财政》，青岛出版社1995年版，第306页。

② 主要参考彭健《政府预算理论演进与制度创新》，中国财政经济出版社2006年版，第218—221页。

也要在规定时间内向预算委员会就预算草案提出意见和评估结果。此后，由两院的预算委员会在汇总各方提交的信息后，提出国会的预算决议案并提交两院讨论，国会可以批准、修改或者否决总统提出的预算草案。预算草案需要在获得国会批准并经总统签署后才能生效并成为联邦政府的正式预算。预算的审批程序如表 13 所示。

表 13 **美国国会编制审议预算的程序及时间表**

2 月的第一个星期一前	总统向国会提出下年度预算案
2 月 15 日	国会预算办公室向两院预算委员会提出报告
2 月 25 日	各委员会向两院预算委员会提出意见和概算
4 月 1 日	两院预算委员会将预算共同议案提交国会审议
4 月 15 日	国会通过预算共同议案
5 月 15 日	众议院开始审议年度预算拨款法案
6 月 10 日	众议院拨款委员会将最后形成的年度预算拨款法案提交国会审议
6 月 15 日	国会通过预算调整法案
6 月 30 日	众议院通过年度预算拨款法案
9 月 25 日前	总统签署国会通过的预算
10 月 1 日	开始执行新财政年度预算

资料来源：周劲松：《公共预算权力配置问题研究》，博士学位论文，财政部财政科学研究所，2012 年，第 50 页。

在预算的执行阶段，由管理与预算办公室具体负责按进度分季拨款，并按支出项目的类别进行分配。如果在预算执行的过程中出现预算不足的情况，必须经过国会立法才可追加预算。在预算执行过程中涉及的预算资金调拨事宜由财政部具体负责。预算的具体使用是由政府各部门在管理与预算办公室和财政部的监督、指导下进行的，而监督和指导的目的是确保各部门在国会授权的预算限额内按照规定的用途使用预算资金。政府各部门在执行预算时，必须定期向管理与预算办公室报告预算的执行情况，管理与预算办公室也有权对各政府部门的账目进行审查。

在预算的审查阶段，由管理与预算办公室和财政部共同就上一财政年度的预算执行情况编制预算决算报告，该报告需经负责预算审计的政府问责总署（Government Accountability Office）① 审查后，提交国会批准。政府问责总署是一个为国会服务的独立的超越党派的机构，它的职责是审查所有与收入、支出和公共资金的使用有关的事务，是联邦政府预算的外部审计机构。政府问责总署通过对各部门的预算执行情况进行审查，评估其中是否存在非法或不恰当的欺诈行为，并就预算的执行结果是否符合国会批准的法案提交报告。政府问责总署是美国最高的国家审计机关，直接向国会报告工作。

二　国际组织的预算制度——以联合国预算制度为例

联合国是目前世界上最大的一个由独立的主权国家组成的国际组织，它在重大国际和地区事务中发挥着举足轻重的作用。联合国预算制度为联合国各组成机构的正常运转提供了重要的资金来源和物质保障，其制度框架是根据《联合国宪章》（以下简称《宪章》，Charter of the United Nations）、《大会议事规则》（Rules of Procedure of the General Assembly）以及《联合国财务条例和细则》（Financial Regulations and Rules of the United Nations）的有关规定确立的。联合国预算主要分为三类：经常性预算（Regular Budget）、维持和平行动预算（简称维和预算，Peace-Keeping Budget）以及国际法院的预算。其中，经常性预算由联合国大会（以下简称“大会”）每两年通过一次，主要负担纽约联合国总部及其驻世界各地的办事处正常运行的费用，它是联合国各主要机构赖以生存的物质基础，具体用于承担联合国的活动、员工的薪酬和基础设施建设的费用；维和预算用于联合国在世界各地展开维和行动的费用支出，是维护世界和平、减缓有关地区紧张局势、避免局部爆发大规模战争以及协助冲突地区恢复社会秩序的重要保障；国际法院的预算用于维持国际法庭正常运转的费用。根据

① 政府问责总署的旧名为国家审计署（General Accounting Office），国家审计署是根据《1921 年预算和会计法》的规定，由国会建立。

《联合国财务条例和细则》第1.2条规则的规定，联合国预算的财务期间（Financial Period）包括两个连续的日历年，但维和行动预算的财务期间是1年，从每年7月1日起至次年6月30日止。联合国预算相关的具体工作主要由大会下属的行政和预算委员会（又称第五委员会，Administrative and Budgetary Committee）负责执行。

联合国预算的收入来源是由《联合国宪章》第17条规定的，即"本组织之经费应由各会员国依照大会分配限额担负之"[①]。所以，会员国的会费是联合国预算的法定收入来源。由于来源渠道有限，各会员国对于会费的上缴就带有很强的义务性，否则就会影响到联合国的正常运转。除了会费这一法定收入来源外，联合国还有一项重要的收入来源——自愿捐款。这部分收入来源是根据会员国的意愿所提供的资助，主要用作专项资金，如用在联合国儿童基金会、世界粮食计划署、联合国开发计划署以及联合国难民署等。

各会员国会费的具体分摊比例是由大会的附属机构——会费委员会（由联合国大会任命的专家组成）向联合国大会提出建议后，由联合国大会决定的。根据《大会议事规则》第160条的规定，"会费委员会应就会员国根据《宪章》第十七条第二项的规定大致按支付能力分摊本组织经费的问题向大会提供咨询。分摊比额表一经大会决定，至少三年内不作总的修改，除非相对支付能力显然已发生重大变化。会费委员会还应就新会员国的分摊额、会员国关于更改分摊额的请求、为执行《宪章》第十九条而应采取的行动向大会提供咨询"[②]。由此可见，会费委员会在决定和调整各会员国会费分摊额度以及对于无能力支付会费的会员国继续保留投票权方面拥有很大的影响力。会费委员会在制定各会员国具体的分摊比例时，主要参考的是各国的实际支付能力，而支付能力又是根据对未来财务期间内各国国民生产总值的估算情况以及在综合考虑一些调整因素（如对外债务和人均收入）后决定的。当前，联合国经常性预算的分摊比例介于0.001%—

---

① 许光建主编：《联合国宪章诠释》，山西教育出版社1999年版，第138页。

② 联合国：《大会议事规则》，联合国出版物2008年版，第42页。

22%之间。自联合国成立以来，美国一直是联合国会费负担额度最高的会员国，目前它所承担的比例占到联合国总预算的22%。此外，为有效保障联合国预算收入的征收工作顺利进行，《联合国宪章》第19条对于拖欠会费的会员国的惩罚措施作了明确规定："凡拖欠本组织财政款项之会员国，其拖欠数目如等于或超过前两年所应缴纳之数目时，即丧失其在大会投票权。大会如认拖欠原因，确由于该会员国无法控制之情形者，得准许该会员国投票。"① 由此可以看出，该条款将拖欠会费的会员国分为两类：无正当理由拖欠会费的会员国，将被剥夺在大会的投票权；而却因会员国无法控制的因素而导致无能力支付会费的，会继续保留其投票权。

联合国预算的支出总体上是遵循谨慎原则，是在经过一系列严格程序后决定的。为了避免预算资金被滥用或者浪费的情况出现，《大会议事规则》第153条作出了如下规定："任何涉及开支的决议，除非附有秘书长编制的支出估计数，不得由委员会建议大会通过。秘书长预计需要费用的任何提案，需待行政和预算委员会（第五委员会）有机会说明该提案对联合国预算的影响后，大会才能予以表决。"②

联合国预算的制定程序也十分严格，首先由联合国秘书长在汇总并审查各组成机构的预算需求后向大会提出预算草案，此后由行政和预算问题咨询委员会（以下简称咨询委员会，Advisory Committee on Administrative & Budgetary Questions）以及方案和协调委员会（Committee for Programme and Coordination）对草案进行审议、分析，并将相关建议提交给行政和预算委员会，由后者对预算进行进一步审查后，提交给大会审查、通过。根据《宪章》第17条的规定，"大会应审核本组织之预算"③，所以，联合国预算需经大会表决通过后才能生效。

咨询委员会作为行政和预算委员会的重要智囊机构，负责向后

① 许光建主编：《联合国宪章诠释》，山西教育出版社1999年版，第150页。

② 联合国：《大会议事规则》，联合国出版物2008年版，第40页。

③ 许光建主编：《联合国宪章诠释》，山西教育出版社1999年版，第138页。

者提供专业的意见和建议，行政和预算委员会可以接受、简化或者拒绝咨询委员会的提议。对于咨询委员会的职责范围，《大会议事规则》第157条作出了明确的规定，“行政和预算问题咨询委员会负责对联合国方案预算进行专业审查，并负责协助行政和预算委员会（第五委员会）的工作。审议下一个两年期拟议方案预算的一届常会开始时，咨询委员会即应就该两年期拟议方案预算向大会提出详细报告。咨询委员会还应在《联合国财务条例和细则》有关条款规定的时间，就联合国及秘书长负有行政责任的联合国各实体的决算提出报告。咨询委员会应代表大会审查各专门机构的行政预算，以及同专门机构订立财政和预算办法的提案”①。咨询委员会代表大会对各专门机构和与这些机构财务安排有关的行政预算进行审查后，将向大会提交各专门机构的预算审核报告。通常情况下，咨询委员会的结论和建议往往会对行政和预算委员会所建议的决定和决议的草案产生重要影响。

联合国预算的监督体系分为内审和外审两个类别。根据《联合国财务条例和细则》第5.15条规则的规定，内部监督服务办公室负责进行独立的内部审计工作。内部审计人员应就财政资源的使用情况以及内部财务控制系统、程序和其他相关的内部控制要素的效果和应用情况等进行审查、评估和报告。外审安排是根据大会1946年12月第74（I）号决议作出的，大会设立了具有高度独立性的联合国审计委员会，并由其具体向大会提供独立的外部审计服务。审计委员会负责审计联合国各组成机构及其各基金和方案的预算执行情况，并通过咨询委员会向大会报告其审计结果和建议。审计委员会最重要的职能是进行财务与合规审计，同时它也进行绩效审计。审计委员会会将绩效审计与财务和合规审计的结果合并在一起，并纳入其向大会提交的正式报告中。为了保障审计委员会能够顺利完成使命，联合国于1976年又成立了审计业务委员会，具体负责协调审计委员会的工作，以确保其工作符合专业标准。

---

① 联合国：《大会议事规则》，联合国出版物2008年版，第40页。

三　欧盟预算制度与一般主权国家和国际组织预算制度的异同

从上述具有代表性的主权国家和国际组织的预算制度的基本情况可以看出，欧盟预算制度与一般主权国家和国际组织的预算制度相比，在很多方面都有相似之处，同时也存在很多差异。具体来说，主要体现在四个方面：收入来源、支出领域、预算规模和预算职能。

在预算资金筹措方面，一般主权国家联邦（中央）预算的收入来源主要依靠税收，它由国家的征税机关按照国内税法的要求进行征收，具有强制性。国际组织预算的收入来源主要依靠成员国按照规定比例交纳的会费，性质上属于对其成员国的财政摊款。而欧盟预算的收入来源名义上是依靠其自有财源系统筹集，但它却不是真正意义上的自有财源，因为它与主权国家预算的收入获取方式有着本质上的区别。具体来说，欧盟预算自有财源系统中的传统自有财源类似于成员国的财政税收，但在获取方式上又有所不同，由于欧盟没有征税权①，所以不能像成员国那样通过运用法律赋予的征税权来直接获得预算收入，而是由成员国代为征收。而占欧盟预算总收入近九成的基于增值税和国民总收入的自有财源，实际上是在成员国国家财政预算收入的基础上获得的，性质上属于对各成员国的财政摊款，这与国际组织的预算收入来源相似。由此可见，欧盟预算的收入来源兼具主权国家和国家组织预算收入来源的特征，是一种介于两者之间的混合式的资金筹集方式。

在一般主权国家内部，联邦（中央）政府与地方政府在预算收入方面由于大体上是按照税种来划分资金来源，所以两者之间基本不存在竞争关系。一般来说，联邦（中央）预算会将本国大部分的税收收入纳入其中，之后再通过各种转移支付手段来支持较低层级政府的预算。国际组织与其成员国之间在预算收入方面也不存在任何的竞争关系，这是因为国际组织的定位比较清晰，日常的运作也很稳定，使

---

① 客观地说，欧盟也有一些直接的税收收入，如对欧盟员工薪酬征收的税款，但相对于其预算总规模而言，基本可以忽略。

得国际组织预算制度的职能较为单一，主要是维持各职能部门和派出机构的正常运转。因此，只要各成员国按照规定的比例正常缴纳会费即可满足国际组织对于预算收入方面的需求。当然，国际组织的一些专项行动也需要预算资金的支持，但这部分资金通常不需要从其常规预算中划拨，而是依靠成员国在常规预算之外另行捐款来筹集。欧盟在这方面却与一般的主权国家和国际组织有所不同。欧盟与其成员国之间在预算收入方面客观上始终存在着一种相互竞争的关系。如果按照欧盟各成员国间签订的各项条约中对于欧盟的定位和赋予它的使命来看，目前欧盟所发挥的作用和影响在很多方面都有欠缺。而导致欧盟职能受限的最主要原因是它的预算规模太小，远未达到其发挥应有职能所需的资金规模。因此，欧盟在发展过程中，就会不断谋求扩大预算规模，以使其应有的职能得到体现。然而，欧盟预算收入与成员国预算收入的最终来源，都是由欧盟公民通过税收的形式提供的，但税收的总量是相对有限的，不能根据需要而任意增加。如果欧盟获得的预算资金多一些，那么成员国可支配的预算资金就要相应减少，反之亦然。只要欧盟一直在谋求扩大其预算职能，那么在既定时期内，欧盟公民提供的税收多少，只会影响欧盟与各成员国之间在预算收入问题上竞争的激烈程度，而不会从根本上消除两者之间的竞争。这也是欧盟预算制度与主权国家和国际组织预算制度之间在预算资金筹措方面的另一显著区别。

从理论上讲，欧盟筹措资金不应该增加成员国的正常开支以及纳税人的负担，[①] 因此两者在预算收入上也不应存在相互竞争的关系，但欧盟的实际情况却与理论推理得出的结论相反。在一般的主权国家中，联邦（中央）预算如果扩大财源，通常会把相应的原来由地方政府负责的支出领域承接过来，这样地方政府不会因财源缩减而影响在其他支出领域的资金投入。而欧盟的情况却不是这样，各成员国向欧盟预算提供的资金越多，本国可支配的预算资金就越少，在相关领

① 参见余开祥、洪文达、伍贻康主编《欧洲共同体——体制·政策·趋势》，复旦大学出版社 1989 年版，第 331 页。

域的资金投入也将相应减少，但扩大后的欧盟预算却不会给各成员国带来均等的收益。按照目前欧盟预算的支出结构，提供给欧盟的资金绝大部分是用在支持农业和贫困地区的发展上，使得净贡献国无法通过欧盟预算的再分配政策来弥补本国因预算规模缩小而带来的损失和影响，并导致净贡献国越来越不情愿向欧盟预算提供更多的资金。这是导致欧盟与其成员国之间在预算收入问题上出现竞争的主要原因。

在预算支出领域和规模方面，一般主权国家联邦（中央）预算的支出领域主要涵盖那些与国家经济社会的发展关系重大的领域，如国防、外交、社会福利等，这些领域一般需要投入大量的资金，所以预算规模通常很大。国际组织常规预算的支出主要是用来承担各组成机构和派出机构正常运转的费用，其中大部分是行政费用，因而不需要很多的资金投入，预算规模通常较小。而欧盟预算的支出领域和规模则介于两者之间，它涵盖的领域比国际组织预算支出的领域大，但又比一般主权国家联邦（中央）预算支出的范围小。一方面，欧盟预算支出需要负担维持欧盟超国家机构和各派出机构正常运转的费用；另一方面，欧盟预算支出的九成以上是用在了各成员国，但涵盖的领域比较集中，主要用来支持农业和贫困地区的发展，不涉及国防、外交等一般主权国家联邦（中央）预算支出通常会涵盖的领域，这也是欧盟预算与一般主权国家联邦（中央）预算在支出领域方面最大的不同之处。在欧盟，与经济社会的发展关系重大的领域的预算支出是由各成员国各自负担的。但即便如此，欧盟预算制度在支出方面仍然具有一般主权国家预算制度的性质。

在预算职能方面，欧盟预算与一般主权国家和国际组织的预算也存在很大的差异。“在单一国家以及联邦中，国家预算是国家经济管理的一个重要工具，其规模和结构反映了国家的政治、社会和经济目标。预算对经济的影响方式多种多样”①，但主要是通过发挥资源配置、收入再分配和宏观经济稳定的职能来实现。对于一般主权国家的联邦（中

---

①［英］彼得·罗布森：《国际一体化经济学》，戴炳然等译，上海译文出版社2001年版，第118页。

央）预算来说，全部具备上述三项基本职能。国际组织由于自身定位的问题，导致其预算基本上不具备上述三项中的任何一项职能。欧盟预算在这三项基本职能中，具备一定的资源配置和收入再分配职能，但不具备宏观经济稳定的职能。这主要是由两方面原因导致的：一方面，在欧盟总体的预算中，欧盟预算的规模过小，仅占欧盟国民总收入的1%左右，绝大部分预算资金掌握在成员国手中；另一方面，欧盟条约规定欧盟预算收支必须保持平衡，不得出现赤字。一个预算规模相对于经济总量来说很小同时又不可以赤字运行的预算，是无法在宏观经济出现波动时通过调节经济周期来发挥稳定的作用的。而对于前两项职能，欧盟预算由于受到预算规模和支出结构的限制，相比之下主要发挥的是收入再分配的职能，但如果与主权国家的再分配职能相比，还是相去甚远。准确地说，欧盟预算“没有起到重大的有计划再分配职能，虽然实际上它以类似随意的方式在成员国中重新分配财源”①。所以，从预算职能的角度来看，欧盟预算所具有的职能比一般主权国家预算的职能小得多，但又比国际组织预算的职能大。

从以上的分析可以看出，欧盟预算制度，无论是其收入来源、支出领域还是预算规模，与一般主权国家和国际组织的预算制度相比都有其独特性，它代表了国际财政预算体系中一种新型的收支分配关系。而从预算职能上看，欧盟预算制度是介于一般的主权国家和国际组织的预算制度之间的一种特殊的预算体制，主要发挥的是欧盟对其成员国的部分国民收入在超国家层面进行有限再分配的作用。

第三节　财政联邦主义视域下的欧盟预算制度

目前，欧盟仍在朝着真正的联邦制方向发展，但发展的道路充满了荆棘和坎坷，并遇到了诸多障碍。例如，2001 年以后开启的欧盟制宪运动就因《欧洲宪法条约草案》未能获得所有成员国的批准而遭受重

---

① ［英］彼得·罗布森：《国际一体化经济学》，戴炳然等译，上海译文出版社 2001 年版，第 131 页。

大挫折。但从本次制宪进程的细处着眼，各成员国在批准《欧洲宪法条约》的过程中，只有法国和荷兰在公投中反对批准宪法条约，绝大多数成员国对于该条约的批准都是开了绿灯的。由此可见，在欧盟范围内，大多数成员国是赞成和支持欧盟在欧洲一体化进程中朝着联邦制的方向发展的，它在一定程度上代表了欧盟社会的主流观点。然而，“制宪行动中的波折在欧洲一体化进程中有其必然性，因为事物的发展很多时候都是呈现螺旋型上升趋势，某些阶段的停滞甚至倒退都是可能的。但是，迄今为止的欧盟发展过程也同时表明，欧洲统一的航船始终能在纷繁复杂的矛盾中破浪前进，从未倒退。推进欧洲一体化进程不仅是有关各国的共识，而且已成为不可逆转的发展趋势”①。

鉴于此，作为为欧洲一体化进程的推进提供重要动力的欧盟预算制度，有必要提前做好准备，并将自身的发展定位朝着适应欧盟未来达到联邦制的标准后所需要的财政预算制度的方向努力。因此，在对未来的欧盟预算制度进行规划时，借鉴目前已经相对成熟的用以分析联邦制国家财政预算制度的相关理论来考察和分析现行的欧盟预算制度，并从中找出欧盟预算制度可以参考和借鉴的经验，是十分有意义的。从第三章的分析可以看出，欧盟预算制度的形成和发展是一个充满竞争和博弈的复杂过程。这种竞争和博弈除了表现在欧盟超国家机构之间的预算决策权之争和各成员国之间的预算使用权之争外，也涉及欧盟超国家机构与成员国之间围绕财政主权转让问题而展开的争夺（见图 17），而后一种情况“主要表现为财政联邦主义与其反对者之间的激烈争论”②。

一　财政联邦主义理论的内涵

财政联邦主义（Fiscal Federalism）作为一个经济学的概念，是由在德国出生的美国现代财政学的开拓者理查德·A. 马斯格雷夫

① 张海冰：《欧洲一体化制度研究》，上海社会科学院出版社 2005 年版，第 115 页。

② 刘文秀、［英］埃米尔·J. 科什纳等：《欧洲联盟政策及政策过程研究》，法律出版社 2002 年版，第 240 页。

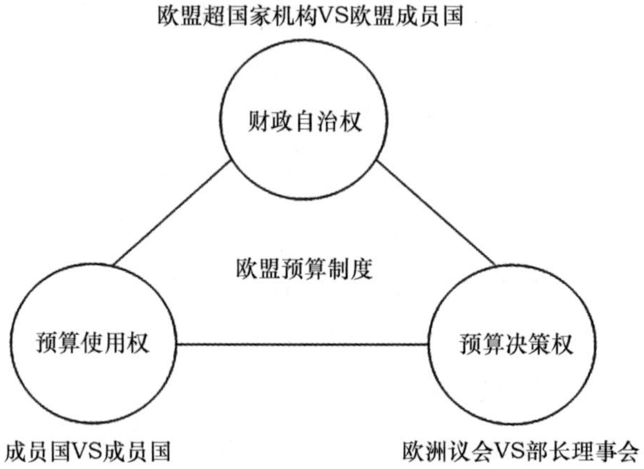

图 17　欧盟各方围绕预算问题博弈关系图

(Richard A. Musgrave) 于 1959 年提出来的，它是联邦主义一词的延伸。中央集权和地方自治这两种理念在亚里士多德所著的《政治学》一书中就已有所提及，“我们还得注意到，哪些事情应在各处就地设置职官，哪些事情则应由一个集中的职司管辖全境”①。联邦主义在某种意义上代表的是上述两种形式的折中状态。美国著名经济学家华莱士 · E. 奥茨（Walllace E. Oates）在其《财政联邦主义》一书中提出：“在联邦制下，中央政府及其下属机构同时存在，后者各自就其相关地区提供某种公共服务水平作出决定。”② 因此，联邦主义的核心是分权（Decentralization），它的特征具体表现在中央政府与其下属机构（地方政府）之间的权力和职能的划分上，即每一级政府都在一些行动上拥有最终决策的权力。奥茨认为，“从经济学的角度看，几乎所有的制度均为联邦制。除了决策权达到了绝对的集中程度——这在现实中几乎难以想象——所有国家的政府部门都属于联邦体制，区别仅在于集权程度上的差异”③。

① ［古希腊］亚里士多德：《政治学》，吴寿彭译，商务印书馆 2009 年版，第 226 页。

② ［美］华莱士 · E. 奥茨：《财政联邦主义》，陆符嘉译，译林出版社 2012 年版，第 19 页。

③ 同上书，第 23—24 页。

马斯格雷夫在其经典著作《公共财政理论》（*The Theory of Public Finance: A Study in Public Economy*）一书中提出："财政联邦主义的核心在于，资源配置政策应根据各地居民的不同偏好而有所差别，而分配和稳定政策则应主要由中央一级的政府负责。"① 对于财政联邦主义的实质，奥茨得出的结论与马斯格雷夫的观点类似，奥茨认为"中央政府承担的主要责任是稳定经济，实现最公平的收入分配，以及提供某些严重影响到全社会所有成员福利的公共产品。作为对这些职能的补充，地方政府负责提供那些主要与其辖区居民利益相关的公共产品和服务"②。由此可见，财政联邦主义是一组包含不同财政理念的观点，即一种财政理论，其最简单的含义是指关于多级政府间财政关系和政府职能分配的原则，它的核心是财政分权（Fiscal Decentralization）。

财政联邦主义具体关心的问题是，在多级政府间应如何确定各级政府的职能，相应的财政手段或财政工具应如何在各级政府间进行分配和组合，才能使政府财政体系的运行更符合公平与效率的原则等。"财政联邦主义是处理中央政府与地方政府（或者联邦政府与地方政府）之间财政关系的一种制度设计，完全可以说是财政分权理论的一种概括，其重点在于在明确中央政府和地方政府财政职能分工的基础上，强调地方财政的自主性和独立性。"③ 财政联邦主义理论认为，财政联邦体制可以有效地解决主权国家政府面临的问题，如收入分配正义、有效率地配置资源、宏观经济稳定等问题。因此，财政联邦主义自20世纪50年代末期被提出以来，"主要流行于美国、加拿大、德国、澳大利亚等联邦国家，而目前，包括俄罗斯在内的前苏联、东欧国家、法国和英国，在其进行分权改革的进程中，也纷纷注意到财政联邦主义的一些观点。因此，财政联邦主义的财政观也已脱离其流

---

① Musgrave, R. A., *The Theory of Public Finance: A Study in Public Economy*, New York: McGraw-Hill, 1959, pp. 181 – 182.

② ［美］华莱士·E. 奥茨：《财政联邦主义》，陆符嘉译，译林出版社2012年版，第19—20页。

③ 张道庆：《美国与法国财政联邦主义比较》，《经济经纬》2005年第3期。

行国的特殊政治体制而普遍受到重视"[①]。财政联邦主义的发展可以划分为两个阶段：第一代财政联邦主义（First-Generation Fiscal Federalism，简称 FGFF）和第二代财政联邦主义（Second-Generation Fiscal Federalism，简称 SGFF）。

从财政联邦主义的历史发展脉络来看，第一代财政联邦主义理论（First-Generation Theory of Fiscal Federalism）是基于财政分权理念并在公共产品理论[②]的基础上建立起来的。所以，从某种意义上说，传统财政联邦主义理论是公共产品理论的延伸。查尔斯·M. 蒂布特（Charles M. Tiebout）的主要贡献在于，他突破了公共产品理论中隐含的财政支出主要在中央政府一级处理这一假设，"将主流公共产品理论中对全国性公共产品需求的分析扩展到对地方性公共产品的需求分析，并且看到了居民流动性带来的地方政府之间的竞争，最终使得地方政府能与市场自由竞争机制一样有效率地提供地方性公共产品"[③]。鉴于蒂布特（Tiebout）、马斯格雷夫（Musgrave）和奥茨（Oates）等人对于传统财政联邦主义理论的开创性贡献，该理论又被称为 TOM 模型（TOM-model）。传统财政联邦主义理论的主要内容包括蒂布特的"以足投票理论"和奥茨的"分权定理"等。

"以足投票理论"是蒂布特在 1956 年发表的《地方支出的纯粹理论》（A Pure Theory of Local Expenditures）一文中提出来的。蒂布特认为消费者之所以愿意在某个地方政府的周围，是因为他们选择的是最能满足他们期望的公共产品偏好模式的社区，消费者寻找的是地方政府的财政收入与支出之间的精确组合，即可以使其效用最大化的社区，同时，社区的数量越多，而且各社区间的差异越大，消费者越能接近实现其效用最大化的位置。[④] 这里所说的社区是地方政府中最低一级的行政

---

① 刘云龙：《财政联邦主义理论评述》，《经济学动态》1998 年第 7 期。

② 公共产品理论的主要框架是基于保罗·A. 萨缪尔森（Paul A. Samuelson）和马斯格雷夫的杰出贡献奠定的。

③ 杨之刚等：《财政分权理论与基层公共财政改革》，经济科学出版社 2006 年版，第 34 页。

④ See Tiebout, C. M., "A Pure Theory of Local Expenditures", *Journal of Political Economy*, Vol. 64, No. 5, 1956, p. 418.

机构，不同社区间的收入和支出模式都存在一定的差异，但都是根据各自社区居民的主要偏好设定的。所有居民都利用“用脚投票”游走于不同社区之间，并最终选择最能满足自己偏好模式的社区居住下来。据此，拥有相同或相似偏好的消费者会渐渐地聚集到同一社区，而这将进一步巩固不同社区提供的公共产品的模式，不同社区间通过彼此竞争将进一步提高地方政府提供公共产品的整体效率。

奥茨于1972年在其著作《财政联邦主义》一书中提出了分散化提供公共产品的比较优势，即著名的奥茨“分权定理”：“就某个公共产品而言，如果它的消费是根据总人口在某个地域上分布的子集确定的，同时，无论是通过中央政府，还是经由相应的地方政府，在每一个辖区提供该产品的各种不同产出水平的成本相同，那么，同中央政府向各个辖区提供任何具体且一致的产出水平相比，由地方政府向其相应辖区提供帕累托有效水平的产出总是更加有效（或者至少同样有效）。”[①] 该定理表明，“如果不存在集权基础上提供公共产品而带来的成本节省和辖区间的外部效应，那么，每一个辖区提供公共产品所实现的帕累托效率水平所带来的福利水平，永远不会低于由所有辖区维持任何单一的、一成不变的消费水平而带来的福利（通常前者高于后者）。就此而论，如果没有其他某些源自集权控制的附带福利，该定理证实了一个有利于分权财政体制的推论”[②]。

第一代财政联邦主义理论的起点是一个中央政府不该拥有全部的经济职能。在此基础上，该理论主要围绕中央政府和地方政府应分别承担哪些职能才更为恰当的问题展开分析和论证，在很大程度上体现的是一种规范性的理论分析。第一代财政联邦主义理论与新古典的企业理论有相似之处，“它们分别将政府过程和企业过程视作一个‘黑箱’，好像只要投入所需的资源，仁慈的专制者就会如公众所愿地、有效率地提供所需的公共产品和公共服务”[③]。第一代财政联邦主义

---

① ［美］华莱士·E. 奥茨：《财政联邦主义》，陆符嘉译，译林出版社2012年版，第39页。

② 同上书，第55页。

③ 杨之刚等：《财政分权理论与基层公共财政改革》，经济科学出版社2006年版，第43页。

理论是以政府实现社会福利最大化为目标的最优制度设计，但它“忽略了政府官员为什么会有动机按照理论所描绘的那样去行事的问题。他们将政府官员提供公共产品和维护市场视为理所当然的事情”[①]。所以，第一代财政联邦主义理论是以政府官员（政策的制定者）是利益最大化的追求者为隐含的前提条件的，而这却与客观事实出入很大。现实中，政府官员受到各种政治激励和经济激励等因素的影响，会极大影响他们的政策决策过程和结果。

钱颖一（Ying Y. Qian）、巴里·R. 温加斯特（Barry R. Weingast）和加布里埃拉·蒙蒂诺拉（Gabriella Montinola）等研究者在第一代财政联邦主义理论的基础上，将政策制定者的行为动机因素考虑进来，从而发展出了第二代财政联邦主义理论（Second-Generation Theory of Fiscal Federalism），即市场维护型财政联邦主义（Market-Preserving Federalism，简称 MPF）。

市场维护型财政联邦主义既反对传统财政联邦主义理论的政府模型假设，也不赞成公共选择理论中的邪恶政府假设，[②] 而是偏向企业理论提出的政府官员在扩大公民的利益方面没有天然的动力[③]。钱颖一和温加斯特在 1997 年提出，市场维护型财政联邦主义的建立基础是政府行为既要有效果，同时也要受到约束，而法治、水平分权（例如，向行政、司法和立法部门）和民主被认为是进一步推动这一目标的机制。他们同时认为，适当的政治制度可以使政府官员的激励机制与公民的福祉相契合。[④]

“市场维护型联邦主义，通过为市场的效率提供支持性的政治系统，在构造政府治理结构时考虑到相应的激励机制，使中央和地方政府都各司其职，相互拥有权力和负有义务，在这个行动框架内，市场机制

---

① Qian, Y. Y. and Weingast, B. R., “Federalism as a Commitment to Preserving Market Incentives”, *The Journal of Economic Perspectives*, Vol. 11, No. 4, 1997, p. 83.

② 参见杨之刚等《财政分权理论与基层公共财政改革》，经济科学出版社 2006 年版，第 44 页。

③ See Qian, Y. Y. and Weingast, B. R., “Federalism as a Commitment to Preserving Market Incentives”, *The Journal of Economic Perspectives*, Vol. 11, No. 4, 1997, p. 84.

④ Ibid., pp. 83 – 84.

受到维护和推进，从而市场交易的各方都从市场的增进中获益。"[①] 联邦主义的基本特征是分权，但不是所有分权体系都是联邦制的，市场维护型财政联邦主义是联邦主义的一种特殊类型，理想化的市场维护型财政联邦主义应具有以下五方面的制度安排，用以管理不同层级政府间的权责分配：第一，存在一个政府内的权威层级结构，例如，在国家和地方政府之间划定各自的权威范围，使得每一个政府在其各自权限范围内进行自治；第二，地方政府在其管辖范围内对地方经济拥有优先权威，并负主要责任；第三，国家政府有权威来管理共同市场，并确保商品和生产要素可以在不同的地方政府管辖范围内自由流动；第四，政府间的收入分享是有限的，同时政府借贷受到严格的限制，这样所有政府都面临着硬预算的约束；第五，权力和责任的分配具有持久性的制度化的特征，这样它不能被中央政府单方面地改变或者因受到地方政府施压的影响而被改变。[②] 市场维护型财政联邦主义所产生的经济效果是十分广泛的，其中"最重要的经济效果是引致了辖区间的竞争，即由此而形成的一系列对地方政府的经济与政治激励机制"[③]。

第二代财政联邦主义理论与第一代财政联邦主义理论的主题并无实质性的区别。简单地说，第一代财政联邦主义理论是以政府实现社会福利最大化为目标的最优财政制度设计，而第二代财政联邦主义理论是在构建该财政制度时将政策制定者的激励机制（如政治激励、经济激励）作为一个重要的影响因素纳入到设计之中，本质上是对第一代财政联邦主义理论的延伸和扩展。

二　欧盟预算制度——基于财政联邦主义理论的解析

按照欧盟现有的一体化水平，它的性质属于准联邦制，距离达到

① 杨之刚等：《财政分权理论与基层公共财政改革》，经济科学出版社 2006 年版，第 44 页。

② See Montinola, G., Qian, Y. Y. and Weingast, B. R., "Federalism, Chinese Style: The Political Basis for Economic Success in China", *World Politics*, Vol. 48, No. 1, 1995, p. 55.

③ 杨之刚等：《财政分权理论与基层公共财政改革》，经济科学出版社 2006 年版，第 45 页。

联邦制的标准还有很长的路要走[①]。在欧盟预算制度未来发展的问题上，财政联邦主义一直被期望能够提供一些思路和见解，然而，由于欧盟在性质上具有的特殊性，导致很难直接运用标准的财政联邦主义理论来规划欧盟的预算制度。[②] 这使得来源于财政联邦主义理论的很多主张只能间接地为欧盟预算制度的发展提供理论上的支持，原因是该理论的很多前提假设与欧盟目前的状况并不符合。因此，在具体分析欧盟预算制度时，不能完全按照分析成熟的联邦制国家（如美国、德国等）的财政预算制度的标准，而是需要根据欧盟的特殊情况和目前所处的状态对财政联邦主义理论作出适当的调整。换句话说，如果说财政联邦主义理论仍能为欧盟预算制度的发展提供帮助，那么也应该是在遵从欧盟现行的运行模式和遵守欧盟的权能范围的前提下，对财政联邦主义理论进行一定的适应性调整后，将其作为推动欧盟预算制度发展的重要理论基础。

在财政学研究领域，马斯格雷夫在1959年提出了公共财政的三大职能，即资源配置、收入再分配和宏观经济稳定的职能，这为我们运用财政联邦主义理论分析目前的欧盟预算制度提供了一条重要的路径。

在资源配置职能方面，传统财政联邦主义理论主张资源配置政策应根据各地居民的不同偏好而有所差别，中央政府主要负责提供那些严重影响全社会所有成员福利的公共产品，地方政府则应负责提供更符合其辖区居民利益偏好的公共产品，但资源配置政策更主要的是由地方政府负责。对于欧盟来说，该主张意味着欧盟（中央政府）和各成员国（地方政府）应共同承担资源配置的职能，并按照所需提供的公共产品的性质和各国公民在具体偏好上的差异来划分两者的职能范围。

如果按照传统财政联邦主义理论所隐含的政策制定者都是利益最大化的追求者这一前提假设，同时参照目前已比较成熟的联邦制国家

---

① See Begg, I. , “New demands for EU spending: justifiable or fanciful?”, *European Institute, LSE*, Working Paper, 2009, p. 4 (http: //aei. pitt. edu/33027/).

② Ibid. , p. 5.

财政预算制度的资源配置职能所涵盖的领域，那么欧盟各成员国的预算制度所发挥的资源配置职能有些过大，因为它挤占了一些本应由欧盟预算负责承担的领域。例如，在欧盟范围内，目前国防、外交等公共产品的费用支出都是由各成员国的预算负担的。如果按照财政联邦主义理论的主张，这些能够严重影响到每一位社会成员利益的公共产品的费用支出都应由欧盟预算负担，但这对于欧盟来说是不具有可行性的，因为它与欧盟目前的运行模式相悖。具体来说，欧盟权能的范围由授权原则予以确定，而权能的行使则受到辅助性原则的约束。《欧洲联盟条约》第5条规定："根据授权原则，联盟仅在由成员国在两部条约中赋予它的全能范围内行动，以实现两部条约规定的目标。两部条约未赋予联盟的权能属于成员国所有。根据辅助性原则，在非联盟专属权能的领域，只有在拟行动的目标不能在成员国的中央或地区和地方层面完全实现，但由于拟行动的规模或行动效果之原因在联盟层面能更好实现的情况下，联盟才可以采取行动。"[①] 由此可见，对于性质上只是准联邦制而非真正的联邦制的欧盟来说，它所拥有的权能和权能的行使方式都受到了极大的限制，这是导致财政联邦主义理论不能直接适用于欧盟的重要原因，但它却可以为欧盟预算制度资源配置职能的发展提供许多洞见。例如，随着时代的发展，能够严重影响到社会上每位公民利益的公共产品已不仅仅局限于国防、外交等传统领域，能源、通信、环保等领域因对人们的生活产生了越来越大的影响而引起了人们越来越多的关注。根据《欧洲联盟运行条约》第4条的规定，上述这些领域的权能属于欧盟与成员国共享。据此，欧盟预算制度如果想扩大资源配置职能，应该是在财政联邦主义理论所提主张的原则下，主要在欧盟条约规定的欧盟专属权能和共享权能（见表14）领域寻求扩大影响。所以，财政联邦主义理论在资源配置政策上的主张，只要能够符合欧盟的运行模式，仍可以作为欧盟预算制度资源配置职能发展的理论基础。

---

① 程卫东、李靖堃译：《欧洲联盟基础条约——经〈里斯本条约〉修订》，社会科学文献出版社2010年版，第34页。

表 14　　欧盟权能在不同政策领域的划分

专属权能	关税同盟
	确立内部市场运行所必需的竞争规则
	欧元区成员国的货币政策
	根据共同渔业政策保护海洋生物资源
	共同商业政策
共享权能	内部市场
	社会政策（仅限《欧洲联盟运行条约》规定的部分）
	经济、社会与领土聚合
	农业及除海洋生物资源保护以外的渔业
	环境
	消费者保护
	运输
	泛欧网络
	能源
	自由、安全和公正的区域
	公共卫生方面的共同安全问题（仅限《欧洲联盟运行条约》确定的）
	研究、技术发展、空间、发展合作和人道主义援助（联盟对这些共享权能的行使不得导致成员国无法行使其权能）
政策协调权能	为经济政策确定一般性的指导方针
	为就业政策确定指导方针
	为社会政策提出动议
支持、协调或补充成员国的行动的权能	保护和改善人类健康
	工业
	文化
	旅游
	教育、职业培训、青年和体育运动
	民事保护
	行政合作

资料来源：程卫东、李靖堃译：《欧洲联盟基础条约——经〈里斯本条约〉修订》，社会科学文献出版社 2010 年版，第 58—60 页。

此外，根据第二代财政联邦主义理论，政策制定者的动机对于财政制度的建构有着重要的影响。具体到对于欧盟预算制度的资源配置职能来说，由于各成员国在欧盟预算资源配置政策上的政治动机不尽相同，会产生公共财政领域比较常见的“共用资源池”问题。在一个预算的共用资源池中，每一个支出机构或受益群体（利益集团）都会千方百计地从该资源池中获取更多的预算资金，以便自己能够最大限度地获益。同样，在该资源池中，如果纳税人较少但组织有序，那么财政平衡的缺失则可能会导致公共产品的拨备不足，如果欧盟各成员国被视为纳税人，那么欧盟将适用此模型。[①] 具体来说，欧盟预算如果被视为一个规模有限的共用资源池，那么净贡献国就是较少的净纳税人，在缺乏有效手段平衡各成员国经济利益的情况下，各净贡献国就会团结起来一致反对扩大公共产品的规模，以避免自己蒙受更大的利益损失。按照第二代财政联邦主义理论所推崇的政策制定者在扩大公民利益（对于欧盟来说可指欧盟公民的整体利益）方面没有天然的动力这一前提假设，预算公平问题如果不能得到解决，各成员国在资源配置政策上的动机就始终会存在差异，就不会从欧盟整体利益的角度来表达在资源配置政策上的立场，共用资源池问题也会因此长期存在，并导致欧盟预算规模难以有效增长。

在收入再分配职能方面，传统财政联邦主义理论主张分配政策归中央一级政府负责，其核心在于通过中央财政预算支出等形式调整由市场决定的初次分配格局，以达到社会广泛认可的公平分配状态。对于欧盟来说，该主张意味着应由欧盟预算具体承担欧盟收入再分配的职能。然而，欧盟预算目前所具有的再分配职能却十分有限，且主要体现在支持农业和贫困地区的发展上，这与财政联邦主义理论所主张的分配职能无论是在政策领域还是规模上都有很大的差距。而导致欧盟预算收入再分配职能有限且失衡的直接原因是欧盟预算规模过小以及欧盟预算支出独特的决策模式，即部长理事会需以一致方式通过后才能生效。在当代民主国家，再分配政策的规模主要反映的是社会上

① See Begg, I.,“New demands for EU spending: justifiable or fanciful?”, p. 7.

中等阶层的偏好，而不是非常富有和非常贫穷阶层的偏好。[①] 欧盟预算的收入来源在本质上主要是对各成员国的财政摊款。所以，在欧盟各成员国中，社会中等阶层对于欧盟再分配政策的偏好最终将在很大程度上影响欧盟预算的再分配职能（规模和政策领域）。而从目前欧盟的实际情况来看，过于雄心勃勃的再分配政策可能会在一定程度上损害到一些成员国的主流阶层的利益，损害程度足以令其考虑放弃欧盟成员国的身份。[②] 这使得大规模调整欧盟的再分配政策在现实中不具有可行性，而只能是采取渐进的方式进行，因此需要一个漫长的过程。

此外，再分配政策对于欧盟来说，意味着在各成员国间进行分配，这与传统联邦主义理论所主张的再分配政策在人际间分配存在很大的不同。[③] 事实上，我们无法推定欧盟实行的聚合政策能够使收入分配最低的家庭受益；相反，它的作用主要体现了财政联邦主义词汇中所提出的财政均等化（Fiscal Equalisation）。[④] 再者，由于各成员国在再分配政策上的动机（经济激励）不同，如在欧盟层面对再分配政策进行集权将会产生新的问题。例如，收入分配政策在不同成员国间的差异意味着不同成员国的多数公民在再分配的程度上将会有不同的偏好，那些在成员国内多数公民赞成实行更多再分配政策的国家担心再分配支出会变少，而那些在成员国内多数公民支持实行较少再分配政策的国家则害怕再分配支出变得过大。[⑤] 由此可见，欧盟预算制度如果想达到财政联邦主义所主张的收入分配职能的标准，首先需要解决的是欧盟各成员国间的预算公平问题，以使各成员国在考虑再分配政策时能够拥有相同或类似的动机（经济激励），进而避免陷入简

---

① See Persson, T., Roland, G. and Tabellini, G., "The Theory of Fiscal Federalism: What does it mean for Europe?", *Conference "Quo Vadis Europe?"*, Working Paper, 1996, pp. 8 – 9 (ftp://ftp.igier.uni-bocconi.it/wp/1996/101.pdf).

② Ibid., p. 9.

③ See Begg, I., *Fiscal Federalism, Subsidiarity and the EU Budget Review*, p. 30.

④ Ibid.

⑤ See Persson, T., Roland, G. and Tabellini, G., "The Theory of Fiscal Federalism: What does it mean for Europe?", p. 9.

单的单向支付（Side-payments）逻辑。

在宏观经济稳定职能方面，财政联邦主义理论主张稳定政策归中央一级政府负责。对于欧盟来说，从其目前的实际情况来看，欧盟预算制度在“整体范围实施稳定职能对付联盟范围的周期性或更长期冲击”[①] 还不具备可行性，因为欧盟预算如果要承担反周期性的稳定职能需要相当庞大的预算，这对于正处在准联邦阶段的欧盟来说是一项短期内不可能实现的目标，所以尚不能根据财政联邦主义理论建立相应机制来发挥稳定的作用。但欧盟预算制度是否应该具备经济稳定的职能已是一个广受欧盟各方关注的话题。如果从欧盟目前所处的状态和未来的走向来看，它正处在准联邦阶段并在欧洲一体化的道路上朝着联邦的方向缓慢前行。所以，只要欧盟仍沿着联邦制的方向发展，未来欧盟预算制度就应该具备经济稳定的职能。财政联邦主义理论所主张的稳定职能，对于目前的欧盟来说虽不具有可行性，但却为欧盟预算制度的发展指明了方向。如果对财政联邦主义理论中的稳定职能所涵盖的范围进行限定，还是可以使欧盟预算制度在一定范围内发挥稳定的作用的。

欧盟目前虽未达到联邦制的标准，但却建立起了运行较为稳定的货币联盟，并且已有 18 个成员国向欧洲中央银行转移了货币主权，成为了欧元区国家。根据第二代财政联邦主义理论，欧元区国家在欧盟预算制度对影响货币联盟的冲击实施稳定职能的问题上，总体来说是具有相同或相似的政治和经济激励的。欧元区国家由于使用同一种货币——欧元，在经济利益上已经形成了一定程度的利益共同体。在经济上，对欧元区内任何国家的冲击，都可能会通过共同货币这一渠道传播至区内其他国家，并间接对这些国家造成冲击。从此次欧债危机爆发后，欧盟预算制度因缺乏稳定职能而带来的影响就可见一斑。希腊等欧元区国家爆发主权债务危机后，由于欧盟预算制度不具备经济稳定的职能，因此错过了对这些重债国最佳的救助时机，进而使欧

① ［英］彼得·罗布森：《国际一体化经济学》，戴炳然等译，上海译文出版社 2001 年版，第 148 页。

元区乃至整个欧盟的经济都因此陷入了漫长的调整期。所以，在货币联盟条件下，除了因存在成员国债务违约（Default）和货币联盟被迫进行救援（Bailout）的风险而需要在货币联盟中施加财政政策纪律外[①]，“人们认为有充足理由创建一个欧盟预算工具帮助成员国减缓并对这些冲击进行调整”[②]。客观地说，欧元区国家的一体化水平是明显高于欧盟整体的一体化水平的，在欧洲一体化发展的道路上，发挥的是领头羊的示范作用。因此，由欧元区国家向欧盟预算注资并设立专项稳定资金，无论是对于维护货币联盟的稳定还是为推进欧洲一体化的进程，都具有重要的现实意义。

三 欧盟预算制度未来发展趋势

在当前全球金融危机的影响尚未完全褪去的背景下，欧盟作为二战结束后欧洲大陆上迅速发展起来的一个具有准联邦性质并且在国际社会拥有举足轻重地位的区域一体化经济和政治集团，一举一动都牵扯到全球经济复苏的进程，并对欧洲一体化发展的方向和速度产生重要影响。如果说经济一体化为欧洲一体化的发展奠定了必要的物质基础，政治一体化为欧洲一体化的发展搭建了基本的组织架构，[③] 那么财政一体化则为欧洲一体化的发展提供了坚实的资金后盾。当前，欧盟财政一体化的水平与经济一体化的水平相比，还有很大差距，这是制约欧洲一体化事业继续向前发展的瓶颈。作为欧盟财政一体化建设的重要组成部分，欧盟预算制度是促进欧盟经济社会发展和推动欧洲一体化进程不断深入的重要动力来源，其发展状况自欧债危机爆发后，已越来越引起欧盟各方的关注。

目前，欧盟尚未走出自 2009 年欧债危机爆发以来的经济寒冬，欧盟经济复苏的脚步整体上仍十分缓慢。随着欧债危机的蔓延，欧盟各成员国在制定具体应对措施的问题上，经过反复磋商已达成了广泛

---

① 参见王鹤《欧洲经济货币联盟》，社会科学文献出版社 2002 年版，第 185 页。

② ［英］彼得·罗布森：《国际一体化经济学》，戴炳然等译，上海译文出版社 2001 年版，第 148 页。

③ 参见兰天《欧盟经济一体化模式》，中国社会科学出版社 2006 年版，第 231 页。

共识，越来越多的欧盟成员国认同深化财政一体化进而建立财政联盟是使欧盟走出主权债务危机泥潭并重新走上经济增长之路的重要措施。2012 年 3 月 1—2 日，欧盟布鲁塞尔首脑会议期间，除英国和捷克之外的 25 个欧盟成员国签订了《经济货币联盟稳定、协调与治理条约》（又称“财政契约”），标志着欧盟在财政一体化道路上朝着更加紧密的财政联盟方向迈出了重要的一步。然而，欧盟各成员国如果要实现更高水平的财政一体化甚至达到财政联盟的程度仍有很长的路要走，还需做出更大的努力，因为财政一体化是一个比经济一体化更高的战略目标。

作为深化财政一体化的重要环节，针对欧盟预算制度中各种积存已久的弊端和缺陷进行改革已逐渐引起欧盟各方的高度关注。由于欧盟财政一体化进程中的欧盟预算制度改革需要以政治一体化的深化为基础，所以欧盟应通过加强欧盟公民的欧洲认同感的培养、充分向欧盟公民传递共同利益至上的理念等方法来逐步提高欧盟的政治一体化水平，进而可以为提高欧盟的财政一体化水平创造良好的社会环境和氛围。随着欧盟财政一体化水平的逐步提高以及欧盟财政转移支付制度的建立，欧盟预算制度中存在的诸多局限都将逐步得到解决和完善，欧盟各超国家机构之间、欧盟超国家机构与成员国之间以及成员国与成员国之间的矛盾和利益冲突也会因此得到极大的缓解和有效的控制。

欧盟预算制度以为欧洲一体化发展服务为终极目标，是欧盟进行超国家治理的基础和重要支柱。同时，它也是欧盟在国际舞台上拥有重要经济地位和较大影响力的坚强后盾。目前，欧盟预算已成为欧盟经济治理中问题最多且也是最复杂的领域之一，同时也是改革阻力极大的领域。因此，欧盟在对具体的预算制度框架进行改革时，要做到通盘考虑，不能再头痛医头、脚痛医脚。有什么样的欧洲一体化，就应该有什么样的欧盟预算制度与之相适应。所以，欧盟应从欧洲一体化发展的角度来审视现行欧盟预算制度中存在的各种不适应欧洲一体化发展需要的弊端和缺陷，并将欧盟预算制度的改革上升到欧盟超国家治理的高度。只有科学的欧盟预算制度才能为欧盟优化资源配置、调节经济结构、抵御外来冲击、提高整体竞争力和促进社会公平正义等提供坚实的资金保障。

今天的欧盟已远非《罗马条约》时期的区域经济一体化组织，现在的欧洲一体化进程“既涉及国家间经济，也涉及政治、法律和文化上，或整个社会的融合”[①]，欧债危机之后又将逐步扩大到财政领域的融合。所以，欧洲一体化的发展不是简单的经济一体化、政治一体化或财政一体化，而是多维度相互促进、交织并进的发展过程。经济一体化促进着政治一体化，政治一体化推动着财政一体化，财政一体化反过来又通过欧盟预算制度为经济一体化和政治一体化的顺利推进提供资金上的保障。目前，欧盟已将实现财政一体化作为重要的长期发展战略，假以时日，欧盟预算制度这个代表了国际财政预算体系中一种新型收支分配关系的现代财政预算制度，必将随着欧盟财政一体化的不断深化而得到广泛和深入的发展，并为国际财政预算体系树立一个较为完美的典型。

① 兰天：《欧盟经济一体化模式》，中国社会科学出版社 2006 年版，第 233 页。

结　语

欧盟，作为涵盖欧洲主要经济强国同时拥有部分成员国主权并且在国际舞台上具有重要经济地位的区域一体化组织，为了保证自身的存在和一体化的发展，设立了超国家的政策制定、执行和监督机构，并建立了超国家的财政预算制度，以保障其机构的正常运行并为其实施一系列共同政策提供资金上的支持。欧盟预算是欧盟得以存续和发展的生命血液，它在欧洲半个多世纪的一体化进程中为欧盟经济社会的发展提供了大量的和稳定的资金来源，尤其在推动欧盟经济一体化和促进欧盟与其他国家和国际组织的合作方面发挥了积极的、重要的和关键性的作用。此外，自欧债危机爆发后，欧盟各成员国越来越意识到财政一体化的重要性，作为欧盟财政一体化建设重要组成部分的欧盟预算制度，其是促进欧盟经济摆脱欧债危机泥潭、重新走上经济增长之路和推动欧洲一体化进程不断深入的重要动力来源。所以，对欧盟预算制度进行系统的、全面的研究颇具价值。本书主要围绕以下三个问题展开研究：欧盟预算制度的核心价值和职能是什么？其发展陷入困境的原因何在？应如何对当前的欧盟预算制度进行改革？

通过对欧盟预算制度的形成与发展历程进行梳理和分析，本书已说明，欧盟预算制度本质上是欧盟各方在欧洲一体化进程中进行利益博弈和彼此妥协的产物，自其形成以来始终与欧洲一体化进程紧密相连并受其制约，因此它自建立伊始就一直带有强烈的政治属性。欧盟预算制度的框架在建立之初并没有一个非常系统的规划，而是随着欧洲一体化的发展不断地进行调整。所以，如果与传统主权国家的预算制度相比，欧盟预算制度的规范性和稳定性相对来说是比较弱的。长久以来，欧盟预算的整体规模虽然与欧盟成员国的预算规模相比有很大差距，但欧盟却建立了较为完善的预算监管机制，可以说，欧盟预算的监管机制比传统主权国家预算的监管机制严格得多①。

欧盟预算制度自20世纪70年代初建立以来，为推动欧盟的农业发展和促进欧盟贫穷和欠发达地区的经济建设发挥了积极的作用，进而有力地推动了欧洲一体化的不断深化。与此同时，欧盟预算制度的框架在欧洲一体化不断深化的过程中，为适应欧盟在不同时期的各种新兴需求也得到了广泛和深入的发展，收入来源、支出结构、预算程序和运行机制等都得到了很大程度的改革与完善。具体来说，欧盟预算制度自建立以来，其发展主要受内在和外在两个层面因素的影响。内在因素主要是欧盟各方围绕欧盟预算的使用权、决策权以及财政自治权展开的竞争与博弈。对于欧盟超国家机构和各成员国来说，在超国家、国家间以及超国家与国家间三个层面的竞争中，从矛盾的性质来看，预算的使用权和决策权之争属于内部矛盾，而财政自治权（财政主权转让）之争则是外部矛盾，同时，它也是制约欧盟预算制度发展的最关键和最重要的矛盾。外在因素主要是在欧洲一体化进程中，宏观情况发生的变化客观上对欧盟预算制度的发展形成了倒逼机制，如欧盟扩大、欧债危机的爆发等。

当前，欧盟预算已沦为欧盟各方权力斗争和利益博弈的工具，2014—2020多年度财政框架的制定过程更是一个充满对立的过程，这给欧盟各方在欧债危机后本已陷入严峻局面的关系制造了新的障碍，进一步加剧了彼此之间在预算问题上的紧张对立程度，并最终促使欧盟预算制度的发展因制度本身具有的各种局限相互制约而陷入困境。从根源来看，欧盟预算制度中存在的各种弊端和缺陷大都是欧盟各方利益博弈的结果，主要表现在三个方面：第一，预算收入来源因受制于各成员国而导致来源渠道无法拓宽，财政自治性弱；第二，预

---

① See Šimović, H.,“The European Union Budget”, p. 247.

算支出结构失衡，却又很难调整，从而导致预算支出的公平性饱受诟病；第三，预算规模因无法有效增长而使预算应有职能的发挥严重受限。这些弊端和缺陷自 20 世纪 90 年代以后开始逐步显现，它们是导致欧盟预算制度发展陷入困境的直接原因，同时也是欧盟各方利益分化的直接体现。

通过对欧盟预算制度存在的各种弊端和缺陷进行深入研究，可以发现，导致欧盟预算制度的发展陷入困境的问题根源是其不能满足欧洲一体化新兴的发展需求，而造成欧盟预算制度无法满足欧洲一体化发展需要的问题症结则是欧盟现有的财政一体化水平有限。因此，为解决欧盟预算制度中存在的问题，除在技术层面对欧盟预算制度存在的各种弊端和缺陷进行改革与完善以外，更主要的是要通过提高欧盟现有的财政一体化水平来实现对欧盟预算制度的深层次改革。目前，欧盟尚未走出自 2009 年欧债危机爆发以来的经济寒冬，欧盟经济复苏的脚步整体上仍十分缓慢。所以，欧盟各成员国如果要实现更高水平的财政一体化甚至达到财政联盟的程度仍有很长的路要走，还需做出更大的努力，因为财政一体化是一个比经济一体化更高的战略目标。

作为深化财政一体化的重要环节，针对欧盟预算制度中各种积存已久的弊端和缺陷进行改革已逐渐引起欧盟各方的高度关注。由于欧盟财政一体化进程中的欧盟预算制度改革需要以更高的政治一体化水平为基础，所以欧盟应通过加强欧盟公民的欧洲认同感的培养、充分向欧盟公民传递共同利益至上的理念等方法来逐步提高欧盟的政治一体化水平，进而可以为提高欧盟的财政一体化水平创造良好的社会环境和氛围。随着欧盟财政一体化水平的逐步提高以及欧盟财政转移支付制度的建立，欧盟预算制度中存在的诸多局限都将逐步得到解决和完善，欧盟各超国家机构之间、欧盟超国家机构与成员国之间以及成员国与成员国之间的矛盾和利益冲突也会因此得到极大的缓解和有效的控制。

欧盟预算制度的改革，要力争通过制度约束来割断或降低欧盟成员国之间的政治交易对欧盟预算制度产生的影响，进而形成健全、严格的预算编制、审批、执行、监督和问责制度。此外，通过对欧盟预算制度进行改革，欧盟应确保在新的预算制度框架下欧盟预算能够获得稳定的和充足的自有财源，这样才能保证预算过程具有高度的独立性和客观性，进而使欧盟预算能够达到真实体现欧盟整体利益并为推动欧洲一体化的发展提供源源不断动力的目的。在具体的改革模式上，欧盟目前遵循的是需求先变、制度再变的被动改革模式，导致欧盟预算制度的改革始终滞后于欧洲一体化的发展需要。欧盟预算制度未来的改革应改变这种传统的改革模式，形成以欧盟制定的欧洲一体化未来的发展方向为指引的目标牵引式改革模式，目的是使欧盟预算制度的改革能够始终与欧洲一体化的发展需要相匹配，尽量避免出现因两者不同步而给欧洲一体化的发展带来不利影响的情况。

作为为欧洲一体化发展服务的工具，欧盟预算制度的核心价值是为欧洲一体化进程的顺利推进提供稳定的、充足的和及时的资金保障，所以它必须时刻根据欧洲一体化发展的最新情况，适时作出适应性改革。但改革不能盲目地进行，要具有前瞻性，做到未雨绸缪，这样做有助于避免欧盟再次爆发严重的预算危机。欧盟预算制度的改革不是为了改革而改革，而是由于与之相关的其他因素发生了变化，客观上带动了欧盟预算制度不断朝着更加适应欧洲一体化未来发展需要的方向转变。

目前，欧盟预算已成为欧盟经济治理中问题最多也最复杂的领域之一，同时也是改革阻力极大的领域和欧盟发展过程中的冲突中心。究其原因，主要包括两个方面：“第一，各国一直把预算看成是一体化利益均沾的斗争场所；第二，各机关一直把预算当成争夺权力的场所，表现在由谁控制经费的规模、结构和管理权。”① 因此，欧盟在对具体的预算制度框架进行改革时，应做到通盘考虑，不能再头痛医头、脚痛医脚。欧盟应从欧洲一体化发展的角度来审视欧盟预算制度

① ［英］约翰·平德编：《联盟的大厦——欧洲共同体》，潘琪译，辽宁教育出版社、牛津大学出版社1998年版，第156页。

中存在的各种不适应欧洲一体化发展需要的弊端和缺陷，并将欧盟预算制度的改革上升到欧盟超国家治理的高度。只有科学的欧盟预算制度才能为欧盟优化资源配置、调节经济结构、抵御外来冲击、提高整体竞争力和促进社会公平正义等提供坚实的资金保障。

参考文献

一　中文文献

（一）中文专著

曹卫东编：《欧洲为何需要一部宪法——附译〈欧洲宪法条约草案〉》，中国人民大学出版社2004年版。

陈乐民：《战后西欧国际关系1945—1984》，中国社会科学出版社1987年版。

陈玉刚：《超国家治理——国际关系转型研究》，上海人民出版社2009年版。

邓宗豪：《欧洲一体化进程：历史、现状与启示》，四川大学出版社2011年版。

洪邮生：《欧洲国际关系的演进：现实逻辑与价值取向》，生活·读书·新知三联书店2013年版。

洪邮生：《英国对西欧一体化政策的起源和演变（1945—1960）》，南京大学出版社2001年版。

胡荣花主编：《欧盟经济发展报告（2008）》，复旦大学出版社2010年版。

惠一鸣：《欧洲联盟发展史》（上册），中国社会科学出版社2008年版。

惠一鸣：《欧洲联盟发展史》（下册），中国社会科学出版社2008年版。

贾文华:《法国与英国欧洲一体化政策比较研究——欧洲一体化成因与动力的历史考察(1944—1973)》,中国政法大学出版社2006年版。
兰天:《欧盟经济一体化模式》,中国社会科学出版社2006年版。
李琮:《西欧经济与政治概论》,高等教育出版社1988年版。
李世安、刘丽云等:《欧洲一体化史》,河北人民出版社2006年版。
联合国:《大会议事规则》,联合国出版物2008年版。
刘文秀:《欧盟的超国家治理》,社会科学文献出版社2009年版。
刘文秀、[英]埃米尔·J. 科什纳等:《欧洲联盟政策及政策过程研究》,法律出版社2002年版。
罗志刚、严双伍主编:《欧洲一体化进程中的政治建设——国家关系的新构建》,人民出版社2009年版。
马骏等:《公共预算:比较研究》,中央编译出版社2011年版。
马瑞映:《疏离与合作:英国与欧共体关系研究》,中国社会科学出版社2007年版。
彭健:《政府预算理论演进与制度创新》,中国财政经济出版社2006年版。
朴明根等编著:《现代财政》,青岛出版社1995年版。
钱穆:《文化学大义》,兰台出版社2001年版。
裘元伦:《欧洲的经济改革》,中国社会科学出版社2013年版。
申皓:《欧洲中央银行研究》,武汉大学出版社2001年版。
沈骥如:《欧洲共同体与世界》,人民出版社1994年版。
宋新宁、陈岳:《国际政治经济学概论》,中国人民大学出版社1999年版。
田德文:《欧盟社会政策与欧洲一体化》,社会科学文献出版社2005年版。
王鹤:《欧洲经济货币联盟》,社会科学文献出版社2002年版。
王雍君编著:《公共预算管理》,经济科学出版社2010年版。
吴弦:《欧洲经济圈——形成、发展与前景》,当代世界出版社2001年版。

吴志成：《治理创新——欧洲治理的历史、理论与实践》，天津人民出版社2003年版。
伍贻康、戴炳然编：《理想现实与前景：欧洲经济共同体三十年》，人民出版社1988年版。
伍贻康、周建平、戴炳然等：《欧洲经济共同体》，人民出版社1983年版。
徐永胜：《经济社会转型中的公共预算监督——体系构建与制度创新》，中国时代经济出版社2012年版。
许光建主编：《联合国宪章诠释》，山西教育出版社1999年版。
阎小冰、邝杨：《欧洲议会——对世界上第一个跨国议会的概述与探讨》，世界知识出版社1997年版。
杨逢珉、张永安：《欧洲联盟经济学》，上海人民出版社2008年版。
杨伟国：《欧元生成理论》，社会科学文献出版社2002年版。
杨之刚等：《财政分权理论与基层公共财政改革》，经济科学出版社2006年版。
余开祥、洪文达、伍贻康主编：《欧洲共同体——体制·政策·趋势》，复旦大学出版社1989年版。
张定淮：《欧洲联盟：体制与对外行为能力》，重庆出版集团、重庆出版社2011年版。
张海冰：《欧洲一体化制度研究》，上海社会科学院出版社2005年版。
张荐华：《欧洲一体化与欧盟的经济社会政策》，商务印书馆2001年版。
张健雄：《欧盟经济政策概论》，中国社会科学出版社2006年版。
赵怀普：《英国与欧洲一体化》，世界知识出版社2004年版。
周弘主编：《欧盟是怎样的力量——兼论欧洲一体化对世界多极化的影响》，社会科学文献出版社2008年版。
朱正梅：《英国预算问题与欧洲一体化（1970—1984）》，中国社会科学出版社2009年版。

（二）中文译著

［英］A. M. 阿格拉：《欧洲共同体经济学》，戴炳然等译，上海译文出版社 1985 年版。

［英］A. 普雷姆唐德：《预算经济学》，周慈铭等译，中国财政经济出版社 1989 年版。

［美］阿伦·威尔达夫斯基、内奥米·凯顿：《预算过程中的新政治学》，邓淑莲等译，上海财经大学出版社 2006 年版。

［美］爱伦·鲁宾：《公共预算中的政治：收入与支出，借贷与平衡》，叶娟丽等译，中国人民大学出版社 2001 年版。

［比利时］保罗·德·格劳威：《货币联盟经济学》，汪洋译，中国财政经济出版社 2004 年版。

［英］彼得·罗布森：《国际一体化经济学》，戴炳然等译，上海译文出版社 2001 年版。

程卫东、李靖堃译：《欧洲联盟基础条约——经〈里斯本条约〉修订》，社会科学文献出版社 2010 年版。

戴炳然译：《欧洲共同体条约集》，复旦大学出版社 1993 年版。

［法］法布里斯·拉哈：《欧洲一体化史：1945—2004》，彭姝祎、陈志瑞译，中国社会科学出版社 2005 年版。

［美］华莱士·E. 奥茨：《财政联邦主义》，陆符嘉译，译林出版社 2012 年版。

［德］康拉德·阿登纳：《阿登纳回忆录》（一），上海人民出版社 1976 年版。

［德］康拉德·阿登纳：《阿登纳回忆录》（二），上海人民出版社 1976 年版。

［德］康拉德·阿登纳：《阿登纳回忆录》（三），上海人民出版社 1976 年版。

［德］康拉德·阿登纳：《阿登纳回忆录》（四），上海人民出版社 1976 年版。

［英］玛格丽特·撒切尔：《撒切尔夫人回忆录——唐宁街岁月》，远方出版社 1997 年版。

[英] 玛格丽特·撒切尔：《撒切尔夫人自传——唐宁街岁月》（上下册），李宏强译，国际文化出版公司 2009 年版。

欧共体官方出版局编：《欧洲联盟法典》（第一卷），苏明忠译，国际文化出版公司 2005 年版。

欧共体官方出版局编：《欧洲联盟法典》（第二卷），苏明忠译，国际文化出版公司 2005 年版。

欧共体官方出版局编：《欧洲联盟法典》（第三卷），苏明忠译，国际文化出版公司 2005 年版。

[波] 乔安娜·马尔沙维克－嘉华：《欧洲议会与欧盟各国国家议会》，孙静等译，中国人民大学出版社 2011 年版。

[法] 让·莫内：《欧洲之父——莫内回忆录》，孙慧双译，国际文化出版公司 1989 年版。

[法] 让·莫内：《欧洲第一公民：让·莫内回忆录》，孙慧双译，成都出版社 1993 年版。

[荷] 塞尔维斯特尔·C. W. 艾芬格、雅各布·德·汉：《欧洲货币与财政政策》，向宇译，中国人民大学出版社 2003 年版。

[西] 圣地亚哥·加奥纳·弗拉加：《欧洲一体化进程——过去与现在》，朱伦、邓颖洁等译，社会科学文献出版社 2009 年版。

[美] 小罗伯特·D. 李、罗纳德·W. 约翰逊、菲利普·G. 乔伊斯：《公共预算制度》，扶松茂译，上海财经大学出版社 2010 年版。

[古希腊] 亚里士多德：《政治学》，吴寿彭译，商务印书馆 2009 年版。

[德] 尤尔根·哈贝马斯：《关于欧洲宪法的思考》，伍慧萍、朱苗苗译，上海人民出版社 2013 年版。

[美] 约翰·冯·奥弗特韦尔德：《欧元的终结：欧盟不确定的未来》，贾拥民译，华夏出版社 2012 年版。

[英] 约翰·平德编：《联盟的大厦——欧洲共同体》，潘琪译，辽宁教育出版社、牛津大学出版社 1998 年版。

（三）期刊论文和会议论文

大雨：《欧洲共同体预算初探》，《外国经济与管理》1989 年第 12 期。

戴炳然：《欧盟：一种独特的国际体制》（下），《欧洲一体化研究》2000 年第 2 期。
戴炳然：《评共同农业政策的作用、问题与改革》，《西欧研究》1987 年第 4 期。
杜厚文、夏庆杰：《欧盟共同预算制度的改革及前景展望》，《德国研究》1996 年第 2 期。
胡瑾、宋新宁、戴炳然等：《欧盟宪法危机与欧洲一体化》，《欧洲研究》2005 年第 5 期。
惠一鸣：《论二十世纪八十年代的欧共体预算危机》，《欧盟与中国·福建：跨文化对话国际学术研讨会论文集》，2006 年。
贾文华、杰森·扬：《新西兰针对英国加入欧共体的政策》，《世界历史》2009 年第 5 期。
贾文华：《欧盟东扩研究述评》，《当代世界与社会主义》2003 年第 6 期。
贾文华：《欧盟公共政策的规制性解析——理论述评与实证考察》，《欧洲研究》2012 年第 6 期。
贾文华：《欧盟权力属性的多维解读》，《欧洲研究》2010 年第 2 期。
贾文华：《欧洲议会扩权述评》，《欧洲一体化研究》2000 年第 2 期。
贾文华：《深化与挑战：欧盟东扩及其走向分析》，《郑州大学学报》（哲学社会科学版）2004 年第 2 期。
江时学：《欧盟预算终于“瘦身”》，《经济》2013 年第 4 期。
李殿洲、刘运顶：《欧洲联盟财政体制及其改革方向探析》，《广东金融学院学报》2004 年第 4 期。
李惠民：《超国家财政政策机制剖析》，《西欧研究》1986 年第 5 期。
李世安：《英国议会在欧洲一体化进程中捍卫国家主权和利益的政策与措施》，《世界历史》2003 年第 5 期。
刘文秀：《欧洲议会的权力及其运行机制》，《欧洲》2000 年第 3 期。
刘云龙：《财政联邦主义理论评述》，《经济学动态》1998 年第 7 期。
裘元伦：《欧盟共同农业政策改革》，《求是》2003 年第 8 期。
宋全成：《论欧洲近代早期一体化理论中的邦联与联邦主义思想》，

《文史哲》1999 年第 3 期。

宋新宁：《国际政治格局与欧洲联盟》，《中国人民大学学报》2001 年第 5 期。

随新玉：《欧盟的财政制度与效应分析——从欧元区财政状况恶化说起》，《财政研究》2003 年第 9 期。

田德文：《国家转型视角下的欧洲民族国家研究》，《欧洲研究》2012 年第 2 期。

王明进：《合法性与欧洲议会的创立与发展》，《国际关系学院学报》2004 年第 6 期。

王熙：《美国预算制度变迁及其对中国的启示》，《中央财经大学学报》2010 年第 2 期。

王毅：《欧洲一体化“趋弱”还是“走强”?》，《当代世界》2011 年第 9 期。

王永礼：《欧洲共同体的预算法律制度》，《人民政坛》2000 年第 2 期。

魏家驹：《欧洲共同体在预算问题上的矛盾》，《世界经济》1983 年第 1 期。

文婧、张莫：《应对危机：欧盟预算改革势在必行》，《经济参考报》2008 年 11 月 4 日第 003 版。

吴朝阳：《欧盟〈2007—2013 年财政规划〉解读》，《当代财经》2006 年第 6 期。

吴弦：《金融风暴与欧盟的应对行动协调——内在动因与主要举措述析》，《欧洲研究》2009 年第 1 期。

吴弦：《欧盟东扩的能量》，《世界知识》2004 年第 10 期。

吴弦：《欧洲经济一体化产生的历史渊源和条件》，《欧洲》1997 年第 2 期。

吴弦：《影响深远的欧盟东扩》，《求是》2004 年第 12 期。

谢鹏：《欧洲主权债务危机与欧元的前景》，《武汉科技大学学报》（社会科学版）2013 年第 4 期。

熊厚：《主权债务危机下的欧洲财政改革》，《国际问题研究》2011 年第5期。
杨逢珉：《欧洲共同体财政的作用及其局限》，《世界经济》1992年第11期。
杨逢珉：《欧洲共同体财政体制初探》，《西欧研究》1987年第6期。
易梦虹：《论欧洲共同体的财政问题》，《西欧研究》1989年第2期。
易梦虹、佟家栋：《欧洲经济共同体的财政协调问题》，《西欧研究》1986年第1期。
张道庆：《美国与法国财政联邦主义比较》，《经济经纬》2005年第3期。
张健雄：《从欧债危机看欧元体制的结构性缺陷》，《广西大学学报》（哲学社会科学版）2012年第1期。
张磊：《欧洲议会与〈里斯本条约〉动力、变革和挑战》，《欧洲研究》2010年第3期。
周长鲜：《欧洲议会财政预算决定权的跨机构合作机制及其启示》，《新视野》2011年第4期。
周绍杰、王有强、卢大鹏：《欧盟预算及其对我国预算制度的启示》，《中国行政管理》2009年第12期。
朱立群：《欧盟是个什么样的力量》，《世界经济与政治》2008年第4期。
朱正梅：《1984年撒切尔政府与欧共体预算矛盾的解决》，《史学月刊》2011年第3期。
朱正梅：《1974—1975年英国与欧共体重新谈判的原因、性质及意义》，《国际论坛》2008年第2期。
朱正梅：《英国与欧共体预算矛盾的成因探析》，《辽宁大学学报》（哲学社会科学版）2009年第6期。

（四）学位论文

和春红：《法德和解与欧洲一体化》，博士学位论文，山东大学，2012年。
娄冰：《中国预算制度：变迁轨迹和改革路径》，博士学位论文，中国社会科学院研究生院，2013年。

卢凌波：《中国全国人大预算审查监督与预算制度创新》，博士学位论文，中国社会科学院研究生院，2013 年。

熊厚：《欧盟货币政策协调研究》，博士学位论文，四川大学，2007 年。

杨伟国：《欧元生成机制论》，博士学位论文，中国社会科学院研究生院，2000 年。

周劲松：《公共预算权力配置问题研究》，博士学位论文，财政部财政科学研究所，2012 年。

朱正梅：《通往枫丹白露之路——英国预算问题与欧洲一体化析论》，博士学位论文，南京大学，2008 年。

二 英文文献

（一）英文著作

Begg, I. , *Fiscal Federalism, Subsidiarity and the EU Budget Review*, Stockholm: Swedish Institute for European Policy Studies, 2009.

Begg, I. and Grimwade, N. , *Paying for Europe*, Sheffield: Sheffield Academic Press, 1998.

Benedetto, G. and Milio, S. , *European Union Budget Reform: Institutions, Policy and Economic Crisis*, England: Palgrave Macmillan, 2012.

Church, C. H. and Phinnemore, D. , *The Penguin Guide to the European Treaties: From Rome to Maastricht, Amsterdam, Nice and Beyond*, London: Penguin Books Ltd, 2002.

Cipriani, G. , *The EU Budget: Responsibility without accountability?*, Brussels: Centre for European Policy Studies, 2010.

Cipriani, G. , *Rethinking the EU Budget: Three Unavoidable Reforms*, Brussels: Centre for European Policy Studies, 2007.

European Commission, *Agenda 2000: For a Stronger and Wider Union*, Luxembourg: Office for Official Publications of the European Communities, 1997.

European Commission, *Doing business with the European Commission: Tips for potential contractors*, Luxembourg: Publications Office of the European

Union, 2009.

European Commission, *EU budget* 2013: *investing in growth and jobs*, Luxembourg: Publications Office of the European Union, 2013. European Commission, *EU budget* 2012: *Financial Report*, Luxembourg: Publications Office of the European Union, 2013.

European Commission, *EU budget* 2011: *Financial Report*, Luxembourg: Publications Office of the European Union, 2012.

European Commission, *EU budget* 2010: *Financial Report*, Luxembourg: Publications Office of the European Union, 2011.

European Commission, *Compendium of the public internal control systems in the EU Member States*: 2012, Luxembourg: Publications Office of the European Union, 2011.

European Commission, *EU budget* 2009: *Financial Report*, Luxembourg: Publications Office of the European Union, 2010.

European Commission, *EU budget* 2008: *Financial Report*, Luxembourg: Publications Office of the European Union, 2009.

European Commission, *European Commission proposal for the* 2014 – 2020 *Multiannual Financial Framework*, Luxembourg: Publications Office of the European Union, 2012.

European Commission, *European Union Public Finance* (*5th Edition*), Luxembourg: Office for Official Publications of the European Communities, 2014.

European Commission, *European Union Public Finance* (*Fourth edition*), Luxembourg: Office for Official Publications of the European Communities, 2008.

European Commission, *Financial Regulation applicable to the general budget of the Union and its rules of application*, Luxembourg: Publications Office of the European Union, 2013.

European Commission, *General budget of the European Union for the financial year* 2013: *The figures*, Luxembourg: Publications Office of the European Union, 2013.

European Commission, *Investing in our future: The European Union's Financial Framework* 2007 – 2013, Luxembourg: Office for Official Publications of the European Communities, 2010.

European Commission, *Investing in our common future: The budget of the European Union*, Luxembourg: Office for Official Publications of the European Communities, 2007.

European Commission, *The European Union budget at a glance*, Luxembourg: Publications Office of the European Union, 2010.

Laffan, B., *The Finances of the European Union*, Basingstoke: Macmillan Press, 1997.

Lindner, J., *Conflict and Change in EU Budgetary Politics*, Oxon: Routledge, 2006.

Musgrave, R. A., *The Theory of Public Finance: A Study in Public Economy*, New York: McGraw-Hill, 1959.

Tarschys, D. (ed.), *The EU Budget: What Should Go In? What Should Go Out?*, Stockholm: Swedish Institute for European Policy Studies, 2011.

（二）期刊论文和工作报告

Ackrill, R., "The European Union Budget, the Balanced Budget Rule and the Development of Common European Policies", *Journal of Public Policy*, Vol. 20, No. 1, 2000, pp. 1 – 19.

Alesina, A. and Perotti, R., "Fiscal Discipline and the Budget Process", *The American Economic Review*, Vol. 86, No. 2, 1996, pp. 401 – 407.

Archick, K., "The European Parliament", *Congressional Research Service*, Working Paper, 2013 (https://www.fas.org/sgp/crs/row/RS21998.pdf).

Baumgartner F. R., Foucault, M. and François, A., "Public Budgeting in the EU Commission: A Test of the Punctuated Equilibrium Thesis", *Politique Européenne*, No. 38, 2012 (http://www.unc.edu/~fbaum/articles/PE-in-EU-Budgets-2012.pdf).

Becker, P., "Reforming the European Financial Framework", *EU-Consent*, EU-Budget Working Paper, No. 5, 2008 (http: //www. swp-berlin. org/fileadmin/contents/products/projekt_ papiere/wp5_ consent_ bkr_ ks. pdf).

Begg, I., "An EU Tax: Overdue Reform or Federalist Fantasy?", *International Policy Analysis*, Working Paper, 2011 (http: //library. fes. de/pdf-files/id/ipa/07819. pdf).

Begg, I., "New demands for EU spending: justifiable or fanciful?", *European Institute*, *LSE*, Working Paper, 2009 (http: //aei. pitt. edu/33027/).

Begg, I., Enderlein, H., Cacheux, J. and Mrak, M., "Financing of the European Union budget", *European Commission*, Working Paper, 2008 (http: //spire. sciences-po. fr/hdl: /2441/10059/resources/study-financingeu-de-en-fr. pdf).

Begg, I., "The 2008/9 EU Budget Review", *EU-Consent*, EU-Budget Working Paper, No. 3, 2007 (http: //www. eu-consent. net/library/papers/EU-Budget_ wp3. pdf).

Begg, I., "The EU Budget: Common Future Or Stuck In The Past?", *Centre for European Reform*, Working Paper, 2004 (www. cer. org. uk/sites/.../pdf/.../briefing_ budget_ begg-3832. pdf).

Begg, I., "Structural Fund Reform in the Light of Enlargement", *Sussex European Institute*, Working Paper, No. 25, 1998 (www. sussex. ac. uk/sei/documents/sei-working-paper-no-25. pdf).

Benedetto, G., "Reform of the EU Budget: Does the Treaty of Lisbon Make Things Easier?", *Centre for the study of political change*, Working Paper, 2011 (www. circap. org/uploads/1/8/1/6/.../occasional_ benedetto. pdf).

Blankart, C. B. and Koester, G. B., "Refocusing the EU Budget-An Institutional View", *Public finance and management*, Vol. 9, No. 4, 2009, pp. 536 –579.

Blankart, C. B. and Kirchner, C. , "The Deadlock of the EU Budget: An Economic Analysis of Ways In and Ways Out", *CESIFO*, Working Paper, No. 989, 2003 (http://www.econstor.eu/bitstream/10419/76391/1/cesifo_wp989.pdf).

Burden, B. C. and Sanberg, J. N. , "Budget Rhetoric in Presidential Campaigns from 1952 to 2000", *Political Behavior*, Vol. 25, No. 2, 2003, pp. 97 – 118.

Cacheux, J. L. , "Funding the EU Budget with a Genuine Own Ressource-The Case for a European Tax", *Notre Europe*, Working Paper, 2007 (http://www.notre-europe.eu/media/etud57-fundingtheeubudget_02.pdf?pdf=ok).

Cattoir, Ph. , "Options for an EU financing reform", *Notre Europe*, Working Paper, 2009 (www.notre-europe.eu/media/PolicyPaper38_PCattoir.pdf).

Cipriani, G. , "The Responsibility for Implementing the Community Budget", *Centre for European Policy Studies*, Working Paper No. 247, 2006 (http://aei.pitt.edu/6718/1/1353_247.pdf).

Collignon, S. , "The Three Sources of Legitimacy for European Fiscal Policy", *International Political Science Review / Revue internationale de science politique*, Vol. 28, No. 2, 2007, pp. 155 – 184.

Corsetti, G. and Roubini, N. , "European versus American Perspectives on Balanced-Budget Rules", *The American Economic Review*, Vol. 86, No. 2, 1996, pp. 408 – 413.

Deloitte Consulting, "Creating Greater Synergybetween European and National Budgets", *European Parliament*, Working Paper, 2010 (http://www.europarl.europa.eu/meetdocs/2009_2014/documents/budg/dv/2013_poldep_synergy_eu_national_budgets_/2013_poldep_synergy_eu_national_budgets_en.pdf).

Diamond, J. , "Budget System Reform in Transitional Economies: The Experience of Russia", *Emerging Markets Finance & Trade*, Vol. 39,

No. 1, 2003, pp. 8 –23.

Doménech, R., Maudes, A. and Varela, J., "Fiscal Flows in Europe: The Redistributive Effects of the EU Budget", *Weltwirtschaftliches Archiv*, Bd. 136, H. 4, 2000, pp. 631 –656.

Dominique, B. and Champsaur, P., "Fiscal Federalism and European Economic Unification", *The American Economic Review*, Vol. 82, No. 2, 1992, pp. 88 –92.

Dullien, S. and Schwarzer, D., "Integrating the macro-economic dimension into the EU budget: Reasons, instruments and the question of democratic legitimacy", *EU-Consent*, EU-Budget Working Paper, No. 4, 2007 (http://www.swp-berlin.org/fileadmin/contents/products/projekt_papiere/wp4_dll_swd_KS_CONSENT082007.pdf).

Ecorys, CPB and IFO, "A Study on EU Spending (Final Report)", *European Commission*, Working Paper, 2008 (http://www.ecorys.nl/contents/uploads/factsheets/310_1.pdf).

Enderlein, H., Lindner, J., Calvo-Gonzalez, O. and Ritter, R., "The EU Budget-How Much Scope for Institutional Reform?", *European Central Bank*, Occasional Paper, No. 27, 2005 (http://enderlein.eu/ecbocp27.pdf).

European Commission, "Financing the European Union: Commission Report on the Operation of the Own Resources System", *European Commission*, Working Paper, SEC (2011) 876 final/2, 2011 (http://ec.europa.eu/budget/library/biblio/documents/fin_fwk1420/proposal_council_own_resources__annex_en.pdf).

European Commission, "A Budget for Europe 2020", *European Commission*, Working Paper, COM 500 final, 2011 (http://ec.europa.eu/health/programme/docs/maff-2020_en.pdf).

European Commission, "Financing the EU Budget: Report on the Operation of the Own Resources System", *European Commission*, Commission Staff Working Paper, SEC 876 final/2, 2011 (http://ec.europa.eu/budget/library/biblio/documents/fin_ fwk1420/proposal_ council_ own_ resources_ _ annex_ en. pdf).

European Parliament, Council and Commission, "Interinstitutional Agreement between the European Parliament, the Council and the Commission on budgetary discipline and sound financial management", *Official Journal of the European Communities*, C 139/01, 2006.

European Parliament, Council and Commission, "Interinstitutional Agreement of 6 May 1999 between the European Parliament, the Council and the Commission on budgetary discipline and improvement of the budgetary procedure", *Official Journal of the European Communities*, C 172/01, 1999.

European Parliament, Council and Commission, "Interinstitutional Agreement of 29 October 1993 on budgetary discipline and improvement of the budgetary procedure", *Official Journal of the European Communities*, C 331, Vol. 36, 1993.

European Parliament, Council and Commission, "Interinstitutional Agreement on budgetary discipline and improvement of the budgetary procedure", *Official Journal of the European Communities*, L185, Vol. 31, 1988.

European Union, "Regulation (EU, EURATOM) No 966/2012 of the European Parliament and of the Council of 25 October 2012 on the financial rules applicable to the general budget of the Union and repealing Council Regulation (EC, Euratom) No 1605/2002", *Official Journal of the European Union*, L298, Vol. 55, 2012.

Ferrer, J. N., "The EU Budget: The UK Rebate and the CAP-Phasing Them Both Out", *Centre for European Policy Studies*, Task Force Report, 2007 (http://aei. pitt. edu/9533/2/9533. pdf).

Lagona, F. and Padovano, F., "A Nonlinear Principal Component Analysis of the Relationship between Budget Rules and Fiscal Performance in the European Union", *Public Choice*, Vol. 130, No. 3/4, 2007, pp. 401 -436.

Hishow, O. N., "One Market-One Money; One Market-One Budget?",

EU-Consent, EU-Budget Working Paper, No. 2, 2007 (http://www.swp-berlin.org/fileadmin/contents/products/projekt_papiere/EU-Budget_wp2_KS.pdf).

Holmes, M. J., Otero, J. and Panagiotidis, T., "Are EU Budget Deficits Stationary?", *The Rimini Centre for Economic Analysis*, Working Paper17 -09, 2008 (http://www.researchgate.net/publication/44195158_Are_EU_budget_deficits_stationary).

InmanR. P., "Federalism's Values and the Value of Federalism", *CESifo Economic Studies*, Vol. 53, No. 4, 2007, pp. 522 -560.

MacDougall D. et al., "Report of the Study Group on the Role of Public Finance in European Integration (Volume I: General Report)", *Commission of the European Communities*, Working Paper, 1977 (http://www.cvce.eu/content/publication/2012/5/31/c475e949-ed28-490b-81ae-a33ce9860d09/publishable_en.pdf).

Mayhew A., "Reforming the EU budget to support economic growth", *Sussex European Institute*, Working Paper, No. 128, 2012 (https://www.sussex.ac.uk/webteam/gateway/file.php? name = sei-working-paper-no-128.pdf&site =266).

Mayhew A., "The Financial Framework of the European Union, 2007 -2013: New Policies? New Money?", *Sussex European Institute*, Working Paper, No. 78, 2004 (https://www.sussex.ac.uk/webteam/gateway/file.php? name = sei-working-paper-no-78.pdf&site =266).

Mayhew A., "The Financial and Budgetary Impact of Enlargement and Accession", *Sussex European Institute*, Working Paper, No. 65, 2003 (https://www.sussex.ac.uk/webteam/gateway/file.php? name = sei-working-paper-no-65.pdf&site =266).

Mayhew A., "The Negotiating Position of the European Union on Agriculture, the Structural Funds and the EU Budget", *Sussex European Institute*, Working Paper, No. 52, 2002 (https://www.sussex.ac.uk/webteam/gateway/file.php? name = sei-working-paper-no-52.pdf&site =

266）.

Mayhew A.，“Financial and Budgetary Implications of the Accession of Central and East European Countries to the European Union”，*Sussex European Institute*，Working Paper，No. 33，2000（https：//www. sussex. ac. uk/webteam/gateway/file. php? name = sei-working-paper-no-33. pdf&site = 266）.

McKinnon R. I.，“The Logic of Market-Preserving Federalism”，*Virginia Law Review*，Vol. 83，No. 7，1997，pp. 1573 – 1580.

Medarova-Bergstrom K.，Volkery，A. and Baldock，D.，“Criteria for maximising the European added value of EU budget：the case of climate change”，*Institute for European Environmental Policy*，Working Paper，2012（http：//www. ieep. eu/assets/888/IEEP_ _ EU_ value_ added_ and_ climate_ change_ March_ 2012. pdf）.

Molander，P.，“Budgeting Procedures and Democratic Ideals：An Evaluation of Swedish Reforms”，*Journal of Public Policy*，Vol. 21，No. 1，2001，pp. 23 – 52.

Molino，E. and Zuleeg，F.，“Better and different spending through a new multilevel governance approach for the EU budget”，*European Policy Centre*，Working Paper，2011（http：//cor. europa. eu/en/activities/commissions/eubudget/Documents/Better-different-spending-MLG. pdf）.

Molino，E. and Zuleeg，F.，“The EU Added Value Test to Justify EU Spending：What Impact for Regions and Local Authorities?”，*European Policy Centre*，Working Paper，2011（http：//cor. europa. eu/en/documentation/studies/Documents/eu-added-value-test-to-justify-eu-spending. pdf）.

Montinola，G.，Qian，Y. Y. and Weingast，B. R.，“Federalism，Chinese Style：The Political Basis for Economic Success in China”，*World Politics*，Vol. 48，No. 1，1995，pp. 50 – 81.

Oates，W. E.，“An Essay on Fiscal Federalism”，*Journal of Economic Literature*，Vol. 37，No. 3，1999，pp. 1120 – 1149.

Oates，W. E.，“Toward A Second-Generation Theory of Fiscal Federalism", *International Tax and Public Finance*, Vol. 12, No. 4, 2005, pp. 349 - 373.

Osterloh, S., Heinemann, F. and Mohl, P., "EU Budget Reform Options and the Common Pool Problem", *Centre for European Economic Research*, Working Paper, 2008 (http: //ec. europa. eu/dgs/policy _ advisers/conference _ docs/osterloh _ heinemann _ mohl% 20 _ budget _ reform. pdf).

Persson, T., Roland, G. and Tabellini, G., "The Theory of Fiscal Federalism: What does it mean for Europe?", *Conference* "*Quo Vadis Europe*?", Working Paper, 1996 (ftp: //ftp. igier. uni-bocconi. it/wp/1996/101. pdf).

Qian, Y. Y. and Weingast, B. R., "Federalism as a Commitment to Preserving Market Incentives", *The Journal of Economic Perspectives*, Vol. 11, No. 4, 1997, pp. 83 - 92.

Rollo, J., "Agriculture, the Structural Funds and the Budget after Enlargement", *Sussex European Institute*, Working Paper, No. 68, 2003 (https: //www. sussex. ac. uk/webteam/gateway/file. php? name = sei-working-paper-no-68. pdf & site = 266).

Santos, I. and Neheider, S., "Reframing the EU budget decision-making process", *Journal of Common Market Studies*, Vol. 49, No. 3, 2009, pp. 631 - 651.

Sapir, A. et al., "An Agenda for a Growing Europe: Making the EU Economic System Deliver", *European Commission*, Working Paper, 2003 (http: //edz. bib. uni-mannheim. de/daten/edz-mr/pbs/agenda_ en. pdf).

Savage, J. D., "Budgetary Collective Action Problems: Convergence and Compliance under the Maastricht Treaty on European Union", *Public Administration Review*, Vol. 130, No. 3/4, 2001, pp. 43 - 53.

Schneider, C. J., "Enlargement Processes and Distributional Conflicts: The Politics of Discriminatory Membership in the European Union", *Public Choice*, Vol. 132, No. 1/2, 2007, pp. 85 - 102.

Šimović, H. , "The European Union Budget", *Financial Theory and Practice*, Vol. 29, No. 3, 2005, pp. 245 -262.

Swedish Parliament, "The EU economy and budget", *Swedish Parliament*, Working Paper, 2011 (http: //www. eu-upplysningen. se/Global/EU-upplysningen/PDF/The_ EU_ Economy_ and_ budget. pdf) .

Swidlicki, P. , Kullmann, A. and Persson, M. , "Seizing the moment: Aligning the EU budget with Europe's economic needs", *Open Europe*, Working Paper, 2012 (http: //www. openeurope. org. uk/Content/Documents/2012EUbudget_ new. pdf) .

Tabellini, G. , "Principles of Policymaking in the European Union: an Economic Perspective", *CESifo Economic Studies*, Vol. 49, No. 1, 2003, pp. 75 -102.

Pelagidis, T. , "EU Budget Deficits Widen Again", *Public Choice*, Vol. 46, No. 2, 2003, pp. 97 -110.

The Council of the European Union, "Council Regulation (EU, EURATOM) No 1311/2013 of 2 December 2013 laying down the multiannual financial framework for the years 2014 -2020", *Official Journal of the European Union*, L347, 2013, pp. 884 -891.

The European Parliament and the Council of the European Union, "Regulation (EU) No 1308/2013 Of the European Parliament and of the Council of 17 December 2013 establishing a common organisation of the markets in agricultural products and repealing Council Regulations (EEC) No 922/72, (EEC) No 234/79, (EC) No 1037/2001 and (EC) No 1234/2007", *Official Journal of the European Union*, L347, 2013, pp. 671 -854.

Tiebout, C. M. , "A Pure Theory of Local Expenditures", *Journal of Political Economy*, Vol. 64, No. 5, 1956, pp. 416 -424.

Tokarski, S. and Mayhew, A. , "Impact Assessment and European Integration Policy", *Sussex European Institute*, Working Paper, No. 38, 2000 (https: //www. sussex. ac. uk/webteam/gateway/file. php? name = sei-working-paper-no-38. pdf&site = 266）.

三 网络资源

复旦大学欧洲问题研究中心：http：//www. cesfd. org. cn/
欧洲联盟驻华代表团：http：//eeas. europa. eu/delegations/china/index_ zh. htm
上海社会科学院欧洲研究中心：http：//www. escsass. org. cn/cn/default. asp
四川大学欧洲研究中心：http：//ces. scu. edu. cn/
中国人民大学欧洲问题研究中心：http：//www. cesruc. org/
中国社会科学院欧洲研究所：http：//ies. cass. cn/Article/Index. asp
Centre for European PolicyAnalysis：http：//www. cepa. org/
Centre for European Policy Studies：http：//www. ceps. be/
European Commission Directorate-General for Budget：http：//ec. europa. eu/dgs/budget/index_ en. htm
European Parliament Budgets Committee：http：//www. europarl. europa. eu/committees/en/budg/home. html
European Parliament Budgetary Control Committee：http：//www. europarl. europa. eu/committees/en/cont/home. html
EU budget：http：//ec. europa. eu/budget/index. htm
Eur-Lex：http：//eur-lex. europa. eu/en/index. htm
European Policy Centre：http：//www. epc. eu/
Eurostat：http：//ec. europa. eu/eurostat
Notre Europe：http：//www. notre-europe. eu/
Swedish Institute for European Policy Studies：http：//www. sieps. se/en
University of Pittsburgh：Archive of European Integration（AEI）：http：//aei. pitt. edu/
University of Sussex：Sussex European Institute：http：//www. sussex. ac. uk/sei/

后　记

本书是在博士论文的基础上修改而成的。

回想这些年在国内、国外的求学生涯，感慨万千。2011 年，有幸进入师门，当时的激动和喜悦之情至今令我难以忘怀。然而，由于自己的学术功底和理论研究能力薄弱，一种莫名的压力和惆怅在入学后的很长一段时间内始终萦绕在我的心头，生怕辜负导师的期望。我在中国政法大学攻读博士学位的三年时间里，导师始终关心着我的学习，无论多忙都经常抽出时间与我交流，一起研究和探讨学术问题，并时刻关注着我的学习进展。

首先，我要特别感谢我的博士生导师贾文华教授。博士论文从选题、框架构建、写作直至修改完成，我先后与贾老师进行了 20 多次的沟通，贾老师为此倾注了无数的心血。贾老师的谆谆教诲使我在一次次迷茫中重振信心，多次成功渡过难关。我由衷感谢贾老师在我学习期间的悉心培养和指导，他的言传身教我将铭记终生。我从贾老师那里学到的不仅仅是丰富的知识，更学到了严谨的治学态度以及思考和解决问题的方法。

其次，我要感谢中国政法大学的刘长敏教授、孙承教授、李群英教授在论文开题时为我提出的宝贵建议以及伦敦政治经济学院的伊恩·贝格教授对我论文写作框架提出的中肯意见。同时，在论文写作过程中参阅并借鉴了很多国内外专家、学者的研究成果，在此深表感谢。

再次，我要感谢在攻读博士学位期间曾经指导过、帮助过我的各位老师、同学和同门。感谢中国政法大学的石亚军教授、常保国教授、丛日云教授、杨阳教授、潘晓娟教授、林存光教授、刘俊生教授、田为民教授、孙美堂教授、李晓教授等各位老师的指导和教诲，感谢政治与公共管理学院各位行政老师的关心和教导，感谢学院2011级博士班的各位同学以及同门师弟、师妹们在我学习期间给予的各种支持和帮助。我十分珍惜和怀念与各位同学和同门一起奋斗、拼搏的时光。

此外，我还要感谢中国政法大学的蔡拓教授、刘长敏教授、刘贞晔教授、中国社会科学院的田德文研究员以及国际关系学院的赵怀普教授。诸位老师在论文评阅和答辩过程中提出了宝贵意见，为本研究的进一步深入提供了有益帮助。

最后，我要感谢父母双亲对我多年的养育之恩和悉心培养，感谢我的爱人对我的理解和支持。我在学习、工作和生活中的每一点进步都凝聚着他们的无私关爱和默默付出，他们是我能够顺利完成学业以及做好本职工作的坚实后盾，他们的亲情时刻激励着我克服惰性并朝着新的目标迈进。我的儿子谢昕鸣在本书写作期间呱呱坠地，他的降临给我带来无限的快乐与幸福并一直激励着我努力工作。

虽然我已付出很大的努力，但本书必然存在诸多不当甚至错误之处，恳请读者批评指正。

谢　鹏

2019年5月

于北京